Preußens Rechtsverfassung

und

wie sie zu reformiren sein möchte.

Von

C. F. Koch.

Breslau,
bei Georg Philipp Aderholz.
1843.

Im Verlage von G. P. Aderholz in Breslau ist ferner erschienen:

Die Lehre vom Besitz nach Preuß. Rechte,

mit Rücksicht auf das gemeine Recht und die Materialien des Allgemeinen Landrechts,

dargestellt von

C. F. Koch,

Königlichem Oberlandesgerichts-Rathe.

Zweite ganz umgearbeitete und sehr vermehrte Ausgabe. Gr. 8, 20 Bogen. 1 Rthlr. 12 1/2 Sgr.

Die Berliner literarische Zeitung Nr. 25 d. J. beurtheilt dies Werk, wie folgt:

Die vorliegende Schrift, von welcher im December 1825 die 1. Ausgabe erschien, kündigt sich als eine ganz umgearbeitete und sehr vermehrte Ausgabe an, wobei das gemeine Recht und die Materialien des Landrechts berücksichtigt seien. In der That ist dies auch der Fall und zwar in einer höchst erfreulichen Art, so daß eigentlich nur rühmliches darüber zu berichten ist. Die an sich schon schwierige Lehre vom Besitz, welche erst in neuerer Zeit namentlich durch v. Savignys klassisches Werk Festigkeit erhalten hat, erscheint im Landrecht um so schwankender und unbestimmter, als die gemeinrechtliche Besitztheorie, aus welcher das landrechtliche hervorging, gewissermaßen aus Unkenntniß und Unklarheit zusammengesetzt war und auf mannichfaltigen Ansichten der Redactoren und Monenten beruhte. Dem Verfasser scheint es gelungen zu sein, durch die zum Theil widerstreitenden, willführlichen u. unzusammenhängenden positiven Bestimmungen sich glücklich durchzuarbeiten u. die Theorie des Besitzes ans Licht zu bringen, welche von den Redactoren aufgestellt ward und den Praktikern bis in die neueste Zeit dunkel blieb. Der Verfasser behandelt mit juristischer Schärfe seinen Gegenstand und deckt vielfältig Irrthümer auf, welche namhafte preuß. Juristen sich haben zu Schulden kommen lassen.

Die Lehre von dem Uebergange der Forderungsrechte

durch Universal- und Singular-Succession, oder von der Vererbung der Forderungen, von der Ces-

Preußens Rechtsverfassung

und

wie sie zu reformiren sein möchte.

Von

C. F. Koch.

Breslau,
bei Georg Philipp Aderholz.
1843.

Inhalts-Verzeichniß.

Erste Abtheilung.

Hauptgegenstände der Gerichsverwaltung, und Verfahrungsarten.

Zweite Abtheilung.

Gerichtsverfassung, Geschäftsbetrieb, Stellung der Gerichte zu einander und zu den Partheien.

Dritte Abtheilung.

Gebräuchliche Mittel zur Sicherung einer prompten, gründlichen und unpartheiischen Rechtspflege.

Vierte Abtheilung.

Neuere Versuche zur Erleichterung und Verbesserung der Rechtspflege, und ihre Unzulänglichkeit.

Fünfte Abtheilung.

Wie ist eine verbesserte Einrichtung auszuführen?

Druckfehler.

Seite	4	Z.	9	v. u.	lies klägliche st. tägliche.	
„	153	„	6	v. o.	„ Es st. er.	
„	—	„	7	„ „	„ Es „ ihn.	
„	—	„	9	„ „	„ Es „ er.	
„	236	„	6	„ „	ist hinzuzufügen Intercessionen der Frauenspersonen.	

Preußen gewährt in seinem Staatsleben dem unbefangenen vorurtheilsfreien Beobachter das Bild der jugendlichen Frische, des naturgesunden Erwachsens, der kräftig aufstrebenden Entwickelung; es berechtigt uns damit zu der freudigen Hoffnung, daß es zu einem mächtigen kerngesunden Baume emporwachsen werde, der seine Aeste bis an das Ende des deutschen Vaterlandes ausbreitet und vielen Völkern Jahrtausende Schirm und Schatten gibt. Soll aber ein solcher Baum erzogen werden, so darf der Gärtner an ihm keine oft mißlingenden Versuche seiner Kunst vornehmen, er darf die gesunden Lebenskräfte nicht durch künstliche Triebmittel überreizen oder verderben, er darf sie nicht auf fremdartige, künstliche Anhängsel ableiten; er muß sich vielmehr darauf beschränken, die wilden oder schädlichen Auswüchse abzuschneiden, dem natürlichen Wachsthum eine zweckmäßige Richtung und Stütze zu geben, und den sich von selbst entwickelnden Zweigen fördernd zu Hilfe zu kommen. Die Regierung ist der Gärtner dieses Staatsbaumes, und die Staatsangehörigen sind die Arbeiter und Aufseher, deren Recht nicht nur, sondern deren Pflicht es ist, in gebührender Bescheidenheit wahrgenommene wirkliche oder vermeintliche Unregelmäßigkeiten zur Kenntniß zu bringen und gewissenhafte Vorschläge zur Abhilfe zu machen. In Erwägung dessen gehe ich daran, Etwas zu besprechen, welches, soviel ich weiß, noch nicht vollständig vor Augen geführt worden ist, wennschon Einzelheiten davon hin und wieder hervorgehoben worden sind: ich meine die Rechtsverfassung. Nicht ein erschöpfendes, gelehrtes Werk zu schreiben ist meine Aufgabe; nur Andeutungen will ich machen, und als solche bitte ich Das, was ich sage, ebenso wohlwollend aufzunehmen, als es von mir aufrichtig wohlgemeint ist.

Ich werde den Gegenstand in fünf Abtheilungen vortragen. Die Erste wird nach den Hauptgegenständen der Gerichtsverwaltung die verschiedenen Verfahrungsarten mit ihren Mängeln hervorheben, und andeuten, wie es anders sein sollte; die Zweite wird die Gerichtsverfassung und den Geschäftsbetrieb, sowie die Stellung der Gerichte zu einander und zu den Partheien in den Grundzügen angeben; die Dritte wird die bisher angewandten Mittel zur Handhabung einer prompten und unpartheiischen Rechtspflege, und die Vierte wird Dasjenige, was in der letzten Zeit zur Erleichterung und Verbesserung der Rechtspflege geschehen ist, und dessen Unzulänglichkeit bemerklich machen; und die Fünfte soll angeben, was zur Herstellung einer bessern Rechtsverwaltung nothwendig geschehen muß.

Erste Abtheilung.

Hauptgegenstände der Gerichtsverwaltung, und Verfahrungsarten.

1. Civil-Prozeß.

Die Bekanntschaft mit dem gemeinen deutschen Prozeß wird im Allgemeinen vorausgesetzt. In den jetzt preußischen Ländern war derselbe bis zur Einführung der noch geltenden Allgemeinen Gerichtsordnung Vorbild, wennauch einzelne Prozeß-Verordnungen der Landesherren ergingen; seit einer langen Reihe von Jahren hat man indeß nach einer Verbesserung des Prozesses gestrebt, und es sind anderthalb Jahrhunderte über Versuche verschiedener Art hingegangen, ohne daß es noch bisher gelungen, auf das Rechte zu treffen; anderthalb Jahrhunderte und darüber befinden wir uns in beständiger Unbehaglichkeit und Unruhe; wir sehnen uns nach einem einfachen und natürlichen Rechtsgange, nach einem Rechtsverfahren, welches ohne tumultnarischen Gang von den Partheien, soweit sie einverstanden sind, nach ihrem Gutdünken, und sofern sie verschiedenen Willens sind, von der betreibenden Parthei seinem Ende bald zugeführt werden kann. Alle bisherigen Versuche und Proben haben kein zufriedenstellendes Ergebniß gehabt und, daß ich es gestehen muß! ich habe auch die innerste Ueberzeugung, daß niemals Behaglichkeit und Ruhe hierin auf dem Wege, auf dem man sich befindet, erreicht werden kann; es ist immer derselbe Weg des persönlichen Hetzens und Treibens, auf dem, sobald der Treiber menschliches Gefühl hat, oder auch bei aller Rücksichtslosigkeit des Treibers, wenn die Kräfte des Lastträgers ausgehen, Alles still steht. Nur mit gänzlicher Aufgebung dieses Weges, mit Herstellung eines Zustandes, in welchem jedes Interesse sich von selbst bewegen kann, ohne fremdartige Kräfte anzulegen, mit andern Worten: ohne fremde Personen von aussen für die Wahrnehmung und Verfolgung verantwortlich machen zu wollen, ist zum Ziele zu gelangen. Das, um was sich alles dreht, ist unbehinderter Verkehr, mithin unbeschwerte Eingehung der Rechtsgeschäfte, in welchen eben der Verkehr besteht, und leicht zu erlangender Schutz im Verkehr. Dazu gehört denn von selbst ein rascher, aber unbevormundeter und sicherer Rechtsgang, und prompte Execution. Der tägliche Rechtszustand im seligen deutschen Reiche veranlaßte auch die Regenten unseres Landes schon im sechszehnten Jahrhundert, auf eine bessere Rechtspflege zu denken, aber man hatte dabei immer die Reichsgerichte, diese künstlichen Einrichtungen, zum Vorbilde. Die unvollkommene Kammergerichts-Ordnung Joachim's I. sollte durch eine neue vom Jahre 1595 ersetzt werden; diese wurde jedoch nicht promulgirt und es kam erst im Januar 1709 zur Einführung einer neuen Kammergerichts-Ordnung. Weil diese jedoch nur für das Kammergericht galt und mehrere Provinzialgerichte besondere Prozeßordnungen hatten; so erließ man im Jahre 1713 eine allgemeine Ordnung für sämmtliche Gerichtshöfe; Preußen behielt jedoch seine eigene Gerichts- und Prozeßordnung. Alle diese Prozeßordnungen beruheten wesentlich auf dem gemeinen deutschen Prozeß, d. h. auf schriftlicher Verhandlung der Advocaten unter Direction und Vermittelung des Richters. Einzelne Abweichungen waren untergeordneter Art, sie berührten das Prinzip nicht. Der von dieser Verbesserung gehoffte günstige Erfolg blieb natürlich aus. Nun suchte man die Ursache der fortdauernden Uebelstände in den Justizpersonen; man verlangte practische Vorbereitung, wollte sorgfältiger in der Auswahl sein und durch Justizvisitationen nachhelfen. Alles umsonst. Da fiel der Haß auf die Advocaten, diese sollten an Allem Schuld sein: man schaffte sie endlich ab. Es ging noch nicht. Unterdessen hatte man mit den Pommerschen Gerichten durch Einführung einer s. g. Konstitution vom 31. Dezember 1746, wie die Prozesse in Pommern nach dem Plane des Königs in einem Jahre in allen Instanzen zu Ende gebracht werden sollten, einen Versuch gemacht; man glaubte mit dem Erfolg zufrieden sein zu können und führte durch das Publikationspatent vom 3. April 1748 das Projekt dieses s. g. Codicis Fridericiani auch in andern Provinzen ein. Aber die Klagen über Rechtsverzögerung dauerten fort und Friedrich II. befahl endlich durch die Verordnung vom 15. Januar 1775, eine ganz neue Prozeßordnung zu entwerfen. Bis dahin hatte das Verfahren noch immer im Schriftwechsel bestanden, die neue Prozeßordnung aber sollte auf dem Grundsatze beruhen, „daß der Richter die Partheien mit ihrer Klage und Verantwortung selbst hören, ihre Erzählungen und mitzubringenden Beweisthümer gegen einander halten, und so den wahren Zusammenhang der Sache, welche zu dem Rechtsstreite Veranlassung gegeben, eruiren, hiernach aber denselben, den Rechten und der Billigkeit gemäß, Vorschläge zum Vergleich machen solle." Der Erfolg hiervon war die noch jetzt geltende, aber vielfach modificirte, Allgemeine Gerichtsordnung, und nun hoffte man, endlich das Rechte gefunden zu haben. Allein diese Aenderung bestand bloß im Wechsel der handelnden Personen, nur mit dem Unterschiede, daß jetzt die Sache mit noch weniger Zufriedenheit der Partheien gemacht wurde. Statt daß früher die Advocaten, und zwar für jede Parthei immer ein Anderer, die Prozeßschriften gemacht, und die Richter den Gang geleitet hatten, sollten nun, an Stelle der abgeschafften Advocaten, auch die Richter die Prozeßschriften für die Partheien, und zwar dieselbe richterliche Person für beide Partheien zugleich, machen, das heißt: sie sollten Klage, Antwort u. s. w. in eine Schrift (Protokoll) zusammenfassen, und diesen schriftlichen Prozeß (Verbal-Prozeß) dem Gericht zur Entscheidung oder weitern Bestimmung einreichen, wie es früher die Advocaten mit ihren Schriftsätzen gethan hatten. Man nennt dieses Verfahren fast allgemein die Inquisitionsmethode, im Gegensatz zu der frühern sogenannten Verhandlungsmethode; indeß hat es mit diesem Gegensatz nichts auf sich: es ist weder nach der Inquisitionsmethode ein wirkliches Inquiriren gegen den Willen der Parthei zulässig, noch ist nach der s. g. Verhandlungsmaxime das Fragen des Richters nach ihm erheblich scheinenden Umständen ausgeschlossen. Die neue Prozeßordnung schreibt, wie die alte, wesentlich die schriftliche Verhandlung unter Leitung und Bestimmung des Richters vor, und der Unterschied zwischen dem neuen und dem alten Verfahren besteht hauptsächlich darin, daß der Richter auch beide Partheien als Advocat und als Schreiber zugleich bedienen soll. Es ging aber wieder nicht, und man mußte schon nach zwei Jahren die Advocaten und Prokuratoren wieder einführen [1]), was jedoch nur unvollkommen und mit der Beschränkung geschah, daß dieselben ohne Schriftwechsel nur statt der Partheien erscheinen dürfen und sich mündlich auslassen müssen. Eine wesentliche Umänderung des Prozesses aber, welche diese neue Gerichtsordnung eingeführt hat, und welche noch bis auf den heutigen Tag fortdauert, ist, daß die Zwischenurtel abgeschafft, und an deren Stelle richterliche Verordnungen gesetzt sind, welche, unter der Benennung von Decreten bekannt, keine Appellation zulassen. Hierdurch ist eine neue Art von Berufung, nämlich das der preußischen Rechtsverfassung eigenthümliche, andern Nationen kaum begreifliche, Beschwerdewesen hervorgebracht worden. Der durch diese Prozeßordnung hervorgebrachte Zustand ist wie folgt:

1) Verordnung vom 20. September 1783.

1) Der Richter befindet sich in einer unpassenden, entwürdigenden Stellung zu den Partheien, indem er nicht allein Verfasser, sondern auch Schreiber der Prozeßschriftsätze und auch Geschäftsführer beider Partheien zugleich ist, denn er muß die mündlichen Erklärungen beider Partheien eigenhändig niederschreiben, da ihm kein Gerichtsschreiber beigegeben wird, und von selbst, was man ex officio nennt, für das beiderseitige Interesse sorgen. Hat er mit Stellvertretern zu verhandeln, so ist die ganze Prozeßverhandlung wesentlich ein blosses Recessiren, indem die Erklärung des Einen bald von einem Aufsatz, bald aus den Manualakten abgeschrieben wird, und der Andere darauf nichts weiter erwidert, als daß er sich seine Erklärung aus Mangel an Information vorbehalten müsse und um Ansetzung eines neuen Termins bitte; verhandelt er aber mit den rechtsunkundigen Partheien selbst, und er will blos das niederschreiben, was er für erheblich hält: so erregt er die Unfriedenheit der Partheien, von welchen Keine ihm trauet, da er es mit Beiden oder mit Keinem von Beiden halten will; soll er aber allen Unsinn und alle zur Sache gar nicht gehörigen Aussagen hinschreiben: so kommt er nicht zu Ende, und zuletzt will Keiner das Protokoll unterschreiben, weil Jeder damit die Behauptungen des Gegentheils zuzugestehen vermeint; und es geht noch glücklich, wenn der Eine oder der Andere seinem Unmuth nicht durch Insulten gegen die Person des Richters Luft macht.

2) Der Prozeßgang ist einerseits langsam. Dieses hat seinen Grund theils in der Nachsicht der Prozeßgesetze hin-

sichtlich der Fristen und Versäumnisse, sowie in der Aufgebung der Eventualmaxime und des ungeregelten Beweisverfahrens; theils darin, daß Alles vom Richter, der größtentheils Alles eigenhändig machen soll — es fehlt blos noch, daß er auch noch die Protokolle abzuschreiben hätte — abhängt, und die Parthei auf den Fortgang nicht wirken kann.

3) Andererseits wird die Sache wider den Willen der Partheien fortgetrieben. Es ist oftmals der Fall, daß es die Partheien in ihrem beiderseitigen Interesse finden, die Sache eine Zeitlang ruhen zu lassen. Dessen sind sie aber ebensowenig Herr: der Richter darf die Sache nicht im Stillstand lassen, er muß sie wider den Willen der Partheien im beständigen Gange erhalten, oder die Akten reponiren.

4) Es besteht ein ungeregeltes Verfahren bezüglich auf die prozeßleitenden Verordnungen des Richters (Beschwerdewesen). Daß dergleichen Verfügungen die eine oder die andere Parthei oft beschweren, aus Irrthum des Richters oder aus mangelhafter Erkenntniß beschweren, ist ebenso alltäglich wie es bei den Urtheilssprüchen nicht gar zu selten ist; die verletzte Parthei muß daher nothwendig gegen solche Verfügungen Remedur suchen können. Darum ist nach gemeinem Rechte und den Prozeßgesetzen anderer civilisirten Nationen gegen dergleiche präjudicirliche Verordnungen des Richters die Berufung (Appellation) zulässig. Diese soll aber nach der Allgemeinen Gerichtsordnung nicht stattfinden. Was geschieht nun? Die sich verletzt findende Parthei beschwert sich über die Person des Richters, und

die vorgesetzte Behörde fordert von Aufsichtswegen von dem Richter Bericht, Verantwortung oder Rechtfertigung, wie man es gerade zu nennen beliebt. Der Richter, welcher nach Pflicht und Gewissen eine richterliche Verordnung im Prozeß erlassen hat, soll sich über den Ausfall dieser Entscheidung, wodurch der einen Parthei Recht und der Andern Unrecht gegeben wird, rechtfertigen! Die Verantwortung des Richters wird eingesandt, die Prüfung ist zum Theil in den Händen von Schülern (Referendarien), und es erfolgt ein oftmals sogar übel stylisirter Bescheid, worin der Richter nicht selten persönlich angegriffen und angelassen, und in einem unleidlich belehrenden Tone über Dinge belehrt wird, die zuweilen in der Naturgeschichte unbekannt sind. In einem Bescheide solcher Art hieß es unter Anderm: Dem rc. wird eröffnet, daß es nach den Akten zweifelhaft darüber war rc. Das entfernte Obergericht eröffnet dem Richter was in dessen Gemüthe vorgegangen sein sollte!! Der Richter wußte bis dahin von einem Zweifel, den er nach dieser Eröffnung gehabt haben sollte, gar nichts, fand auch darüber nichts in den Akten; er bat deshalb, ihm die Stelle in den Akten, wonach er zweifelhaft gewesen, zu bezeichnen.

Die Gegenparthei hat bis dahin von dem Vorgange nichts erfahren; sie wird schon unruhig und beschwert sich über den Verschleif der Sache. Da endlich erfährt sie zu ihrer Verwunderung, daß auf die einseitige Beschwerde des Andern die ganze Anordnung umgestoßen worden sei, ohne daß man sie auch nur gefragt hat. Nun beschwert diese Parthei sich über das Obergericht bei dem Justizministerium, und von da aus wird dann nicht selten die Vorschrift des Obergerichts wieder verworfen. Auf diese Weise besteht denn über prozeßleitende Verfügungen eine Appellation und Revision, welche die Prozeßordnung just verhindern will, und zwar nicht in einem geregelten Verfahren zwischen den Partheien, wie es die Sache und der natürliche Menschenverstand vorschreibt, sondern in einem Verfahren zwischen der einen Parthei einestheils und der Person des Richters anderntheils. Hieraus folgt:

5) das Richteramt wird entwürdigt und der Richter wird von seinem Standpunkt als unpartheiischer Mittler zwischen den Partheien auf den Standpunkt einer wirklichen Parthei in demselben Rechtsverfahren versetzt. Nicht allein bringt dieß das irregulaire, normlose Verfahren von selbst mit sich, sondern dazu kommen auch noch zahlreiche Fälle, wo durch tactlose Haltung, oder auch durch ungerechtfertigte Bescheide auf die Beschwerden die Person des Richters geradezu bloß gestellt wird. Ich erzähle hier einen Fall aus der neuern Zeit. Jemand stirbt in seinem Wohnort Br. und hinterläßt seine Wittwe als Testamentserbin. In dem Nachlaß befindet sich ein Familien-Fideicommiß, welches unter der Gerichtsbarkeit eines andern Gerichts in einem andern Obergerichts-Departement steht. Bei diesem Gerichte legitimirt sich der Fideicommiß-Nachfolger. Derselbe verlangte darauf die Absonderung des Fideicommiß-Nachlasses von dem Allodial-Nachlasse und die Verabfolgung des Erstern an ihn. Dieses Sonderungsverfahren gehört bekanntlich vor den Erbschaftsrichter, in diesem Falle also gehörte

es vor das Gericht zu Br. Der Fideicommißnachfolger gab seine Provocation auf Absonderung und Verabfolgung des Fideicommißnachlasses vor dem Supplicantenvernehmer des Gerichts, unter welchem das Gut lag, zu Protokoll mit dem Antrage: diese Provocation an das competente Gericht nach Br. zur rechtlichen Verfügung zu senden. Das geschah. Hierauf requirirte (beauftragte) das Erbschaftsgericht das Gericht des Fideicommisses, die Absonderung zu bewirken und die Verhandlungen einzusenden; und benachrichtigte dabei, daß über den Nachlaß der erbschaftliche Liquidationsprozeß eröffnet, und für die Masse deren Curator, Justizcommissarius M. zuzuziehen sei. Diesem Auftrage zufolge leitete das beauftragte Gericht das Absonderungsverfahren nach Vorschrift der Prozeßordnung ein. In dem Termine fand sich aber nur der Provocant ein, der Provocat blieb aus; und da nun vor Allem die Manifestirung des Nachlasses nothwendig war, so stellte der Provocant den Antrag, den Provocaten zur Offenlegung des Inventariums über den Fideicommiß-Nachlaß anzuhalten. Der beauftragte Richter erläßt dieses Mandat an den Curator; bald darauf geht aber von dem auftraggebenden Gericht die Nachricht ein, daß — wie sich erst jetzt ergeben habe — die Erbin in der Verwaltung des Nachlasses verbleibe, folglich der Curator wegfalle und mit der Erbin zu verhandeln sei. Nun erging das Mandat an die Erbin; diese wollte sich aber nicht einlassen und verweigerte die Einreichung des Inventariums; auf ausdrücklichen Antrag des Provocanten wurde nach Vorschrift der Prozeßordnung die Execution erkannt (verfügt). Dagegen beschwerte die Provocatin sich bei dem Obergericht des beauftragten Gerichts; das beauftragte Gericht berichtete: die Sache ressortire nicht vor ihm, sondern vor dem Gerichte in Br., die Provocatin werde sich also dorthin zu wenden haben. Dieser Bescheid wurde der Beschwerdeführerin auch wirklich gegeben. Nun hatte es sich ereignet, daß bei dem Hauptgerichte die Provocation, durch welche das Verfahren anhängig gemacht worden, in unrichtige Akten, nämlich in die Liquidationsprozeß-Akten gekommen und die Eigenschaft des Gerichts zu Br. als Hauptgerichts, aus dem Auge verloren worden war [2]), und das Gericht zu Br. gab eine zur Sache nicht passende Resolution, welche eine neue Beschwerde an jenes Obergericht veranlaßte. Dieses Obergericht nun, statt ruhig die Competenzverhältnisse zur Anschauung zu bringen, erließ eine heftige Verfügung an das beauftragte Gericht, worin diesem anbefohlen wurde, anzuzeigen, wie es zu rechtfertigen, daß es sich für befugt gehalten habe, die Sache zu betreiben, nachdem doch das Gericht zu Br. seinen Antrag zurückgenommen habe; auch wurde dem beauftragten Gerichte anbefohlen, sich zu verantworten, wie es habe berichten können, daß das Gericht zu Br. das Hauptgericht sei und daß nur in dessen Commission das Verfahren eingeleitet worden. Das angegangene Gericht berichtete mit Einsendung der Ak-

2) Daß dergleichen möglich ist, ist ein anderer Fehler der Verfassung. Die verschiedenen Aktenhefte sind keine verschiedenen Gerichte und begründen auch keinen besondern Gerichtsstand; für die Parthei ist es ganz gleichgültig, wo der Richter die einzelnen Schriftstücke läßt und wie er sie für sich ordnet.

ten in einem entsprechenden Tone: nicht das Gericht sondern die Parthei, nämlich der Provocant, habe die Sache betrieben und das Gericht habe nur auf die Anträge der Parthei das Rechtliche verordnet; die Voraussetzung: das Gericht zu Br. habe seinen Antrag zurückgenommen sei auch nicht richtig, denn das Br—sche Gericht habe nur angezeigt, daß der Curator wegfalle und die Erbin zuzuziehen sei; und die anbefohlene weitere Verantwortung werde erfolgen, wenn es ausgemacht sein werde, daß nicht auf die an das competente Gericht beförderte Provocation in Folge des darauf von demselben ergangenen Commissoriums das Verfahren eingeleitet worden sei. Darauf erging der Bescheid: es werde dem Gericht „eröffnet," daß nach Inhalt[3]) der Requisition des Gerichts zu Br. dasselbe nur als erbschaftlichen Liquidationsprozeß dirigirendes Gericht den Antrag auf Absonderung gemacht und diesen Antrag durch das spätere Schreiben desselben zurückgenommen habe[4]), weshalb der Beschwerdeführerin alle durch die spätern Verfügungen erwachsenen Kosten von dem Gerichte zu ersetzen seien; sobald die Beschwerdeführerin ihre Liquidation einreichen würde.

3) Der nicht näher angegeben wurde, und nicht zu entdecken war.

4) Weder stand in der ersten Requisition etwas von der Eigenschaft, in welcher das Gericht zu Br. requiriret, noch stand in dem zweiten Schreiben eine Silbe davon: daß der Auftrag zurückgenommen werde; die Eröffnung also, welche das Obergericht dem Untergerichte machte, beruhte lediglich auf Auslegung. Dabei war denn vergessen zu erwägen: 1) daß ein prozeßdirigirendes Gericht keinen Antrag auf ein prozessualisches Verfahren machen kann, sondern daß dazu der Curator ist, 2) daß das requirirende Gericht selbst das competente Gericht war, und daher bei einem fremden Gericht nicht einen Parthei-Antrag machen konnte.

Es versteht sich, daß diese Anordnung alles rechtlichen Grundes entbehrt, auch wenn die Gründe in facto richtig gewesen wären; denn alsdann hätte eine Parthei bei einem incompetenten Gerichte Anträge gemacht, die Gegenparthei hätte den Einwand der Incompetenz anbringen müssen, und wenn derselbe sich als begründet ergeben hätte, so wäre der Antragsteller zurückzuweisen gewesen, wonach sich denn von selbst gefunden hätte, welcher Theil dem Andern die verursachten Kosten hätte ersetzen müssen. Wenn aber das Obergericht der Meinung war, daß das Gericht durch ein Versehen die Parthei beschädigt hatte — was das Obergericht gar nicht einmal behauptete — wie darf da die Aufsicht führende Behörde die Verurtheilung auf Zahlung einer Entschädigungssumme, d. h. ein Urtheil auf einen Civilanspruch, zumal ohne weiteres Verfahren, improvisiren? Wo ist überall hier Regelmässigkeit und Ordnung im Rechtsverfahren! Bei diesem prozeßordnungswidrigen Dazwischenfahren und Hemmen des eingeleiteten Rechtsverfahrens wurde natürlich die andere Parthei, die ihrerseits fortwährend auf schleunigen Fortgang supplicirt hatte, gar nicht gefragt, mit Ungeduld wartete sie auf einen Erfolg, bis sie endlich erfuhr, daß zufolge der auf die einseitige Beschwerde der renitenten Gegenparthei ergangenen höheren Anordnung ihre Sache verronnen und bei Seite gelegt worden sei. Der Provocant, der nun nach beinahe zwei Jahren noch keinen Schritt vorwärts gekommen war, hatte darauf nichts eiligeres zu thun, als auch seinerseits über ein solches Verfahren bei dem Justizministerium Beschwerde zu führen. Auf solche Weise bringt es das Verfahren mit sich, daß die Partheien zusehen und abwarten müssen, wie zwei Gerichte sich mit einander darüber streiten. Ausländische Rechtsgelehrte, welche die preußische Prozeßordnung und die Praxis nicht näher kennen, werden Mühe haben, die rechtliche Möglichkeit eines solchen Verfahrens zu begreifen. Dieser Fall dient zugleich als Beispiel und Belag zu der unter der vorigen Ziffer erwähnten Unregelmäßigkeit im Verfahren; ich kehre zurück zu dem eigentlichen Gegenstande dieser Ziffer, nämlich der Behauptung, daß der Richter von seinem Standpunkt als Richter weggestoßen und auf den Standpunkt einer wirklichen Parthei in demselben Rechtsverfahren gestellt werde, nicht allein durch den gewöhnlichen Lauf der unjuristischen Praxis, sondern noch dazu oft durch nicht wohl zu rechtfertigende Verfügungen in Fällen, wo solche Blosstellung des Richters ganz zu vermeiden gewesen wäre. In dem vorgetragenen Falle ist die Verfügung in Bezug auf die Kosten aus mehr als einem Grunde unangemessen. Der Kostenpunkt war Gegenstand der richterlichen Entscheidung zwischen den streitenden Partheien; die Kosten, um welche es sich handelte, waren durch Verfügungen (Decrete) entstanden, welche von der einen Parthei ausdrücklich extrahirt worden waren; wenn aber ausserdem eine Parthei durch den Richter beschädigt zu sein vorgibt, so muß sie zum ordentlichen Rechtswege verwiesen werden. Was geschah auf jene nicht gerechtfertigte Verfügung nun weiter von Seiten der Beschwerdeführerin? Sie sandte natürlich ihre Rechnung an das Gericht und forderte Bezahlung, fand sich aber gemüssigt, folgendes beizufügen: „Ich setze übrigens voraus, daß die Erstattung dieser 4 Thlr. 10 Sgr. 3 Pf. nicht auf Rechnung der dortigen Salarienkasse, sondern auf Rechnung der Mitglieder und insbesondere des von mir bezeichneten Decernenten aus dessen eigenen Mitteln erfolgt, und ich bitte: mich gleichzeitig zu benachrichtigen, daß dieß geschehen, widrigenfalls ich sofort der Königlichen Ober-Rechnungs-Kammer von dem Sachverhältniß Nachricht geben werde." Aehnliche Fälle kommen in großer Zahl vor.

6) Die Partheien haben keine Sicherheit dafür, daß Dasjenige, was sie zur Vertheidigung ihrer Rechte und zur Abwehrung des Angriffs in ihren Prozeßschriften niedergelegt haben, Demjenigen, welcher am Ende das Recht sprechen soll, auch wirklich zu Ohren gebracht wird. Alles hängt dabei, den guten Willen, als sich von selbst verstehend, vorausgesetzt, von dem Fleiße, der Ausdauer, der Auffassungsgabe, der Urtheilskraft und dem Gedächtniß des Referenten, d. h. von der Persönlichkeit eines Einzelnen ab, die Partheien erfahren auch nicht, was von ihren Angaben und Behauptungen, und wie es vorgebracht worden ist, und die Fälle sind, wie Jedermann weiß, gar nicht selten, daß Hauptgründe und Allegate gar nicht an ihre Bestimmung gelangen, in den abschreckend voluminösen und bändereichen Akten buchstäblich vergraben sind. Und der gründliche, gewissenhafte und peinliche Referent hat nicht einmal Dank; denn wenn er an Aktenstücken von mehren Bänden mit viele Bogen langen Schriftstücken und Protokollen, oft noch unleserlich geschrieben, tagelang lies't und studirt: so sieht man

nichts von seiner Arbeit und doch soll er nach der Stückzahl arbeiten; er schafft nichts, kommt in Reste, wird unangenehm getrieben und als langsam oder wol gar faul verschrieen. Der Maßstab des Fleisses und der Tüchtigkeit ist die Zahl der abgemachten Stücke und die Menge der verbrauchten Dinte. Ich erinnere mich einer Parallele zwischen zweien mir persönlich bekannten Mitgliedern eines Gerichtshofes. Der eine war sehr gründlich, gewissenhaft und dadurch auch ausführlich, von unermüdlicher Ausdauer; er erhielt die weitläufigsten Spruchsachen und dicksten Akten zum Vortrage. Natürlich konnte dabei, wenn er auch noch so rasch gewesen wäre, die Zahl der fertig geschafften Sachen durch das Quartal nicht sehr hoch werden; dessen ungeachtet ward er von seinen Collegen sehr geschätzt. Der Andere war leicht fertig und erhielt vorzugsweise kleine Spruchsachen in Injurien-, Holzdiebstahls- und Schwängerungssachen, deren zehn an einem Tage erledigt werden können, so daß die Zahl seiner vorgetragenen Sachen sich immer sehr hoch belief. Als nun einst die eingereichte Spruchliste von dem Erstern nur 9 oder 10, und von dem Andern einige und 90 nachwies, da ging für den Ersten ein Strafdecret und für den Andern ein Belobigungsdecret ein. Ein Vorwurf hierbei trifft weit weniger die obere Amtsstelle, die ich dieser Verfügung halber zu tadeln weit entfernt bin: die Einrichtung ist fehlerhaft darin, daß dieses Alles überhaupt vorkommen kann.

7) Die Prozesse nach der Allgemeinen Gerichts-Ordnung sind sehr kostspielig. Der Grund liegt wieder in der Einrichtung, da das ganze abermals von der Persönlichkeit eines

Einzelnen, nämlich des s. g. Deputirten, der die Erklärungen beider Partheien zu Papier zu bringen hat, abhängt. Man muß eine Anzahl von nach den Vorschriften der Allgemeinen Gerichts-Ordnung verhandelten Prozeßacten gelesen haben, um es für möglich zu halten, welche unglaubliche Menge von nutzlosen Terminen abgehalten werden. Hat eine Sache erst das Unglück, daß der Deputirte wechselt, wie bei verwickelten Sachen doch sehr oft, ja mit wenigen Ausnahmen fast immer, vorkommt — denn wenn der Deputirte ja bleibend ist, so wird er im Verlauf der langen Zeit doch wol einmal krank oder abwesend —, und sind die Akten erst etwas angewachsen, so weiß ein neuer Deputirter selten, was darin steht und worauf es ankommt, und die Fälle sind häufig, wo, wenn die Akten zum Spruch vorgelegt worden sind, der Referent der erste ist, der sie durchgelesen hat, und der nun erst articuliren muß, was noch geschehen soll, um zum Schluß zu kommen. Für die nutzlosen Termine müssen keine Kosten angesetzt werden! höre ich sagen. Ganz wohl, das soll auch nicht sein. Aber welche Gewähr hat denn die Parthei, daß auch wirklich danach verfahren wird? Und außerdem ist die Sichtung selbst für Denjenigen, der die Protokolle zu diesem Zweck durchlesen wollte, wozu es an Arbeitern fehlt, so sehr schwer, daß damit immer nicht das Richtige zu erreichen ist; denn selten wird wol ein Protokoll so lauten, daß nur der Deputirte und nicht die Partheien an der Anberaumung eines neuen Termins Schuld zu haben scheinen.

Die aufgezählten Punkte sind Hauptübelstände; untergeordnete Zustände übergehe ich.

Wie muß das Alles nun anders sein? Die Natur des Prozesses deutet es an. Der Prozeß ist ein Rechtsgeschäft, wennauch ein aus mehreren und verschiedenen Handlungen zusammengesetztes. Wie nun jedes andere Rechtsgeschäft von den Interessenten selbst gemacht wird, so muß auch der Prozeß wesentlich von den Partheien selbst gehandhabt werden. Daraus folgt:

1) die Partheien müssen ihres Rechtshandels völlig Herr und von dem Richter darin: ob sie ihn betreiben oder liegen lassen wollen, ganz unabhängig sein;
2) sie müssen die einzelnen Handlungen selbst verrichten oder sorgen, daß solche durch die dazu geeigneten Personen verrichtet werden, und hieraus folgt
3) daß der Richter von dem Schreiberdienst und von der Fertigung der Prozeßakten ganz entlastet werden muß.

Da jedoch der Prozeß ein Geschäft ist, welches nicht nothwendig Willensübereinstimmung erfordert, vielmehr wider den Willen des einen oder des andern Theils zum Schluß gebracht werden kann, so muß es Mittel geben, wodurch der Widerwille der einen Parthei überwunden wird. Dazu dienen die Fristen und Formen. Es sind also nothwendig

4) bestimmte Förmlichkeiten und Fristen, in welchen sich die einzelnen Handlungen, bei Strafe der Nichtigkeit, bewegen müssen.

Der Beruf des Richters ist, das zwischen den Partheien streitige oder verdunkelte Recht zu finden. Dazu ist erforderlich, daß er sie anhöre, und Partheien wie Richter haben ein wechselseitiges Interesse dabei, daß die Angriffs- wie die Vertheidigungsmittel auch wirklich und ordnungsmäßig, sowie verständlich zur Kenntniß des Richters gelangen. Daraus folgen zwei sehr wichtige Sätze:

5) Die Partheien müssen (selbst oder durch Stellvertreter) dem in Person gegenwärtigen Richter ihre Sache vortragen. (Mündlichkeit der Verhandlung.)

6) Daß nur solche Partheien in Person sprechen dürfen, welche nicht durch Unfähigkeit oder Leidenschaft verhindert sind, verständlich und verständig (sachgemäß) zu sprechen. (Bedingte Nothwendigkeit der Stellvertretung.)

Man kann hiergegen nicht sagen, daß weil die Partheien Herren ihres Rechts und ihrer Sache seien, ihnen auch freistehen müsse: wie sie ihre Sache vortragen wollten. Das würde an sich schon nur auf die Unfähigen passen; denn wer mit Leidenschaft spricht und sich ungesittet benimmt, der wird doch wol kein Recht haben sollen, Andere zu zwingen ihn anzuhören. Aber auch bei den Unfähigen ist nicht um ihrer selbst willen die Stellvertretung durch einen Geschäftskundigen nöthig, sondern der Richter wegen, die doch auch Subjecte sind.

Da die Partheien Herren ihres Rechtshandels sind und der Richter nur seinen Ausspruch dabei zu thun hat, so kann auch der Lauf des Rechtsganges nicht in der Gewalt des Richters, sondern nur in der der Partheien sein, und das Richteramt muß zu den im Voraus bestimmten Zeiten immer in Bereitschaft sein, die Partheien anzuhören. Daraus ergibt sich

7) es muß von der betreibenden Parthei, und nicht vom Richter abhangen, wie bald und wann die Sache zum Vortrag (zur Handlung) kommen soll.

Von dem Richter verlangt jede Parthei nichts mehr, als daß er nach seinem Wissen und Gewissen den Ausspruch thue. Hat er das gethan, so hat er seine Verbindlichkeit erfüllt; seine Person kommt dabei nicht weiter in Betracht, er scheidet ganz aus. Ist die eine oder sind beide Partheien mit dem Ausspruch unzufrieden, so dauert der Streit unter ihnen fort, mit dem Richter ist ein Streit darüber unmöglich. Daraus folgt:

8) jede Beschwerde gegen die Person des Richters über den gethanen Ausspruch bei den persönlichen Vorgesetzten ist unpassend und unstatthaft; es findet nur Berufung zwischen den Partheien, und gegen den Richter in den geeigneten Fällen die Syndicatsklage statt.

Dieß sind die Grundzüge einer Prozeßordnung, wie sie das Bedürfniß des gesellschaftlichen Verkehrs fordert. Die Prozeß-Ordnung aber muß nichts weiter enthalten als die Prozeßgesetze; sie muß keine Instruction, kein Handbuch für die Partheien oder die handelnden Personen sein, wie die Allgemeine Gerichtsordnung, worin die wenigen Prozeßgesetze so vergraben und umwunden sind, daß es dem feinsten Prozeßualisten oft schwer wird zu erkennen: ob er ein Gesetz oder eine Anweisung für die handelnde Person vor sich hat; will man eine Anweisung geben, so geschehe dieß in Form einer Instruction, am besten ist es, solches den Lehrbüchern und der Praxis zu überlassen, denn die Staatsgewalt hat nicht das mindeste Interesse dabei: wie es die handelnden Partheien anstellen, um die wesentlichen Prozeßhandlungen zu vollziehen, ihr genügt es, die Prozeßgesetze gegeben und Folgen der fehlerhaften oder unterbliebenen Vollziehung bestimmt, auch für Sachverständige und für Beglaubte, deren sich die Partheien bedienen können oder müssen, gesorgt zu haben. — Durch ein nach diesen Grundsätzen geregeltes Prozeßverfahren fallen die vorhin erwähnten Uebelstände und noch viele andere, welche weiterhin werden hervorgehoben werden, von selbst weg. Vielleicht erwartet man auch die Forderung der Kostenfreiheit und der Oeffentlichkeit. Diese halte ich nicht für begründet.

1) Die Kosten eines Prozesses bestehen theils in gerichtlichen, theils in außergerichtlichen. Die außergerichtlichen Kosten sind bekanntlich solche, welche eine Parthei zum Zweck eines vorzunehmenden Prozeßacts aufwendet, z. B. für eine Reise an den Gerichtsort, oder Lohn und Porto für eine Schrift, und dergl. Daß davon keine Befreiung möglich ist, begreift sich von selbst, es kann dabei nur von der Wiedererstattung durch den Gegner Rede sein. Diese Kosten sind aber immer bei weitem die bedeutendsten, auch in dem Prozesse nach der jetzigen Allgemeinen Gerichtsordnung; denn es gehören wesentlich dazu die Gebühren für die Prozeßschriften, welche nach der Gerichtsordnung der Richter den beiden Partheien zu machen hat, und in den Protokollen zu finden sind. Dieß sind eben die-

jenigen Schriftstücke, von welchen ich vorhin (S. 19) gesagt habe, daß sie so sehr angehäuft werden und die Kosten bis zum Erstaunlichen vermehren. Diese Kosten fallen mit der Aenderung des Verfahrens von selbst weg. Es handelt sich dann nur um die eigentlichen Gerichtskosten oder um die Frage: ob für Handlungen, die wesentlich durch den Richter geschehen müssen, also für die Audienz, für Abhörung und Vereidung der Zeugen, für Eidesabnahmen und für Urtheile eine Sportel erhoben werden soll. Das ist eine rein finanzielle Frage, denn da die Richter und deren Schreiber nothwendig wie Jeder, welcher mit seinem Gewerbe seinen Unterhalt erwirbt, für ihre Leistungen bezahlt werden müssen, so müssen dazu auch die Mittel angeschafft werden, und es fragt sich mithin bloß: sollen Diejenigen, welche jedesmal die Leistungen des Richters in Ansprnch nehmen, dafür aufkommen, oder sollen auch Andere, die ihn just nicht gebrauchen aber doch in den Fall kommen können, ihn gebrauchen zu müssen, herangezogen, d. h. soll darauf eine allgemeine Steuer erhoben werden? Das auszumachen überlasse ich den Finanzmännern.

2) Die so vielfach besprochene Oeffentlichkeit gehört heutzutage, wo keine Volksgerichte mehr möglich sind, nicht nothwendig zum Verfahren. Wenn also darunter, wie gewöhnlich, die Erlaubniß, daß Jeder, welcher sich amüsiren, oder seine Neugier befriedigen, oder sich wärmen will, in den Gerichtssaal ab- und zulaufen kann, so ist das nicht einmal unschädlich, geschweige denn zur Sache gehörig, diese Art von Oeffentlichkeit hängt an dem Verfahren wie das

fünfte Rad am Wagen. Dagegen ist eine andere Art von Oeffentlichkeit zweckmäßig, nämlich die Mittheilung aller solcher Erkenntnisse mit Gründen, wobei etwas Interessantes, Ungewöhnliches oder Abnormes vorkommt und zwar mit Benennung des Gerichts, durch eine Gerichtszeitung. Dann wird mehr Sorgfalt auf die Redaction der Rechtssprüche verwendet werden und die Richter werden sich mehr der Gründlichkeit und Wissenschaftlichkeit befleißigen. Selbst die Herausgabe solcher Gerichtszeitungen, deren in jeder Provinz Eine sein möchte, auf öffentliche Kosten würde nur ein geringes Opfer für den Segen sein, der durch diese Art von Oeffentlichkeit bereitet würde.

Vorhin (Nr. 1.) habe ich den Satz aufgestellt, daß die Partheien ihres Rechtshandels völlig Herr sein müssen. Damit ist zugleich gefordert, daß Jeder, welcher dabei interessirt, die Rolle einer Parthei übernehmen und die Sache verfechten kann. Im Allgemeinen ist dieß auch in der überall zugelassenen Intervention anerkannt. Allein gerade bei dem Rechtsverfahren, wobei das gemeine Wesen so sehr betheiligt ist, ist bis auf den heutigen Tag dieses Recht noch gar nicht zur Geltung gekommen, und dieses Verfahren ist

2. Der Ehescheidungs-Prozeß.

Nach dem Eherecht kann eine Ehe, woraus Kinder vorhanden sind, auf den Grund wechselseitiger Einwilligung nicht getrennt werden, das Ehescheidungsverfahren nach der Allgemeinen Gerichtsordnung macht es aber möglich, daß jede Ehe in Folge beiderseitigen Einverständnisses getrennt werden kann. Ob die Ehescheidung zugelassen werden solle und aus welchen Gründen: diese Frage bleibt hier auf sich beruhen, nicht allein weil sie in der neuesten Zeit bis zum Ueberdruß und weniger geistreich, als bereits vor vierzig Jahren von den französischen Gesetzgebern geschehen, besprochen worden ist; sondern auch weil sie außerhalb meiner Aufgabe liegt. Würde auch die Ehescheidung ganz verboten, so wäre der Eheprozeß damit doch noch nicht beseitigt, denn es würde dann immer noch nichtige Ehen geben, worüber es zum Prozeß käme. Sobald die Auflösung einer Ehe der Willkühr der Ehegatten entzogen ist und nur aus gewissen Gründen zugelassen wird, so ist auch das öffentliche Interesse oder das gemeine Wesen dabei betheiligt, daß eine Ehe auch wirklich nur aus solchen gesetzmäßigen Gründen getrennt wird, und dieses Interesse kann nicht dem Einverständniß der getrenntseinwollenden Eheleute zur Verfügung gestellt werden, wie es bis zu dieser Stunde geschieht. Denn wenn Eheleute, welche, weil sie Kinder mit einander haben, nur aus gewissen Gründen geschieden werden dürfen, über ihre Trennung unter sich einig sind; so ist weiter nichts nöthig, als daß der Eine klagend auftritt und einen beliebigen Scheidungsgrund fälschlich vorgibt, und daß der Andere auf die Klage aus Ungehorsam nicht antwortet (sich contumaciren läßt), oder auch die Thatsache einräumt. Mir sind aus meiner eigenen Beobachtung eine große Zahl von Eheleuten bekannt geworden, welche sich überdrüssig waren und auf solche Weise aus bloß fingirten Ursachen geschieden wurden; und ich bin überzeugt, daß sehr viele Richter dieselbe Beobachtung gemacht haben. In der neuesten Zeit hat man denn auch, wie das vorgeschlagene neue Ehegesetz zeigt, daran gedacht, diesen Mißbrauch zu verhindern, die Nothwendigkeit einer Maaßregel dafür ist mithin bereits anerkannt, und es handelt sich nur um die Wahl der Maaßregel selbst. Nach dem Vorschlage in dem Gesetzentwurfe soll zweierlei zugleich dafür wirken, nämlich: ein singulairer Prozeßrechtssatz, und ein neues Institut. Der Rechtssatz ist der, daß das Geständniß nichts beweisen und das Ausbleiben des Gegners für eine negative Litiscontestation (Bestreiten der Thatsachen) angenommen werden solle. Und dieser Rechtssatz soll ganz singulair nur im Ehescheidungsprozeß gelten. Ich gehe nicht darauf ein, zu welchen curiosen Consequenzen dieß führen würde, wie z. B. bei stattgefundenem Ehebruche, wo die Strafsache dem Scheidungsprocesse vorausgehen soll und es sich also ergeben könnte, daß der Ehebruch auf Grund bloß des Geständnisses bestraft und hinterdrein in dem Scheidungsprozeß für nicht bewiesen angenommen würde — ich sage, ich gehe auf solche Widersprüche, auf welche der Satz möglicher Weise führen könnte, nicht ein, weil sie sich im Voraus nicht übersehen lassen; es ist nur zu erinnern, daß singulaire Rechtssätze nicht ohne dringendes Bedürfniß eingeführt werden müssen. Dieses Bedürfniß fehlt hier, es ist nicht nothwendig, die allgemeine Prozeßregel hier umzukehren um den beabsichtigten Erfolg zu erreichen, es ist bloß erforderlich, den Prozeß mit sämmtlichen Partheien zu verhandeln, d. h. das gemeine Wesen als Parthei Theil nehmen zu lassen. Dazu ist das neue Institut, nämlich ein Organ (Staatsprocurator, Fiskal oder wie man es nennen will) nothwendig aber auch genügend. Dieser Vertreter des gemeinen Bestens muß mit dem beklagten Ehegatten gemeinschaftlich die Gegenparthei des Klägers bilden, mithin auch wenn der beklagte Ehegatte zugesteht oder ausbleibt, selbstständig die Behauptungen des Klägers bestreiten können und, wenn er von der Wahrheit der Thatsachen nicht völlig überzeugt ist, zu bestreiten auch verpflichtet sein. Damit ist dem Unfug ein genügender Damm entgegengestellt.

Noch gegen einen Unfug anderer Art gewährt dieses nothwendige Institut Sicherheit. Bekanntlich ist ein, von einem incompetenten Richter gesprochenes Urtel nach den Prozeßgesetzen nicht absolut nichtig und der Gerichtsstand kann durch Einlassung auf die Klage vor einem incompetenten Richter prorogirt werden. Nun ist es vorgekommen, daß Eheleute, welche in aller Eile und in aller Stille haben getrennt sein wollen, zu einem ihnen befreundeten Richter gegangen sind, der, obgleich incompetent, aus guter Freundschaft das Paar denn auch wirklich sonika, in Zeit von zwei Stunden in aller Form Rechtens geschieden hat. Das hat man nämlich so gemacht, daß das Ehepaar, die Klage in der Tasche des Einen, um 10 Uhr zu dem, schon darauf vorbereitet gewesenen Richter gegangen ist, der Richter die schriftliche Klage in Empfang genommen, dem andern Theil vorgehalten, die Sühne formell, aber natürlich vergeblich versucht, darauf die kurze Beantwortung der

Klage zu Protokoll genommen und die Sache abgeschlossen, nun sogleich das sehr kurze Erkenntniß abgefaßt und publicirt, und so das Paar geschieden entlassen hat. Diesem Unfug hat man durch eine declaratorische Bestimmung steuern wollen und die Kabinets-Ordre vom 25. Februar 1835 erklärt die freiwillige Prorogation des Gerichtsstandes für unzulässig, weil Ehescheidungsprozesse zu den Rechtsgeschäften gehörten, denen wegen ihrer besondern Beschaffenheit ein eigener Gerichtsstand angewiesen ist, und dieser specielle Gerichtsstand dadurch begründet sei, daß Ehescheidungs-Prozesse jederzeit vor dem persönlichen Gerichtsstande des Ehemannes entschieden werden sollen[5]). Hierdurch wird es nun zwar zweifellos, daß ein von einem incompetenten Gericht ertheiltes Ehescheidungsurtel durch die Nullitätsklage angegriffen und vernichtet werden kann, allein das setzt voraus, daß eine Parthei von der Nullitätsklage Gebrauch mache, und in den Fällen, von welchen hier Rede ist, sind die beiden Partheien mit solchem Urtheil gerade recht wohl zufrieden. Es handelt sich mithin gerade darum, eine solche Ehescheidung factisch zu verhindern, und dazu ist jenes Organ des gemeinen Wesens nothwendig, aber auch völlig genügend[6]).

Eine weitere Frage, welche die Prozeßgesetzgebung beschäftigt, ist der Sühneversuch in den Ehescheidungsprozessen und das Forum für dieselben. Gewiß muß zur Abwendung

5) Anhang zur Allgemeinen Gerichtsordnung, §. 37.

6) Allgemeine Gerichtsordnung, Theil I, Titel 16, §. 2, Nr. 3 und §. 7.

der Auflösung der Familien alles Ernstes versucht werden, die mit einander zerfallenen Ehegatten, wo möglich, wieder zu versöhnen, aber eben so gewiß unangemessen ist es, den Versuch in die Willkühr der Geistlichkeit zu legen, und davon die Eröffnung des Rechtsganges abhängig zu machen, wie in dem neuen Entwurfe vorgeschlagen wird: eine solche Einrichtung würde sich von einer Rechtsversagung durch nichts unterscheiden; noch gewisser ist es jedoch, daß das Verfahren, wie es jetzt besteht, unzweckmäßig, ja unter manchen örtlichen und persönlichen Verhältnissen und Umständen, in welchen viele Gerichte sich befinden, der Würdigkeit des Gegenstandes und der Heiligkeit des Zwecks geradezu zuwider ist. Nach meinen Gedanken ergibt sich die rechte Art, ohne besondere künstliche Einrichtung, ganz von selbst mit einer zweckmäßigen Gerichtsverfassung. Dieses führt auf den andern Theil der Frage, das Forum betreffend. Bekanntlich gehörten Eheprozesse, vor Emanirung der Allgemeinen Gerichtsordnung, in den Preußischen Landen, wie in Deutschland überall, vor die Consistorien und geistlichen Gerichte. Den Grundsatz erkennt auch noch die Allgemeine Gerichtsordnung an; denn sie bedingt die Competenz der Gerichte in Sponsalien und Ehesachen durch die Beilegung von Consistorialrechten, außerdem sollte nur das Ober-Justizcollegium der Provinz competent sein [7]. Allein schon nach einer noch nicht zehnjährigen Anwendung der Allgemeinen Gerichtsordnung fand man

7) Ebendaselbst Tit. 2, §. 128.

es für nothwendig, davon abzuweichen, um dem Geheimen Obertribunal, welches nicht mehr fertig werden konnte, Erleichterung zu verschaffen, indem man theils das Rechtsmittel der Revision beschränkte, theils eine Anzahl von Rechtssachen zur Revision an die Provinzial-Landes-Justizcollegien verwies [8]). Unter diese Klasse von Sachen wurden auch die Sponsalien und Ehesachen geworfen [9]). Damit nun aber die Landes-Justiz-Collegia im Stande bleiben möchten, die Geschäfte gehörig zu bestreiten, wurde der den Sponsalien und Ehesachen in der Allgemeinen Gerichtsordnung beigelegte priviligirte Gerichtsstand des Ober-Justiz-Collegii der Provinz aufgehoben und diese Rechtssachen wurden in erster Instanz denjenigen Gerichten, welchen der Beklagte oder der Ehemann persönlich unterworfen, zugewiesen [10]). Seitdem sind denn bis auf den heutigen Tag die Ehescheidungssachen der Nichteximirten in erster Instanz vor den gewöhnlichen Untergerichten verhandelt und entschieden worden. Den Verfassern des Entwurfs zu einem neuen Ehegesetz muß darin unbedingt beigestimmt werden, daß es gemeinschädlich sei, die Ehescheidungen in die Hände der Einzelrichter zu legen; dagegen kann es auch nicht für nöthig erkannt werden, diese Sachen wieder an die Provinzial-Justizcollegien, die von vielen Orten ihres Departements 20 bis

8) Verordnung vom 13. März 1803.

9) Ebendaselbst §. 4, Buchstabe b.

10) §. 7 ebendaselbst, und Anhang zur Allgemeinen Gerichtsordnung §. 37.

30 Meilen und darüber entfernt sind, zu bringen, zumal wenn, wie es nöthig ist, die Eheleute persönlich erscheinen sollen. Was man damit beabsichtigt, kann durch eine zweckmässige Organisation der Gerichte viel besser und sicherer erreicht werden: man hat bloß nöthig, die für den Staat so sehr wichtigen Ehesachen einer ähnlichen Berücksichtigung zu würdigen, welche man gewerbliche Sachen für werth hält, und wie Handels- und Seegerichte aus Kaufleuten und Juristen, so Ehegerichte aus Geistlichen und Juristen, zusammenzusetzen. Dazu bedarf es überall keiner besonderen, für sich bestehenden Gerichte, vielmehr ist jedes Kreisgericht, wovon nachher Rede sein wird, zu jeder Zeit durch Heranziehung der geistlichen Mitglieder in das Ehegericht zu verwandeln, ja es ist sogar zweckmässiger, die geistlichen Mitglieder aus der Geistlichkeit des Kreisortes zu nehmen, um, wo möglich, den Seelsorger der Partheien im Gericht zu haben, was jedoch just nicht nothwendig sein muß. Vor diesem versammelten Ehegerichte nun müssen die entzweiten Eheleute persönlich zur Verhandlung erscheinen, nicht zu dem Zwecke, damit der Beklagte Red und Antwort gebe, denn diese ist nicht zu erzwingen, sondern dazu, daß er die Richter anhöre, indem es die Aufgabe derselben, vorzüglich der geistlichen Mitglieder ist, auf die Versöhnung hinzuwirken.

3. Concursprozeß.

Der Concursprozeß, wie er in der Allgemeinen Gerichtsordnung Theil I, Titel 50 geregelt ist, ist in seinen Grundzügen der gemeinrechtliche, nur mit dem Unterschiede, daß der Preußische wo möglich noch schwerfälliger und langwieriger, und jedenfalls kostspieliger ist. Mit der Constituirung der Passivmasse geht es allenfalls noch an, obgleich das Verfahren alles Das gegen sich hat, was den ordinairen Prozeß so unpractisch macht; allein mit der endlichen Erlangung der Befriedigung ist es weitaussehend. Nach der Concursordnung mußten selbst Pfand- und Hypothekengläubiger den Gegenstand ihrer Befriedigung zur Concursmasse fließen lassen, ehe sie zu dem Ihrigen kommen konnten, was oft zu den schreiendsten Härten und zu Verlusten führte. Zu einer gewissen Concursmasse gehörte ein Haus, und darauf war eine einzige Post für eine Wittwe eingetragen. Die Subhastation ging nun vermittelst des Concurses ihren Gang. Das Kaufgeld deckte die Post mit zweijährigen Zinsen und Kosten, hätte die Gläubigerin alsbald Befriedigung aus dem Kaufgelde erhalten, so hätte sie keinen Ausfall erlitten; ein materielles Hinderniß gab es nicht. Gott bewahre. Die Kaufgelder mußten ad depositum gezahlt werden. Dadurch verminderten sie sich durch die Deposital-Gebühren um Ein Prozent. Nun wurden sie auch nicht gleich zinsbar gemacht, und als dieß endlich geschah, brachten sie zwei Prozent Bancozinsen. Darüber verging eine geraume Zeit ehe es zur Distribution kommen konnte. Endlich als dieser ersehnte Akt herbei kam, gingen die bedeutenden Verwaltungskosten, das hohe Postporto für die Absendung der Gelder zur Bank und von da wieder zurück, und die Gerichtskosten für die Distribution und Auszahlung ab, und für die Gläubigerin blieb nicht soviel übrig, daß das Kapital vollständig bezahlt werden konnte, die Zinsen und Kosten fielen ganz aus. Auf solche Weise wurde der Wittwe ein bedeutender Theil ihres Eigenthums, lediglich durch das Verfahren, geradezu entzogen, und die gegen dasselbe erhobenen Reklamationen hatten ihr noch dazu vergebliche Kosten zugezogen. Dieses Unwesen ist nun zwar durch die neue Verordnung, betreffend die Befreiung der Pfand- und Hypothekengläubiger von der Einlassung in den Concurs- und erbschaftlichen Liquidations-Prozeß, vom 28. Dezember 1840[11]), beseitigt, allein in Ansehung der übrigen Gläubiger ist noch immer nichts geschehen. Die Hauptbeschwerden bestehen darin:

1) daß die Gerichte sich in den Besitz der Massen setzen, über die Verwaltung disponiren und den eigentlichen Eigenthümer, nämlich die Gläubiger, an der Disposition hindern. Das beruhet darauf, daß die Gerichte zu Geschäftsführern der Partheien gemacht sind, wodurch sie eben selbst, ihrestheils, den Partheien gegenüber, zu Partheien werden, denn sie führen ja fremde Geschäfte.

2) Daß durch diese gerichtliche Verwaltung die Vertheilung so sehr lange verzögert wird, und die Kosten außerordentlich vermehrt werden.

Diese Beschwerden sind wohlbegründet, insbesondere ist die Kostspieligkeit höchst drückend; denn die Summe der Gerichtskosten für einen Concursprozeß geht oft ins Erstaunliche.

11) Gesetz-Sammlung von 1841, S. 4.

Bei dieser gerichtlichen Administration und Vertheilung wird denn auch überall keine Rücksicht auf Vermeidung und Ersparung der außergerichtlichen Kosten für die Gläubiger genommen: da geht Alles maschinenmäßig. Erst kürzlich geschah es, daß einem Gläubiger auf seine Forderung ein Perzipiendum von 1 Sgr. 6 Pf. in einem großen Briefe über Post zugesendet wurde, und er dafür 10 Sgr. oder noch mehr Porto bezahlen mußte. Dergleichen Bedrückungen liegen darin, daß die Gerichte zu Verwaltern fremden Eigenthums bestellt sind, also in der Verfassung; wäre es den Gläubigern überlassen, dafür zu sorgen, so könnten sie sich Alles wohlfeiler und doch besser besorgen, und dergleichen unnöthige Kosten vermeiden.

Man hofft schon lange auf eine practische Concursordnung vergeblich, aber man thut dem Ministerium für Gesetzgebung Unrecht, wenn man glaubt es liege bloß daran, daß dasselbe eine solche Ordnung nicht redigire. Bei dem Fortbestehen der jetzigen Gerichtsverfassung ist eine practisch brauchbare Concurs-Ordnung unmöglich, denn der Concurs, wie der Prozeß überhaupt, muß wesentlich in den Händen der Partheien sein, die Gerichte müssen sich bloß mit der Schlichtung der vor sie gebrachten Streitigkeiten zu befassen haben, und am allerwenigsten die Activmasse verwalten und vertheilen. Um nun dahin zu kommen, muß erst die ganze Gerichts-Verfassung umgeändert werden, was wol so bald nicht zu hoffen ist.

4. Straf-Prozeß.

Unsere Vorfahren und auch andere civilisirte Nationen hatten in frühern Zeiten, wo man noch nicht zu den Extremen der neuern Zeit gekommen war, durchaus nicht den Begriff vom Beweise in Strafsachen, den wir damit heutzutage verbinden; denn es fiel ihnen durchaus nicht ein, daß der Mensch wirklicher Richter eines andern Menschen sein könnte; sie hatten die Ansicht, daß die Gesellschaft sich von einem schädlichen und gefährlichen Mitgliede befreien könne und müsse. Aus dieser Ansicht erklären sich manche Strafarten, welche bis in die neuere Zeit hin und wieder angewendet worden sind, wie z. B. die Landesverweisung und Verbannung. Die neuere Zeit hat diese Grundansicht unserer Vorfahren über das Strafrichteramt fast ganz vergessen und die Meinung in Deutschland gangbar gemacht, daß der Mensch ein wirklicher Richter seines Bruders sein könne. Wer aber zum strafenden Richter berufen sein will, der muß allwissend sein und Herzen und Nieren prüfen können. Wiewohl diese Eigenschaft und Fähigkeit dem Menschen abgeht, will er nun doch das Strafrichteramt, im eminenten Sinne, ausüben; eine Menge Abhandlungen unterhalten uns über den vorgeblichen Beruf und die vermeintliche Berechtigung des gebrechlichen und blödsichtigen menschlichen Geschöpfs zu diesem göttlichen Amte. Da ihm indeß das unentbehrliche Erforderniß dazu, nämlich das Durchdringen und Wissen aller verborgenen Dinge, abgeht, so hat diesem so unvollkommenen Strafrichter das Erfinden eines Mittels, diesen Mangel zu ersetzen, viel Mühe und Sorge gemacht und wird ihm fortwährend viel Mühe und Sorge machen, so lange er nicht von seiner eitlen Anmaßung wieder absteht, und zu der früheren natürlichen Rechtsansicht seiner Vorfahren wieder zurückkommt. Nach dieser alten Grundansicht und der dazu passenden gesellschaftlichen Einrichtung kann man nicht erwarten, in der ältern Geschichte und in den Nachrichten über die ältern Rechtszustände Etwas über die Erfordernisse oder die Arten des Beweises zu finden; wo uns Strafrechts-Vorfälle berichtet werden, wird die Sache immer so vorgestellt, als wenn die Urtheiler selbstwissend oder doch an gar keine Regel über die Thatfrage gebunden gewesen wären: der Beweis tritt ganz in den Hintergrund. Und in der That ist dieses nach den Voraussetzungen ganz natürlich. Denn wenn ein Gesellschaftsmitglied angeschuldigt wird, sich in der Gesellschaft gegen dieselbe schädlich oder gefährlich gezeigt zu haben, und die Gesellschaft über diesen Genossen urtheilen will, so kann einerseits Niemand außer der Gesellschaft das Betragen dieses Genossen in der Gesellschaft kennen und die Gesellschaft bedarf keiner Zeugen, da ihre eigene Wahrnehmung und Wissenschaft alle sonst möglichen Beweismittel übertrifft; und anderseits ist die Gesellschaft in ihrem Urtheil über Eines ihrer Mitglieder unabhängig, mithin ist gegen ihr Urtheil keine Appellation zu denken, mithin kann auch niemals eine Rechtfertigung desselben oder eine Prüfung der Gründe vorkommen:

sie ist das Recht selbst, sie gibt sich in jedem einzelnen Falle ihre Regeln, wie sie den Umständen angemessen scheinen, selbst. So gefährlich dieses scheint, so ist es doch ganz in der Natur einer Gesellschaft und in den Gesellschaftsrechten begründet, und nach der Grundansicht doch nicht so gar gefährlich für das Individuum, da die Gesellschaft keinen Genossen ohne die trifftigsten Gründe fallen lassen wird. Das höchste, was gegen ein Mitglied ausgesprochen werden kann, ist die Ausschließung aus der Gesellschaft; und wenn es dazu kommen soll, muß es so arg gemacht worden sein, daß von dem Uebelthäter kein Nutzen mehr für die Gesellschaft zu hoffen ist.

Hinsichtlich des Grundsatzes findet sich kein Unterschied zwischen der Staatsgesellschaft und jeder andern Gesellschaft; die höchste s. g. Strafe ist auch in der Staatsgesellschaft immer nur Ausstoßung eines gefährlichen und gemeinschädlichen Mitgliedes, woraus denn für die Staatsgesellschaft selbst die Befugniß zur Vernichtung eines solchen Subjects folgt, aber ein solcher menschlicher Act ist keine eigentliche S t r a f e im sublimen Sinne: es ist eine zur Sicherung der Gesellschaft nothwendige Maaßregel. Allein die A n w e n d u n g jenes Grundsatzes kann in der Staatsgesellschaft, vermöge ihres Umfanges, besondere Einrichtungen erfordern, und diese sind es, welche Dasjenige, was man Beweis nennt, bedingen können. Dieser Beweis ist, so lange die Gesellschaft selbst, sei es in pleno durch Volksversammlungen, oder nur in der Idee durch gewählte Stellvertreter, zu Gericht sitzt, bloß informatorisch und nicht bindend; es gibt dafür keine Regeln, denn das lebendige Recht selbst sitzt zu Gericht und regelt sich selbst. Dabei fällt es denn auch durchaus nicht auf, daß ein Angeklagter nicht nach der ihm zur Last gelegten einzelnen That, sondern nach seiner ganzen Persönlichkeit beurtheilt, und daß durch das Urtheil gleichsam über die Gemeinnützlichkeit oder Schädlichkeit der Person entschieden wurde: eine sogenannte objective Gewißheit kam nicht in Betracht, weil sie ausser den Grenzen des menschlichen Wissens liegt[12]), nur die subjective Meinung der Richter entschied, und es galt gleichviel, durch welche Mittel sie bestimmt worden war. Ein solches Volksgericht war ein Gericht des Bewußtseins über die Person des Angeklagten als Mitgliedes der Gesellschaft: die Gesellschaft selbst urtheilte über den Werth oder Unwerth der Person als Gesellschaftsgliedes, sie urtheilte darüber: ob er für die Gesellschaft nocens oder innocens war. Daher sagt Cicero[13]): „Mit dem Anhören und Zählen der Zeugen ist es nicht gethan, wenn es bloß darauf ankäme, so gäbe es einen Unterschied zwischen weisen und unverständigen Richtern nicht mehr, denn es würden bloß die Ohren zu Gericht sitzen, welche dem Dummkopf eben so gut wie dem Verständigen von der Natur gegeben sind. Wenn das anginge, so würde die Wohlfahrt in Person nicht im Stande sein, unschädliche und helden-

12) Quintilian sagt in dieser Beziehung Declam. 313: . . . alioqui nocentem an innocentem qui scit? Ipsi judices hoc non pronunciant, sed ex animi sui sententia facere profitentur.

13) Pro Fontejo c. 6.

müthige Männer aufrecht zu erhalten." — Die Nützlichkeit des Mannes für die Staatszwecke ist die Hauptsache! Derselbe Gedanke lebt noch heute in den Gesellschaften: hat der Eine oder der Andere auch seine Mängel und Fehler, läßt er sich auch manches zu Schulden kommen, ist er aber überhaupt für die Gesellschaftszwecke tüchtig und brauchbar, so gilt er immerhin für ein würdiges Gesellschaftsglied. Und wirklich, so lange der Mensch seine Competenz nicht überschreitet, so lange er sich nicht Gottes Richteramt über seine Brüder anmaßt; so lange ist dieser vernünftige Grundsatz leitend und fördernd.

Das Alles wird nun anders, wo angenommene Richter (Beamtete) über unerlaubte Handlungen einzelner Gesellschafter zu Gericht sitzen. Jetzt hört die Gesellschaft auf, als solche, nach ihren Zwecken, ihre Mitglieder zu beurtheilen; jetzt ist nicht mehr das lebendige Recht in Person, jetzt ist ein Miethling, welcher, weil er nicht kraft eigener Gewalt, sondern im Auftrage Gericht hält, seine Information oder Instruktion (Gesetzbuch) mitbringt, im Gericht. Dieser, sich für Gottes Stellvertreter haltend, fängt nun an, nicht bloß objective Wahrheit der Thatsache zu suchen, sondern auch nach Dingen zu forschen, welche ihm nach seiner Natur verborgen sind: er will die Gedanken des Menschen, die innerste Gesinnung (Absicht) entdecken. Die innere Nothwendigkeit, bei Ausübung eines eigentlichen Richteramts auf die Absicht zu sehen, hat den Menschen auf abscheuliche Abwege geführt, um die innersten Gedanken des Menschen zu erforschen. Mit dieser großen, das Fundament und den

Character durchdringenden und umwälzenden Veränderung ist ganz von selbst, als eine natürliche Folge, auch die Prozeßverhandlung oder das Verfahren total verändert worden, und wir treffen hier auf zwei Dinge, welche in der neuern Zeit die Köpfe, die Zungen und die Federn der Gelehrten und Ungelehrten vielfach beschäftigt haben: ich meine die Mündlichkeit und die Oeffentlichkeit.

Wenn eine Gesellschaft in Person (gleichviel ob in einer allgemeinen Versammlung oder in einem Ausschuß) Eins ihrer Mitglieder anhören und richten will, so sind zwei Dinge nöthig. Das Eine ist, daß jedes Mitglied dabei gegenwärtig sein müßte, und dieß ist die Oeffentlichkeit. Das Andere ist, daß der Angeschuldigte ebenfalls in die Versammlung zugelassen und dort angehört werden müßte. Dieses Anhören ist eben die Instruction des Prozesses; haben die Richter gehört, was der Angeschuldigte zu sagen hat, und haben sie die vorgebrachten Beweise vernommen, so ist der Zweck des Prozesses erfüllt: sie sind instruirt und können urtheilen. Dieses unmittelbare Anhören der Zeugen und Angeklagten ist die Mündlichkeit, welche den Gesellschafts-, den Volksgerichten wesentlich eigen und unentbehrlich ist, wie die Oeffentlichkeit.

Denke man sich dagegen einen Einzelnen, oder zwei oder drei Personen, damit beauftragt, einen Fall zu untersuchen und darüber zu urtheilen, oder auch das Resultat wieder einem oder mehren Andern zur Beurtheilung vorzutragen: so muß der Beauftragte nothwendig das Ausgemittelte aufschreiben, um über die Ausrichtung des ihm gegebenen Auftrags Rechenschaft geben zu können. Damit ist das schriftliche Verfahren als eine Nothwendigkeit gegeben. Sitzt wesentlich die Gesellschaft selbst zu Gericht, so ist die Schrift nicht nöthig, weder zum Zweck der Darstellung des Falles: denn die Richter haben denselben schon unmittelbar aus den lebenden Quellen kennen gelernt; noch zum Zweck einer Rechenschaft: denn die Gesellschaft hat nur sich selbst Rechenschaft zu geben. Ist aber ein beauftragter Einzelrichter mit der Ausmittelung des Falles beschäftigt, wozu könnte es da dienen, daß er sich mit seinem Schreibtisch auf dem Markt niederließe? Im Gegentheil, das wäre zweckwidrig und lächerlich zugleich. Die heutige Strafrechtsverfassung ist von dieser Art, und darum ist mit ihr die Mündlichkeit und Oeffentlichkeit unvereinbar. Da nun aber diese beiden Erfordernisse zu einem vernünftigen, dem Wesen einer Gesellschaft entsprechenden Strafrechtsverfahren wesentlich gehören, so wird die totale Veränderung der heutigen Einrichtung mit Recht dringend gewünscht. Diese Einrichtung entkleidet den Menschen der menschlichen Würde, sie macht ihn zu einem Object, und alle Beschwerden und Verletzungen, welche dem Betroffenen zustoßen, können durch keine Aufmerksamkeit, durch keinen Fleiß, durch kein Wohlwollen der handelnden Justizpersonen abgewendet werden, weil es außer dem Bereich der menschlichen Schwachheit liegt. Ich könnte eine große Zahl einzelner Beispiele aufführen, wenn ich nicht besorgte, den Leser zu ermüden; ich will nur Einiges aus meiner eigenen Wahrnehmung mittheilen.

Als noch die Verordnung zur Verhütung der Pferdediebstähle, vom 28. September 1808, Kraft hatte, nach welcher jeder Einzelrichter einen überführten Pferdedieb zu hundert Peitschenhieben verurtheilen und ohne Zulassung einer Berufung diese Strafe sogleich vollstrecken lassen konnte, wurde einmal ein Mensch wegen Pferdediebstahls von einem Einzelrichter mit hundert Hieben bestraft, obwohl der angeschuldigte den Diebstahl leugnete. Nachdem der Unglückliche die Strafe überwunden hatte, brachte er den Fall weiter zur Sprache, und dabei fand sich, daß er wirklich keinen Diebstahl begangen, sondern das Pferd dem Eigenthümer zu einer Reise abgemiethet und unterwegs verkauft hatte. Er hatte aber seine hundert Streiche weg und der Richter hatte nach seiner besten Einsicht geurtheilt. Ein solcher Fall kann freilich seit Aufhebung dieses Edicts nicht mehr vorkommen. Was hingegen bei dem Verfahren nach der Criminal-Ordnung recht oft vorkommt und sich immer wiederholt, ist, daß zuweilen Angeschuldigte, die in erster Instanz mit Unrecht verurtheilt worden sind, die Strafe erdulden müssen und dann, nach ausgestandener Strafe, auf die weitere Vertheidigung freigesprochen werden. Dieß geht so zu. Die Criminal-Ordnung §§. 557 und 558 schreibt vor: Wenn die Dauer der Strafarbeit auf länger als sechs Monate bestimmt worden, so muß sie sogleich nach Publikation des ersten Urtels, wenn auch dasselbe noch nicht rechtskräftig geworden, mit Vorbehalt des durch die Entscheidung in zweiter Instanz entstehenden Rechts, angetreten werden, wenn der Verurtheilte verhaftet ist und sich nicht ernähren kann.

Verbrecher, die wegen Räubereien, Brandstiftung, grober Verfälschungen, gewaltsamen oder wiederholten Diebstahls bestraft werden, müssen ohne Ausnahme vorläufig an den Strafort abgeführt werden. Nun geschieht es, daß in solchen Fällen das Erkenntniß in zweiter Instanz, indem es auf Freisprechung geht oder doch die in erster Instanz erkannte Strafe bedeutend herabsetzt, im Geschäftsgange zuweilen so verzögert wird, daß es erst nach Verlauf der Zeit zur Publikation kommt. Noch kürzlich ist in einer Untersuchung wider einen gewissen Pischel zur Sprache gekommen, daß ein gewisser Grüner vor einiger Zeit in erster Instanz auf ein Jahr Zuchthaus verurtheilt, in das Zuchthaus abgeliefert worden war und erst nach ausgestandener Strafe das Urtel zweiter Instanz erhielt, wodurch er freigesprochen wurde. Daß dergleichen Fälle wiederholt vorkommen, beweiset eine allgemeine Verfügung des Justizministeriums, vom 13. März 1843[14]), welche die Verhinderung solcher Rechtsverletzungen bezweckt, und zur Vermeidung derselben Folgendes vorschreibt:

1) Die Publikation des Kriminal-Urtels zweiter Instanz wird von dem Referenten gleich bei der Abfassung des Urtels angeordnet.

2) Demselben Referenten liegt die Befolgung des §. 562 der Kriminalordnung (wonach das Erkenntniß unmittelbar an die Strafanstalt gesendet werden soll) ob.

14) Justiz-Ministerialblatt von 1843, Seite 68. Ein ganz kürzlich in Marienwerder vorgekommener Fall solcher Art hat dazu Veranlassung gegeben.

3) Er und der Dirigent des erkennenden Senats sind dafür persönlich verantwortlich und haften dem zur Ungebühr Verhafteten für jeden Verzug.

4) Der Dirigent hat nicht nur für die Beschleunigung der Kriminal-, insbesondere der Haft-Sachen zu sorgen, sondern auch die Anordnung zu treffen, daß in einem Falle, da die Entlassung des Sträflings sofort erfolgen muß, der Befehl hiezu binnen vierundzwanzig Stunden, vom Tage des beschlossenen Erkenntnisses an gerechnet, an die Direction der Strafanstalt abgeht.

5) Jede Zuwiderhandlung wird von aufsichtswegen streng geahndet und die dem Verletzten gebührende Entschädigung sofort festgesetzt werden.

Ganz gewiß ist die Absicht dabei höchst ehrenwerth und jeder Staatsangehörige muß sich eines Chefs der Justiz freuen, der unausgesetzt mit lebendigem Eifer auf eine gute Rechtspflege wirkt. Allein damit ist es doch nicht gethan; die Verfügung hilft einerseits dem Uebelstande nicht ab und sichert nicht gegen dergleichen Rechtsverletzungen, und andererseits droht sie eine Unregelmäßigkeit, wenn auch nicht eine Rechtsverletzung anderer Art an. Ich sage, die gemachten Vorschriften sichern nicht gegen dergleichen Rechtsverletzungen, denn die Sicherheit beruhet immer und immer nur auf Persönlichkeiten, und die ganze Maaßregel ist wieder nur ein Antreiben und Bedrohen der richterlichen Personen, die bei allem guten Willen und bei allem Diensteifer den Gang der Geschäfte doch nicht in ihrer Gewalt haben. Ich will davon nicht reden, daß der Dirigent, selbst wenn man ihm aufbürdet, jedesmal extra eine Verfügung an die Strafdirection, gleich nach gefaßtem Beschlusse, eigenhändig zu erlassen, nicht den Boten begleiten und sich nicht neben den Expedienten, den Kanzlisten, den Botenmeister, und wer weiß neben welchen Beamten noch, stellen kann, um ihn anzutreiben und darauf zu sehen, daß die Sache ja nicht irgendwo liegen bleibe; so gibt es doch gegen Zufälligkeiten gar keine Gewähr. In einem Falle der gedachten Art war die Verfügung in der Session erlassen worden. Nach einiger Zeit wurde die Sache in Erinnerung gebracht und nun fand sich, daß die Sache gar nicht ins Bureau gekommen war, die Akten waren auf unbegreifliche Weise verschwunden, und sie kamen alles Suchens ungeachtet nicht zum Vorschein. Endlich, nach drei Monaten, wurden sie zufällig im Sessionszimmer hinter dem Ofen, der nahe beim Sessionstisch stand, gefunden, niemand wußte, wie sie dahin gekommen waren; man dachte sich, daß sie dem Boten beim Hinaustragen entfallen und durch eine unwillkürliche Bewegung an den gedachten Ort gebracht sein mochten. Wie sollen nun dergleichen Spiele des Zufalls verhindert werden, oder wer soll dafür verantwortlich sein? Bei der bestehenden Verfassung und Geschäftseinrichtung gibt es kein sicheres Mittel dagegen. Deßhalb müßte der Staat einen Fonds zur Entschädigung für dergleichen unabwendbare Rechtsverletzungen aussetzen. Es liegt in dem unglücklichen schriftlichen Untersuchungsprozesse und in dem Geschäftsgange: würde der Angeschuldigte nicht als ein Object behandelt, vielmehr seine persönliche Gegenwart bei der Verhandlung der Sache als ein sich von selbst verstehendes nothwendiges

Erforderniß betrachtet, so wären dergleichen Rechtsverletzungen unmöglich: er hörte seine Freisprechung unmittelbar aus dem Munde der Richter und ginge dann alsbald seiner Wege.

Ein halboffizieller Artikel in der Staatszeitung vom April will den Vorwurf eines Königsberger Blattes, daß dergleichen Verletzungen doch nur eine Folge der Einrichtung wären und bei einem öffentlichen und mündlichen Verfahren unmöglich vorkommen könnten, abweisen, behauptend, daß jener Vorfall in Marienwerder keinesweges in der Einrichtung, sondern in der Nachlässigkeit der Beamteten, die dafür auch angesehen worden seien, liege. Aber das ist es ja eben, daß nach der bestehenden Einrichtung die Sicherheit der persönlichen Freiheit von der größern oder geringern Aufmerksamkeit des Registrators, des Sekretairs, des Kanzlisten oder des Boten, abhängt. Was hat der Verletzte von der Bestrafung des nachlässigen Beamteten?

Andrerseits, sage ich, droht die Verfügung eine Unregelmäßigkeit anderer Art an, indem es Ziffer 5 heißt: Jede Zuwiderhandlung wird von aufsichtswegen streng geahndet und die dem Verletzten gebührende Entschädigung sofort festgesetzt werden. Die Ahndung freilich ist eine Befugniß und Pflicht der Aufsichtsbehörde, aber wie soll sie zur sofortigen Festsetzung der dem Verletzten gebührenden Entschädigung kommen, wenn nicht eine Rechtsversagung und ein Machtspruch geschehen soll? Entschädigung eines Verletzten ist doch wol Gegenstand des Privateigenthums und der erste Paragraph in der Gerichtsordnung lautet wörtlich:

> Alle Streitigkeiten über Sachen und Rechte, welche einen Gegenstand des Privateigenthums ausmachen, müssen, wenn kein gütliches Uebereinkommen Statt findet, durch richterlichen Ausspruch entschieden werden.

Und dieser Ausspruch, heißt es im zweiten Paragraph, setzt eine gerichtliche Verhandlung voraus, welche Prozeß genannt wird. Wo ist da nun bei jener angedrohten sofortigen Festsetzung einer Forderung von aufsichtswegen ein ruhiger geregelter Rechtsgang zu denken!

Ich kehre zu dem Strafrechtsverfahren zurück.

Von der Zeit an, wo die Strafrechtspflege durch angenommene Richter (Beamtete) ausgeübt wurde, maßte man sich an, göttliche Gerechtigkeit zu üben und an Gottes Statt zu Gericht zu sitzen; man mußte deßhalb Rechtsüberzeugung haben, und folglich nach objectiver Wahrheit und nach der Absicht des Beschuldigten fragen. Hier stand man aber zugleich an der Grenze des menschlichen Witzes, und nun bemühete man sich, Mittel ausfindig zu machen, welche die dem Menschen abgehende Allwissenheit ersetzen sollten. Ein solches Mittel war vorzüglich die inquisitorische Form des Prozesses, d. i. ein heimliches Herumforschen nach den Umständen der That und ein zudringliches Ausfragen des Beschuldigten. Die Vernehmung des Beschuldigten bestand jetzt nicht mehr in einem Anhören desselben mit seinen Rechtfertigungs- und Entschuldigungsgründen, sondern in der, die Persönlichkeit des Beschuldigten verneinenden Zumuthung, daß der Angeschuldigte seine geheimsten Gedanken und verborgensten Handlungen dem Ausfrager veroffenbaren sollte. Natürlich stieß die menschliche Natur eine solche Anmaßung mit Abscheu zurück, und nun sann der anmaßliche Richter auf Mittel, den Willen zum Geständniß zu erzwingen. Dazu wendete man ein Mittel an, das ursprünglich zu einem entgegengesetzten Zwecke, nämlich zur Bekräftigung der Wahrheit einer Zeugenaussage gegen Unfreie, gedient hatte: die Folter[15]), welche noch in ganz frischem Andenken ist, denn sie ist erst in ganz neuer Zeit in Deutschland vollständig überwunden[16]), d. h. in der alten Form überwunden; ob auch der Sache nach vollständig, das möchte ich nicht behaupten, und ich werde weiterhin nochmals darauf zurückkommen. Abgesehen von den Mitteln zur Erzwingung eines Geständnisses bedurfte der eingesetzte Richter eines Kennzeichens, um zu wissen, wann er die objective Wahrheit für ausgemittelt anzunehmen hatte. Denn die factische Frage ist auch Rechtsfrage, und sie war es vornehmlich, deren Beantwortung dem Volksgericht zustand. Als aber bei den angenommenen Richtern eine geschriebene Instruction das lebendige Recht (die Gemeinde) vertrat, mußte es auch gewisse Normen und Satzungen geben über die Voraussetzungen, unter welchen eine Thatsache für wahr angenommen werden

15) Vergleiche hierüber z. B. Cicero pro Milone, c. 32; und pro Dejotaro c. 2; pro Cluentio c. 63.

16) In Hannover ist sie erst durch die Verordnung vom 25. März 1822 abgeschafft worden.

sollte, d. h. dem angestellten Richter mußte ein Maaßstab gegeben werden, wonach er seine Rechtsüberzeugung zu messen hatte, denn er sollte und konnte nicht in seinem eigenen Sinne, er mußte im Sinne des Auftragenden sprechen. Dieß sind die Regeln über den Beweis, die s. g. Beweistheorie. Daher finden wir, daß in dem Grade, wie die Volksgerichte nach und nach seltener werden, auch die Regeln über die Zahl und Glaubwürdigkeit der Zeugen, über die Prüfung der Geständnisse und anderer Beweismittel zunehmen, wogegen da, wo die Volksgerichte noch fortbestehen, namentlich in England, auch jetzt noch keine Beweistheorie erdenklich ist. In ganz Deutschland mit Ausnahme der Länder, wo französisches Recht gilt, ist dieser inquisitorische Prozeß in Anwendung. Durch den Ausfall der Folter aber ist ein großer Riß in das Gebäude gekommen. Man verfiel auf zwei Dinge, dasselbe auszubessern: das Eine war ein Mittel, das Andere ein Ausweg. Das Mittel war der vom päbstlichen Rechte empfohlene Reinigungseid, der jedoch viel Gegner fand und jetzt ganz beseitigt ist. Der Ausweg war die s. g. außerordentliche Strafe, wohl zu unterscheiden von den Sicherungsmitteln: sie ist eine wirkliche Criminalstrafe, aber eine viel geringere als die im Gesetz angedrohte, und wird angewendet, wenn nach den positiven Beweisregeln an der Vollständigkeit des Beweises noch Etwas fehlt. Diese Strafe findet noch jetzt in vielen deutschen Ländern Anwendung, wird aber vielfältig angegriffen und für ein Unding erklärt. Auf der Grundlage, worauf sie beruhet, nämlich der Beweistheorie, von welcher der eingesetzte Richter als bloßer

Beauftragter, nicht abgehen darf, erscheint sie mir nicht so unvernünftig; denn fehlt Etwas an den vorgeschriebenen Erfordernissen des Beweises, so fehlt die Voraussetzung, unter welcher der Richter die Strafe anzuwenden beauftragt ist; ist der Mangel aber so unbedeutend, daß ein vernünftig denkender Mensch nicht wohl an der Wahrheit der Thatsache bei sich zweifelt, so ist es wider die Ordnung und Gerechtigkeit, den danach für schuldig zu haltenden Angeklagten frei ausgehen zu lassen. Es müßte also eigentlich bei dem Auftraggeber (dem Gesetzgeber) angefragt werden, was in solchem besondern Falle anzunehmen sei. Da dieß jedoch unausführbar ist, so hat man selbst für diesen Fall gewisse Regeln gegeben, um unter solchen Umständen die Straflosigkeit der Verbrecher, und zugleich doch auch die Möglichkeit einer nicht wieder gut zu machenden irrthümlichen Verurtheilung zu verhüten. Dieser Nothbehelf ist aber ein Beweis mehr für die Naturwidrigkeit der Einrichtung. Das Institut ist auch positiv schädlich, weit mehr noch, als es gemeinhin bedacht oder geglaubt wird. Es bewirkt eine grobe Ungleichstellung in der Bestrafung. Von mehrern großen Verbrechern, von welchen der Eine der Anstifter und Rädelsführer gewesen, und der Andere von jenem verleitet worden ist, verfällt Dieser der ganzen Strenge des Gesetzes, weil er noch nicht völlig versunken ist und aus Reue die Uebelthat gesteht; Jener aber wird mit einer unverhältnißmäßig gelinden Strafe davongelassen, weil er verschmitzt ist und verstockt zu leugnen versteht. In Westpreußen wurden vor mehrern Jahren von einer eingefangenen Räuberbande einige junge Leute, welche von dem Oberhaupte für das Gewerbe durch Schläge abgerichtet worden waren und reumüthig bekannten, mit dem Staubbesen geschlagen und lebenslang in Eisen gelegt, wogegen die Alten, namentlich der Räuberhauptmann, ein gewisser Bischalski, der sich furchtbar gemacht und die Gegend Jahre lang beunruhigt hatte, mit einer Einsperrung auf gewisse Jahre, ohne alle Züchtigung, davon kamen, weil sie mit unglaublicher Frechheit leugneten und Niemand kennen wollten. Eine solche grobe Ungleichheit vor dem Strafgesetz empört das Gerechtigkeitsgefühl. Das ist noch nicht Alles, das Institut lehrt auch, wie der verschmitzte Verbrecher sich vor der gesetzlichen Strafe zu schützen vermag. Wer die Erfahrung davon einmal gemacht hat, der verfällt nicht wieder in den Fehler, zu seinem Nachtheil die Wahrheit zu gestehen, er leugnet Alles, und das ist ihm gar nicht zu verdenken; für Viele bedarf es nicht einmal der eigenen Erfahrung, sie werden von ihren routinirten Mitgefangenen unterwiesen.

In der neuern Zeit ist es endlich zum Bewußtsein gekommen, einestheils, daß es eine unnatürliche Forderung ist, von Jemand alles Ernstes eine Selbstanklage und die Veroffenbarung der innersten Gesinnungen und Gedanken zu verlangen, und anderntheils, daß die Anwendung des Strafgesetzes nicht durch ein Geständniß bedingt sein muß; aber man hat bis jetzt vergeblich über die Aufgabe nachgedacht, eine allen Erfordernissen entsprechende, und zugleich alle Bedenklichkeiten beseitigende, namentlich auch gegen die von einer Seite her als ein Schreckbild vorgehaltene Möglichkeit der Verurtheilung eines Unschuldigen sichernde Einrichtung zu treffen. Soviel gilt wol für ausgemacht, daß es bei dem fremden schriftlichen und geheimen Inquisitionsprozeß und bei der damit verbundenen, nur für gedungene Richter paßlichen Beweistheorie nicht verbleiben kann, auch sieht wol Jeder, der sich die Mühe gibt, in die Natur des Strafrechts, des Richteramts und des Beweises einzugehen, und sich darüber aus der Geschichte und aus der Natur der Staatsgesellschaft zu belehren, daß es natürlich sei, über solche Rechtsfragen, für welche sich keine allgemeinen Regeln im Voraus vorschreiben lassen, weil sie sich in jedem einzelnen Fall anders gestalten und der todte Buchstabe fast niemals genau paßt, das lebendige Recht selbst wieder zu befragen, also über die Thatfrage, die, wie gesagt, auch Rechtsfrage und zwar oft eine sehr schwierige Rechtsfrage ist, anstatt, wie bisher, einen reblosen Stellvertreter, den todten starren Buchstaben, nun wieder einen lebendigen, denkenden Stellvertreter des Rechts, d. i. in der heutigen Sprache den Gesetzgeber (Rechtsbildner) entscheiden zu lassen. Allein die Schwierigkeit wird in der Ausführung gefunden, denn man kann sich von der Idee nicht losmachen, daß nur studirte Rechtsgelehrte und besoldete Beamteten das Recht finden können. Man sieht den darin liegenden Widerspruch nicht. Ein allgemeines Gesetz sollen die Stellvertreter der Gesellschaft zu berathen und zu beschließen fähig und nur sie allein zu berathen und zu beschließen fähig sein; aber ein Spezialgesetz nicht? Nun, jedes von Repräsentanten (nicht aber das von bloßen Beamteten) gefundene Verdikt in einer Strafsache ist ein Spezialgesetz, eine Norm für einen einzelnen Fall.

Hiernach ist meine Meinung über ein volksthümliches[17]), d. h. dem Wesen der Staatsgesellschaft entsprechendes Strafrechtsverfahren diese:

1) Die Verhandlung muß wesentlich mündlich, mithin der Angeschuldigte dabei in Person zugegen sein.

2) Das Verfahren muß nicht inquisitorisch sein, vielmehr muß der Angeschuldigte bei der Sache als Subject, als Parthei behandelt und folglich es seinem Gutbefinden überlassen werden, ob und was er auf die gegen ihn vorgebrachten Auschuldigungen und Behauptungen antworten will; er muß auch nicht gezwungen werden können, überhaupt eine Antwort zu geben.

3) Ueber die Thatfrage muß Derjenige selbst, bei dem das Recht ist, entweder in Person oder — da solches in den meisten Staaten nicht ausführbar ist — durch gewählte Repräsentanten (Geschworne) Bestimmung treffen; bei der Abmessung der Strafe ist das nicht nöthig, weil seine allgemeine Instruktion (das Gesetz) dafür ausreicht.

4) Oeffentlichkeit gehört nur in solchen Staaten zur

17) Das von fremder Barbarei und Tyrannei ersonnene und nach Deutschland eingebrachte Inquisitionsverfahren, welches die Entwickelung der einheimischen Volksgerichte unterbrochen und verhindert hat, wird niemals volksthümlich werden.

Sache, wo das Recht, nach der Idee, bei der Gesellschaft (Volk) ist, von ihr und durch sie gepflegt und gebildet wird, und mithin die Rechtsfinder Repräsentanten der Gesellschaft sind; denn in diesem Falle ist es ein Gesellschaftsrecht, zu sehen und zu hören, wie die Repräsentanten ihre Sendung erfüllen. Wo aber der Souverain als der Schöpfer des Rechts gedacht wird, da fließt die Oeffentlichkeit nicht aus der Sache.

5) Eine Berufung gegen das Verdikt ist undenkbar, weil über die Bestimmung des Rechtsschöpfers nichts geht: das lebendige Recht selbst hat gesprochen.

Nach diesen allgemeinen Betrachtungen komme ich auf das Preußische Strafrechts-Verfahren.

Es gibt dreierlei Arten von Untersuchungen: Criminal-Untersuchungen, fiskalische Untersuchungen und polizeiliche Untersuchungen; bei allen findet inquisitorisches, schriftliches und geheimes Verfahren Statt. Der Unterschied zwischen dem Criminalverfahren und den beiden andern Arten besteht hauptsächlich darin, daß bei Diesen der Inquirent ganz allein mit dem Angeschuldigten verhandelt, bei der Criminaluntersuchung aber noch ein Protokollführer zugezogen werden soll, was indeß oft aus Mangel an solchen Beamteten unterbleibt, und dadurch ersetzt wird, daß am Schluß der Verhandlung noch eine zweite Gerichtsperson dazu geholt wird, welche das Protokoll mit unterschreibt. Das kommt davon, daß die Einrichtung unausführbar ist: man kann nicht soviel Actuarien anstellen, daß jeder Inquirent zu jeder Verhandlung einen solchen in Bereitschaft hätte, er muß daher, wie es der Instruent eines Civilprozesses immer thun muß, die Protokolle eigenhändig schreiben, was schon für den Angeschuldigten den Nachtheil hat, daß er nicht Wort für Wort controliren kann: ob auch seine Gedanken und Erklärungen getreu niedergeschrieben werden, was er bei dem lauten Dictiren zu thun im Stande ist; bei der raschen oft dazu noch undeutlichen Vorlesung des vollendeten langen Protokolls entgeht der Aufmerksamkeit Vieles. Im Uebrigen ist der Unterschied dieser Untersuchungen fast bloß nominell und die Eintheilung selbst ist so untergeordnet, daß ich mich dabei nicht aufhalte.

Nur Eins muß ich hier wiederholt hervorheben [18]). Es gibt eine unerlaubte Handlung, die, wenn sie gegen eine Person von höherem Stande verübt worden ist, im Wege der fiskalischen Untersuchung geahndet wird, wenn sie aber gegen einen gemeinen Bürgers- oder Bauersmann begangen ist, von diesem nur im Civilprozeß gerügt werden kann: dieß ist die Injurie. Der practische Unterschied dabei ist der: kann die Injurie nicht bewiesen werden, so wird in der fiskalischen Untersuchung der Denunciat freigesprochen, die Kosten werden niedergeschlagen und die baaren Auslagen z. B. Reise- und Zehrungskosten der Zeugen, werden aus dem öffentlichen Fonds bezahlt; ist dagegen die Sache im Civil-Prozeß verhandelt worden, so wird der Kläger abgewiesen, und in die Kosten verurtheilt. Der geringe Mann

18) Ich habe es schon einmal gethan im Recht der Forderungen, §. 390, Band III, S. 944.

muß also die mißlungene Vertheidigung seiner Ehre theuer bezahlen und der Vornehme hat sie auf öffentliche Kosten umsonst und auch ohne alle Mühe durch den Richter, der nach erhaltener Anzeige alle Mittel anwenden und die Sache ex officio untersuchen muß. Warum soll der Geringere Zeit, Mühe und Geld verlieren und der Vornehme nicht? Zu einer so ungleichen Behandlung der Injuriensachen fehlt aller Grund. Ueberhaupt scheint es unangemessen, die Bestrafung der Injurien zum Gegenstande eines Civilprozesses zu machen: auf öffentliche Strafe kann nur der Staat dringen; die durch die unerlaubte Handlung verletzte Privatperson hat nur einen Anspruch auf Entschädigung. Darum sollten alle Injurien-Sachen, ohne Unterschied des Standes des Beleidigten, von dem Organ des gemeinen Wesens (Staatsanwalt) im Wege des Strafverfahrens gerügt werden. Auch ist es unangemessen, einen weitläufigen wenngleich summarischen Prozeß zu verhandeln, um endlich auf eine Strafe von 2 Stunden Gefängniß oder 10 Sgr., nach der Wahl des Verurtheilten, zu erkennen; um eine solche nichtssagende Geringfügigkeit muß nicht so viel Weitläuftigkeit und Wichtigkeit gemacht werden, dergleichen Rügesachen muß der Polizeirichter abthun.

Ich komme auf das eigentliche Criminalverfahren zurück und zähle die Hauptmängel auf.

1) Der Angeschuldigte ist der Verfügung eines Einzelnen überliefert und wird auf Grund dessen, was Dieser niedergeschrieben hat oder hat niederschreiben lassen, gerichtet, ohne daß er bei dem Richter selbst Gehör findet. Jede

Untersuchung wird durch einen einzelnen Richter selbstständig bis zu Ende geführt. Dem Inquirenten liegt ob, ex officio die Wahrheit auszumitteln und mit gleichem Eifer sowohl die Entschuldigungs- und Vertheidigungsgründe als auch die Verschärfungsgründe aufzusuchen, d. h. er soll ganz unpartheiisch, oder eigentlich für und wider den Angeschuldigten gleich sehr partheiisch sein, eine Anforderung, die schon an sich von keinem Menschen ganz vollkommen erfüllt werden kann. Ein solcher Inquirent hat mitunter über 300 Untersuchungen verschiedener Art das Jahr hindurch zu führen[19]), eine Arbeitslast, welche die Kräfte aufs Aeußerste in Anspruch nimmt und auf jede Ersparung an Zeit und Mühe zu denken zwingt; das natürliche Interesse desselben ist also, jede Sache so kurz wie möglich abzumachen. Hat er es nun mit einem Angeschuldigten zu thun, der nicht mit der Sprache heraus will, oder der viele Umstände macht und nicht so aussagt, wie er nach der Meinung des Inquirenten sagen sollte; so wird dieser leicht ungeduldig und verdrießlich, zumal wenn er reitzbar und heftigen Temperaments ist. Ich übergehe die vorkommenden Menschlichkeiten; ein Inquirent ist ein geplagter Mensch und daher oft übler Laune. Noch mehr. Nicht allein der

19) Bei dem Inquisitoriat in Neisse z. B., wofür nur ein Inquirent gegeben ist, waren im Jahre 1842 zu bearbeiten: 182 wirkliche Criminal-Untersuchungen, 175 fiskalische und summarische Untersuchungen, zusammen 357, und außerdem noch 89 Sachen, in welchen bloß der Thatbestand erhoben worden war. Ein Inquirent hatte 1091 Termine abhalten und 7425 Decrete machen müssen. Wo soll dazu die nöthige Zeit, Ruhe und Ueberlegung herkommen? So ist es in allen Zweigen der Gerichtsverwaltung.

Gang und die Verfassung der schriftlichen Verhandlungen ist bloß in den Händen eines solchen Inquirenten, sondern die Criminalordnung weiset ihn §. 281 an, auch heimliche Vermerke über das Benehmen, über unwillkührlich entschlüpfte Aeußerungen, über Bewegungen des Angeschuldigten und dgl. zu machen, wovon der Angeschuldigte nie Etwas erfährt, und was er also nicht widerlegen kann, obwohl es grobe Irrthümer sein mögen. Es heißt: „Auch muß der Richter das Benehmen des Angeschuldigten in den Verhören, besonders die Aeußerungen, welche das Bewußtsein der Schuld oder Unschuld andeuten, genau beobachten und das Nöthige darüber in einer besonders aufzunehmenden Registratur bemerken."

2) Der Angeschuldigte kann zur Beantwortung der Fragen und zum Geständniß durch Gewaltmittel gezwungen werden. Die Criminalordnung §. 263 erklärt einen Jeden, der eines Verbrechens wegen zur Untersuchung gezogen worden, für verbunden, die Fragen des Richters deutlich, bestimmt und vollständig zu beantworten, und — versteht sich — die Wahrheit zu sagen, auch wenn sie ihm nachtheilig ist.

Was soll geschehen, wenn der Angeschuldigte das nicht thut oder nach der Meinung des Inquirenten nicht zu thun scheint? Der Richter soll dem Angeschuldigten die Widersprüche und die wahrscheinliche Zurückhaltung der Wahrheit vorhalten, jedoch dabei die größte Vorsicht und einen stufenweisen Fortschritt mit den Vorhaltungen beobachten, damit der Angeschuldigte nicht zu früh erfahre, wie weit der

Richter in Aufnehmung der Beweismittel gekommen sei[20]. Der Richter soll also versteckt operiren, sich nicht in die Karte sehen lassen. Wo bleibt da die Unpartheiligkeit und die der Gerechtigkeit geziemende Offenheit und Wahrheit? Die Gerechtigkeit muß auch einem Angeschuldigten gegenüber offen und wahr sein.

Wenn nun die dem Inquirenten empfohlene Weise dem Angeschuldigten keine Aussage abnöthigt, wie sie der Inquirent zu haben wünscht[21], was hat er da für Mittel, solche zu erlangen? Darüber bestimmt die Criminalordnung:

> §. 285. Um den Verdächtigen zum Geständniß zu bringen, dürfen keine gewaltsame Mittel, von welcher Art sie auch sein mögen, angewandt werden.
>
> §. 286. Auch des Versprechens der Straflosigkeit auf den Fall des Geständnisses, so wie der Androhung einer härteren Strafe auf den Fall des fortgesetzten Leugnens, muß sich der Richter gänzlich enthalten.
>
> §. 288. Kein Inquirent darf sich unterfangen, irgend einen zur Criminal-Untersuchung gezogenen Angeschuldigten durch Drohungen, thätliche Behandlung, Stoßen, Schlagen, oder Zufügung irgend

20) Criminalordnung §§. 272, 273.

21) Ob diese gewünschte Aussage (Geständniß) die Wahrheit sein würde, das steht ja noch dahin.

eines körperlichen Leidens zum Bekenntniß der Wahrheit[22]), zu nöthigen.

§. 289. Auch wegen hartnäckig verweigerter Antwort oder Angabe der Mitschuldigen, oder Herbeischaffung der entwendeten Sachen, so wie wegen wirklicher Lügen, soll künftig Niemand vom Richter eigenmächtig gezüchtigt, oder sonst thätlich gemißhandelt werden.

Aber damit in Widerspruch steht schon die Anweisung, daß der Richter den Angeschuldigten auf die nachtheiligen Folgen der Lügen aufmerksam machen soll. Es heißt:

§. 275 Der Richter muß den Angeschuldigten mit den gesetzlichen Folgen der Lügen vor Gericht bei schicklichen Gelegenheiten gehörig bekannt machen.

§. 291. Die inquirirenden Richter sollen vielmehr sich angelegen sein lassen, — durch Ermahnung und Warnung vor den Folgen der Halsstarrigkeit, die Verbrecher, welche muthwillig leugnen, oder mit der Wahrheit oder Antwort zurückhalten, zum Bekenntnisse zu bringen.

Welche sind denn aber die Folgen der Lügen und des muthwilligen Leugnens u. s. w.? Sie sind 1) geschärfte Strafe[23]), und 2) Schläge, wie wir gleich sehen werden.

22) Sollte heißen: der vermeintlichen Wahrheit. Denn weiß man erst die Wahrheit, so ist ja das Bekenntniß ganz unnöthig.

23) A. L. - R. Thl. II, Tit. 20, §§. 51 und 59.

Soll nun der Richter dem Angeschuldigten Dieses vorhalten, so droht er ihm ja wirklich, wie paßt das also zu dem Verbot der Androhung einer härtern Strafe auf den Fall des fortgesetzten Leugnens? Und das Verbot der thätlichen Mißhandlung ist auch nur gegen die Eigenmacht des Inquirenten gerichtet, es ist keinesweges absolut. Die Criminal-Ordnung bestimmt darüber weiter:

> §. 292. Damit aber der halsstarrige und verschlagene Verbrecher durch freche Lügen und Erdichtungen, oder durch verstocktes Leugnen oder gänzliches Schweigen, sich nicht der verdienten Strafe entziehen möge, soll der Inquirent in solchen Fällen, und wenn die im vorigen Paragraph vorgeschriebene Ermahnung und Warnung vorher geschehen ist[21]), dem Collegio — die Sache vollständig anzeigen, und dabei zugleich über den körperlichen Zustand des Angeschuldigten pflichtmäßig berichten.
>
> §. 293. Das Collegium soll alsdann befugt sein, durch ein bloßes Dekret, von welchem kein Rekurs stattfindet, eine Züchtigung gegen einen solchen Angeschuldigten zu verfügen.

Diese Züchtigung wird auch wirklich noch oftmals executirt. Kann man bei diesen Bestimmungen behaupten, daß die Tortur in Preußen ganz und gar, und wesentlich abgeschafft sei? Und verdient nicht noch der gemeine Inquisitionsprozeß, der doch dem Angeschuldigten gegen das Dekret

21) D. h. wenn die Drohung, Territion, nicht gewirkt hat.

auf Folterung das Mittel der Appellation gestattet, darin zehnmal den Vorzug vor dem Preußischen, der auf den einseitigen Vortrag des oft erbitterten Inquirenten, der noch obenein eine entscheidende Stimme dabei im Collegium hat, die körperliche Mißhandlung unter Versagung jeglichen Mittels zuläßt?

3) Das Verfahren hat keinen nothwendigen Akt, wodurch die eigentliche Untersuchung gegen eine bestimmte Person eröffnet wird und wodurch sie in Kenntniß kommt, welchen Verbrechens oder Vergehens man sie beschuldigt. Alles liegt in den Händen des einzelnen Inquirenten. Es kommt vor, daß Personen, welche in einer Untersuchung vernommen werden, nicht erfahren: ob sie der Erkundigung wegen, oder um sich zu verantworten und zu vertheidigen, verhört sind; sie gehen arglos nach Hause, sehen und hören von der Sache nichts mehr, da, nach langer Zeit, wird ihnen plötzlich und unerwartet ein Strafurtel publizirt; ja es kommt oft vor, daß selbst der Referent und das urtheilende Collegium aus den Verhandlungen nicht zu erkennen vermögen: ob gewisse, darin auftretende Personen als Informationszeugen verhört, oder als Angeschuldigte verantwortlich vernommen worden sind.

4) Der Angeschuldigte kann auf Grund der gepflogenen Untersuchung wegen eines ganz andern Verbrechens verurtheilt werden, als welches ihm Schuld gegeben worden ist und gegen welches er seine Vertheidigung gerichtet hat. Oft wird dem Angeschuldigten gar kein bestimmtes Verbrechen genannt, vielmehr geht die Untersuchung bloß auf die Hand-

lung als Thatsache und der Angeschuldigte erfährt erst durch das Strafurtel, was ihm vorgeworfen wird. Eben so oft macht ihm der Inquirent die Anschuldigung eines bestimmten Verbrechens und die Vertheidigung wird hiergegen gerichtet, aber das darauf folgende Strafurtel erwähnt dieses Verbrechens mit keiner Silbe, sondern dictirt wegen eines andern Verbrechens, das man in der Handlung zu finden geglaubt hat, eine Strafe. Das ist noch nicht das Schlimmste, denn nun ist es dem Verurtheilten noch möglich, gegen diesen aus dem Hinterhalt gekommenen Angriff, sich in der zweiten Instanz zu vertheidigen. Allein wieder eben so oft kommt es vor, daß der Richter zweiter Instanz in der That dasjenige Verbrechen nicht erkennt, welches der Richter erster Instanz gefunden und bestraft hat; der Richter zweiter Instanz ändert mithin das erste Erkenntniß ab, aber wie? Er spricht nicht etwa den Angeschuldigten von der Anschuldigung, z. B. des Diebstahls frei und verordnet oder überläßt die Verfolgung wegen des andern in der That erkannten Verbrechens; sondern er erkennt, daß das erste Erkenntniß dahin zu ändern, daß der (z. B. wegen Diebstahls verurtheilte) Angeschuldigte wegen Betrugs oder wegen unerlaubter Selbsthilfe u. s. w. so und so zu bestrafen. Von diesem Verbrechen ist dann in den Akten noch nie die Rede gewesen; solche Verurtheilung fällt wie aus den Wolken, der Angeschuldigte hätte, wenn er sich dessen hätte versehen können, sich dagegen vertheidigt, und vielleicht gerechtfertigt, wenigstens besondere, diesem Verbrechen eigenthümliche Milderungsgründe beigebracht; jetzt hat er dagegen kein Mittel mehr, es ist in letzter Instanz erkannt, er ist ungehört rechtskräftig verurtheilt.

5) Weder der Angeschuldigte noch das öffentliche Interesse hat dafür Sicherheit, daß die Sache treu, wahr und vollständig dem Richter, der das Urtheil sprechen soll, vorgetragen wird. Ist die Untersuchung nach der Meinung des Inquirenten — oft ist es in Wahrheit nicht der Fall — endlich zu Ende gebracht, so reicht er die nicht selten aus vielen Bänden bestehenden Akten dem Kollegium zum Spruch ein, und es wird ein Mitglied bestimmt, das die Sache im versammelten Kollegium vortragen soll (Referent). Der urtheilende Richter erfährt nun die Sache erst durch den dritten Mund. Zuerst ist es die Redaction des Inquirenten, der die Erklärungen der betheiligten Personen zu Papier bringt, und dann ist es die Auffassung des Referenten aus dieser Version des Inquirenten. Dabei kommt noch viel auf die Darstellungsgabe des Referenten und auf dessen Ansichten darüber an: was er für erheblich hält; denn er kann aus den bändereichen Akten nur das Erhebliche vortragen. Eine Controle darüber existirt in der Regel nicht, nur ausnahmsweise kommt in gewissen Fällen noch ein zweiter Referent (Correferent) vor. Der Angeschuldigte erfährt niemals darüber Etwas: wie seine Sache, seine Vertheidigung und Rechtfertigung vorgetragen worden ist. Wenn ich mich nun darauf einlassen wollte, alle mir in meinem practischen Leben bekannt gewordenen unrichtigen, aktenwidrigen oder doch nicht aktenmäßigen Vorträge aufzuzählen, so könnte ich ein großes Buch schreiben und doch wä-

ren das nur die Beobachtungen eines Einzelnen. Ich lege dergleichen Unrichtigkeiten und Ungenauigkeiten, die allemal auf das Urtheil der Richter nothwendig schädlich einwirken, viel weniger den Personen zur Last, denn man muß wissen, daß so ein Referent auf ein tägliches Pensum eine große Masse von Akten durchzulesen und das Aufgefaßte vorzutragen hat, und die Geistesgaben sind nicht gleichmäßig vertheilt. Wollte man an ihn die Anforderung machen, er solle sich Alles aufschreiben, so würde man eine Unmöglichkeit fordern, und außerdem gibt es auch schriftliche Relationen genug, welche unvollständig sind oder den Inhalt der Akten nicht in dem gemeinten Sinn wiedergeben.

6) Daß der Angeschuldigte in Folge des weitern gesetzlichen Laufs der Sache möglicher Weise eine Strafe kann erdulden müssen, die er nicht verdient hat, das ist vorhin schon gezeigt worden.

Auf andere, minder erhebliche Dinge lasse ich mich nicht erst ein, namentlich will ich von dem Defensionswesen bloß im Vorübergehen Weniges sprechen. Die Defension besteht bekanntlich darin, daß ein Rechtsverständiger, meistens ein Justizcommissarius, nachdem er sich mit dem Angeschuldigten unterredet hat, eine Schrift zu den Akten bringt. Diese Defensionsschriften werden zu den Akten geheftet, damit sie sich eben in den Akten befinden; sie sind ohne allen Nutzen und eine Last für die Justizcommissarien, welchen man die Bürde aufgelegt hat, solche Defensionen in Armensachen umsonst zu machen. Auch der gewissenhafteste Justizkommissarius gebraucht doch immer seine Zeit zum Erwerbe seines

Einkommens und es ist hart, wenn er bei weitläuftigen und verwickelten Sachen Tage lang umsonst arbeiten und noch überdieß eine lange Schrift ins Reine schreiben lassen soll. Deßhalb ist es nicht so gar sehr übel zu nehmen, wenn viele Defensionsschriften höchst kümmerlich ausfallen. Aber noch Etwas lähmt den Eifer auch des wärmsten und gewandtesten Vertheidigers: er weiß, daß er nur zur Verstärkung der Akten schreibt und daß seine Schrift nur angesehen wird, wozu soll er da Zeit und Arbeit verlieren? Das Alles ist bei mündlicher Verhandlung ganz anders; hier kostet die Sache nicht soviel Zeit und Mühe, und wäre es auch, so kann doch der Defensor die Vertheidigung nach dem Angriff einrichten, er weiß, daß er am rechten Orte und zur rechten Zeit spricht, und er sieht unmittelbar den Erfolg seiner Bestrebungen. Den Satz, daß die unbelohnte Vertheidigung armer Angeschuldigten eine Last des Advocatenstandes sein soll, lasse ich in seinen Würden; aber wenn er gilt, so muß eine gleichmäßige Vertheilung auf die Contribuenten sein.

Die hervorgehobenen Uebelstände genügen wol, um es schwer begreiflich zu machen, wie man noch bis auf die heutige Zeit ein so unvollkommenes, unnatürliches und schädliches Strafverfahren hat beibehalten können; möchte doch die Zeit nahe sein, wo die Gesellschaft von diesem monströsen Institut befreiet wird! Das Bedürfniß fordert:

1) ein Criminalverfahren nach den oben (Seite 54), angegebenen Grundprinzipien,

2) ein Rügengericht für geringe Brüche, mit einem kurzen und bloß mündlichen Verfahren, ebenfalls ohne eine Beweistheorie,

3) ein geregeltes Polizei=Strafverfahren.

5. Executionswesen.

Die Vollstreckung der Urtheile, sowohl in Civil= als in Criminal=Sachen, ist ebenfalls dem Richter aufgetragen. Zu Vollziehern der Befehle sind ihnen Boten, s. g. Executoren, beigegeben. Diese sind, mit außerordentlich seltenen Ausnahmen, ungebildete Leute, gewesene Unteroffizire, welche oft nur mit Mühe lesen und schreiben können und noch öfter den Branntwein lieben. In der Regel sind sie zugleich Gerichtsboten. Die Einfältigkeit mancher Subjecte geht ins Erstaunliche. Kürzlich erhielt ein solcher Bote eine Bagatellklage zur Zurückgabe an den Kläger, damit Dieser das fehlende Duplikat beilegen sollte; er überlegte bei sich, daß die Sache eine solche Weitläuftigkeit nicht wohl werth sein möchte, ging zum Beklagten, zog von ihm die Forderung executivisch ein, (was Dieser, ebenfalls ein einfältiger Mann, der, mit den Voraussetzungen einer Execution unbekannt, das Decret auf der Klageschrift, was er nicht lesen konnte, als richterliche Verfügung respectirte, sich gefallen ließ), und befriedigte den Kläger; worauf er ganz vergnüglich referirte, daß er die Sache durch Einziehung der Forderung erledigt habe. An diese Vollzieher erläßt der Richter, in Civilsachen auf das gehörig substantiirte Executionsgesuch, im gewöhnlichen Geschäftsgange einen Executionsbefehl, wodurch der Vollzieher beauftragt wird, wegen der bestimmten Summe die Execution in das Mobiliar-Vermögen, oder was sonst für ein Gegenstand bezeichnet wird, vorschriftsmäßig zu vollstrecken, wobei er sich nach seiner Instruction richten soll. Man kann sich denken, wie die Mandate von ihnen vollzogen werden, die Beschwerden darüber sind fast allgemein. Zahlt der Exequendus bei dem Eintreffen des Executors, so hat die Sache in der Regel ihren ruhigen Verlauf; treten aber Schwierigkeiten ein und kommt es zur Auspfändung, so benimmt sich der Executor selten richtig, es fallen Ungehörigkeiten und oft Excesse vor, und die Untersuchungen und Bestrafungen wegen Widersetzlichkeiten gegen Abgeordnete der Obrigkeit sind so häufig, daß es nächst der Diebstahlsstrafe kaum ein Strafgesetz geben mag, welches so oft angewendet wird als der harte §. 166 des Strafrechts [25]. In den allermeisten Fällen dieser Art ist das falsche Benehmen, die Grobheit und Rücksichtslosigkeit, und die herausfordernde, aufreitzende Manier der ungebildeten Executoren die Veranlassung.

Auf der andern Seite sind die Klagen über Connivenz auch nicht selten, und es ist bei Leuten, welche auf der

25) Die geringste Strafe ist darnach Zwei Monat Einsperrung; wer sich vor eine Thure stellt, durch welche ein Executor eingehen will, oder wer ein Stück Möbel noch angefaßt hält, welches der Executor schon angefaßt hat, wird Zwei Monat eingesperrt. Mit Widerstreben wenden die Richter das Gesetz an.

Bildungsstufe der Executoren stehen, von 150 Thlr. jährlich sich und eine starke Familie ernähren sollen und auch Etwas vorstellen wollen, freilich nicht so unerhört, daß sie sich besänftigen lassen und nichts finden.

Der Haß und Groll, welcher durch Executionen besonders bei Personen aus der niedern und mittlern Volksklasse erzeugt wird, richtet sich wieder gegen die Person des Richters, zumal wenn er ein Einzelrichter ist. Die Parthei (der Extrahent) steht ganz im Hintergrunde und wird von dem Exequendus aus den Augen verloren; der Exequendus geht zu Demjenigen, der den Executor schickt, ihn mit Bitten um Schonung und Nachsicht belästigend. Der Bescheid, daß ihm, dem Richter, dazu keine Befugniß gegeben sei, und daß der Suchende sich an den Gläubiger wenden müsse, wird für leere Ausflucht gehalten; der Richter wird als ungefällig, hart und lieblos verschrieen, und erhält für seinen Theil, bei der folgenden Auspfändung, in den Schimpfreden, durch welche der Exequendus nebst Weib und Kind dem Unmuth Luft macht, das Beste.

Solchergestalt veranlaßt die Einrichtung des Executionswesens, wie sie jetzt besteht, Verzögerungen; Unzufriedenheit beider Partheien; persönliche Verletzung des Exequendus; Untersuchungen und Bestrafungen, welche bei umsichtigem und verständigem Benehmen eines gehörig gebildeten Beamteten vermieden werden würden; und überdieß Herabwürdigung und Anfeindung des Richters.

Das Executionswesen muß so eingerichtet werden, daß der Richter dabei gar nichts zu thun hat, vielmehr der

Gläubiger unmittelbar den Auftrag gibt. Dazu gehört die Anstellung von selbstständigen Beamteten, welche gehörig gebildet und geschäftskundig sind, und auf Grund des ihnen vorgelegten executorischen Titels nach Vorschrift der Executionsordnung, im Auftrage des Gläubigers, die Execution zu vollziehen haben müßten.

Diese Einrichtung würde auch noch den Nebenvortheil gewähren, daß das Verhältniß der Parthei zur Parthei unverdunkelt bliebe, und Jedermann wüßte, an wen er sich zu halten hätte. Durch die Einmengung des Richters wird dieß mitunter so zweifelhaft, daß man sich zuletzt darum streitet, wer die Kosten zu bezahlen schuldig sei. Besonders kommt dieß vor, wenn Ansprüche eines Dritten auf die Executionsgegenstände angemeldet werden. Das Verfahren dabei ist gewöhnlich folgendes: Der Dritte wendet sich an das Gericht, welches die Execution verfügt hat, um die Freilassung der Sachen supplicirend. Diese Anmeldung oder Bittschrift wird Demjenigen, welcher die Execution in Antrag gebracht hat, mitgetheilt, um sich zu erklären: ob er den Anspruch anerkennen und die Sachen freilassen, oder es auf den Prozeß ankommen lassen wolle. Erklärt er das Erstere, so frägt sich: wer hat die durch dieses unförmliche Zwischenverfahren verursachten Kosten zu bezahlen? Der Intervenient sagt: was gehen mich die Kosten an, der Executor hat meine Sachen ohne Recht abgepfändet, man muß mir sie kostenfrei zurückgeben. Der Executionssucher sagt: was kann ich dafür, daß der Executor fremde Sachen pfändet, ich habe das nicht verlangt. Es sieht so aus als hätten

Beide Recht, und das liegt wieder an dem Verfahren, welches es mit sich bringt, daß dem Richter ein Executionsgesuch mit dem allgemeinen Antrage: die Execution in das Mobiliare zu vollstrecken, angehängt werden darf und ihm das Weitere überlassen bleibt; und daß jede Parthei mit ihm und nicht, wie es die Sache erfordert, mit der Gegenparthei verhandelt. Wäre Dieses, so fände sich Alles von selbst.

In Criminalsachen hat man das barbarische Schauspiel der öffentlichen Züchtigungen, mit Ausnahme des Staubbesens, abgeschafft, aber das noch weit mehr barbarische der öffentlichen Hinrichtungen nicht, und doch tadelt man allgemein den daraus folgenden Nachtheil. Würde es eingeführt, daß die Hinrichtungen auf den geschlossenen Gerichts- oder Inquisitoriats-Höfen vollzogen würden, wohin dem Publikum kein Zutritt gestattet sein müßte; so würde aller öffentlicher Scandal vermieden und die Wirkung abschreckend sein. Der öffentliche Aufzug und die Begleitung nimmt dem Tode durch das Schaffot alle Schrecken und unterhält den Aberglauben.

6. Vormundschaftswesen.

Das Preußische Vormundschaftswesen drückt wie ein Alp die bürgerliche Gesellschaft, die Familienväter sehen mit banger Besorgniß auf die künftige Vormundschaft über ihre Kinder und suchen, wo möglich, die ihnen aufgezwungene

Wohlthat des Staats ängstlich abzuwehren, indem sie durch testamentarische Bestimmungen die Einmengung der Gerichte ausschliessen, was jedoch nicht vollständig zulässig ist. Ich werde zuerst die Stellung des Vormundes und des Richters an sich und zu einander, dann die Verwaltung und deren Nachtheile vornehmen, und zuletzt andeuten, wie es zweckmässiger, der Sache und dem Bedürfniß entsprechender eingerichtet werden möchte.

I. Vormünder werden Diejenigen genannt, welchen der Staat die Sorge für seine Pflegebefohlenen in Ansehung aller ihrer Angelegenheiten aufgetragen hat, und in Beziehung auf die Pflegebefohlenen vertreten die Vormünder zunächst die Stelle der Aeltern, der Pflegebefohlene ist also seinem Vormunde Ehrerbietung, Gehorsam und Folgsamkei schuldig; der Vormund kann sich aber auch nicht mehrere Befugnisse über die Person seines Pflegebefohlenen anmaßen als dem Vater zustehen[26]. Hiernach mögte es scheinen, als wenn der Vormund wirklich diejenige Person wäre, welche den Pflegebefohlenen zu repräsentiren hat. Keineswegs. Die Vormundschaft ist in Preußen kein Familienrecht, sondern ein Staatsrecht. Personen, heißt es, welche für sich selbst zu sorgen, nicht im Stande sind, stehen unter der besondern Aufsicht und Vorsorge des Staats, sie sind Pflegebefohlene des Staats[27]; die Vormünder sind Be-

26) Allgemeines Landrecht Theil II., Titel 18, §§. 3, 240—212.

27) Ebendaselbst §§. 1 und 6.

vollmächtigte des Staats[28]); und Vertreter oder Organe des Staats sind die Richter. Daraus wird gefolgert, daß die Pflegebefohlenen eigentlich durch die Richter vertreten werden, daß die Richter alle Handlungen in eigener Person vernehmen können und des Vormundes nicht bedürfen, kurz daß auf den Vormund nichts ankommt, gerade so, wie der Bevollmächtigte nichts zu sagen hat, wenn der Machtgeber selbst handelt. Daß so und nicht anders die Stellung sei, hat das Justizministerium noch neuerlich ausdrücklich ausgesprechen. Ein Land- und Stadtgericht, man ersieht nicht welches, hatte, von einem ganz richtigen Rechtsgefühl geleitet, in einer Prozeßsache auf den, von einem Gericht Namens der klagenden Minorennen gemachten Antrag nicht verfügen wollen, sondern den Antrag des Vormundes als der eigentlichen Parthei verlangt. Darüber kam es zur Beschwerde und Anfrage bei dem Justizministerium, und dieses gab den Bescheid, daß die Vormünder bloße Bevollmächtigte des Staats, und die Gerichte die Organe des Staats seien, und nach allgemeinen Grundsätzen es dem, welcher eine Vollmacht ertheilt hat, freistehe, die darin übertragenen Befugnisse selbst auszuüben, daß den vormundschaftlichen Gerichten das unmittelbare Einschreiten nicht untersagt sei und eine Handlung, welche das Gericht ohne Zuziehung des Vormundes vornehme, nach §. 299, Theil II, Titel 18 des Allgemeinen Landrechts keinesweges für die Pflegebefohlenen unverbindlich sei, sondern nur die

28) Ebendaselbst §. 235.

Folge habe, daß der Vormund von der Vertretung befreit werde[29]). Der Vormund ist danach im Wesentlichen weiter nichts, als ein Bote, ein Gerichtsdiener, welcher sonst nichts zu thun hat als was ihm vom Gericht geheißen wird; der eigentliche Vormund ist der Richter. Man sollte glauben, es müßte nun auch die Consequenz gelten, daß der Pflegebefohlene wegen seiner Forderungen aus der Vormundschaftsverwaltung das besondere Vorrecht, welches ihnen in dem Vermögen der Vormünder eingeräumt ist, auch in dem Vermögen des Richters zustehen. Nein. Wenn der durch eine schlechte Geschäftsführung in Nachtheil gebrachte Pflegebefohlene sich nach erlangter Großjährigkeit an seinem bemittelten Vormunde erholen zu können glaubt, so entdeckt er, daß nicht sein Vormund, der von den meisten Handlungen nicht einmal Kenntniß erhalten hat, sondern der Herr Justitiarius, der nichts hat, verantwortlich ist. In wiefern diese Rechtsansicht und Praxis nach den Bestimmungen des Allgemeinen Landrechts zu rechtfertigen ist, untersuche ich nicht; sie ist aber da und wirkt schädlich; sie muß deßhalb geändert werden.

II. Die Vormundschaftsverwaltung durch die Gerichte ist die kläglichste, welche gefunden werden kann.

Die Sorge für die Person des Pflegebefohlenen besteht bloß in der Theorie. Ist der Pflegebefohlene arm und soll für seine Person gesorgt werden, so hilft die Vormundschaft

29) Rescript vom 4. Januar 1842 (Justiz-Ministerialblatt von 1842 S. 23).

zu gar nichts; es findet keine Berathschlagung über die zutreffenden Mittel und Wege statt, der Pflegebefohlene und dessen Bedürfniß ist nicht einmal gekannt, der Vormund findet keinen Rath, keine Stütze. Das Ganze was allenfalls geschieht, ist die Einforderung des jährlichen Erziehungsberichts, der zu den Akten genommen wird und zu weiter nichts nützt, als die Akten zu ihrem zukünftigen Verkaufe gewichtiger zu machen. Hat hingegen der Pflegebefohlene Etwas, woraus Unterhalt und Erziehung bestritten werden kann; so besteht die Thätigkeit des Gerichts vornehmlich darin, dem Vormunde das Amt sauer und ihn verdrießlich zu machen, indem man ihn ständig controliren will, unausgesetzt Bericht und Rechenschaft verlangt, und vornehmlich über die Ausgaben mäkelt. Man glaubt, eine gute Vormundschaftsverwaltung zeige sich eben darin, daß man an den Bedürfnissen des Pflegebefohlenen knausere und abzwacke, und daß vor Allem ja über jeden Silbergroschen ein formgemäßer Rechnungsbelag herbeigeschafft und vorgelegt werde. Darin erlebt man Großartiges.

Die Vermögensadministration ist nicht nur oft für den Pflegebefohlenen nachtheilig, sondern auch für Alle, welche das Unglück haben, mit einem Pflegebefohlenen in irgend einer Gemeinschaft zu sein, äußerst lästig. Es macht nicht nur große Schwierigkeiten, Weitläuftigkeiten und Kosten, endlich vollständig mit ihm auseinanderzukommen, sondern es werden auch die allergrundlosesten Anforderungen von Seiten der Vormundschaftsgerichte gemacht. Man will gewöhnlich die ausstehenden gemeinschaftlichen Forderungen zum gerichtlichen Depositorium einziehen, weiset die Schuldner an, dorthin zu zahlen, und muthet den selbstständigen Mitgläubigern zu, sich ihr Miteigenthum bis zur dereinstigen, wer weiß wann eintretenden sogenannten Ausschüttung der Masse vorenthalten, und die Depositalgebühren, so wie die großen Kosten der Einziehung und Verwaltung abziehen zu lassen, während, wenn die Forderungen, wie jeder Theilhaber zu fordern berechtigt ist, und es die Ordnung mit sich bringt, bald getheilt würden, Jeder selbst seine Forderung einziehen und die bedeutenden Kosten ersparen könnte. Ein Pupillen-Kollegium verlangte von einer Wittwe, die mit zwei minorennen Kindern von ihrem Manne zur Testamentserbin berufen worden war, so jedoch, daß die Kinder nur den Pflichttheil haben sollten, den aber die Wittwe auch bis zu einer gewissen Zeit gegen Sicherstellung schuldig bleiben durfte, mit allem Ernste die Einsendung einer an die Wittwe gezahlten Lebensversicherungssumme von 6000 Thalern, was zur Folge gehabt haben würde, daß die Wittwe erstlich Ein Prozent Depositalgelder verloren, gar keine oder nur sehr niedrige Depositalzinsen erhalten, und dann die bedeutenden Kosten der Einsendung und der bald wieder nothwendig gewordenen Auszahlung und Zurücksendung um gar nichts weggeworfen hätte. Kommt es zur Theilung von Forderungen, so ist des Mäkelns und Terminirens kein Ende, und die Erklärungen und Versicherungen des Vormundes werden gar nicht berücksichtigt.

Hat der Pflegebefohlene endlich das Seinige für sich, so beginnt die Verwaltung. Diese macht vornehmlich alsdann große Schwierigkeiten, wenn Grundbesitz, namentlich Landgüterbesitz, vorhanden ist. Die allermeisten Justiz-Beamteten verstehen von der Landwirthschaft gar nichts; sie sehen daher oft selbst die Gründe nicht ein, die sich der Vormund die Mühe gibt, dem Vormundschaftsgerichte auseinanderzusetzen. Es ist auffallend. Die eigenen Landgüter vertraut der Staat den Gerichten zur Verwaltung nicht an, aber für die Landgüter der Pflegebefohlenen des Staats sind sie gut genug. Der Vormund, auch der beste, kann nichts ausrichten, ihm sind die Hände gebunden, Alles was unternommen werden soll, muß erst mehrmals vorher projectirt und begutachtet werden, und wenn endlich auf dem äußerst schwerfälligen Geschäftsgange die Genehmigung erfolgt, ist der günstige Zeitpunkt längst vorüber. Diejenigen Vormundschaftsgerichte, welche recht sorgfältig und gewissenhaft, recht selbstthätig sein wollen, sind die schlimmsten. Den Vormund und Verwalter plagen sie unausgesetzt mit Einforderung weitläufiger, ins Detail gehender Berichte, die doch dem Gerichte gar nichts nutzen, den ordentlichen Geschäftsgang erschweren sie durch Dazwischenreden, oder durch Mißbilligung der angewendeten, oder Versagung der verlangten Mittel, neue, durch die Zeitverhältnisse gebotene Unternehmungen und Anlagen verhindern sie, oder die großen Bedenklichkeiten lassen es erst viel zu spät dazu kommen. Welcher Pflegebefohlene das Unglück hat, sehr jugendlich unter Vormundschaft zu kommen, der ist wegen der langen[30]) Vormund-

30) Die Großjährigkeit ist ohnehin viel zu weit hinausgerückt; beinah

schaft zu beklagen. Und nun, wie außerordentlich kostspielig und theuer wird eine solche nachtheilige Vermögensverwaltung noch überdieß!

Manches was mit Nutzen geschehen könnte, mag auch bloß aus Besorgniß unterbleiben, daß man für einen ungünstigen Erfolg verantwortlich werden möchte, und man ist darauf gekommen, auf ein Mittel zu denken, diese Besorgniß zu entfernen. In einer an das Kabinet ergangenen Beschwerdesache wird von des Königs Majestät bemerkt:

> „dem Verfahren der Gerichtsbehörden in dieser Angelegenheit scheint übrigens die Besorgniß eines möglichen Regreß-Anspruchs zum Grunde gelegen zu haben, und da eine solche Besorgniß wohl geeignet ist, die Unbefangenheit der Ansichten und Beschlüsse der Gerichte und besonders der Vormundschaftsbehörden zu gefährden, so gebe ich Ihnen anheim, nach erfordertem Gutachten der Oberlandes-Gerichte Maaßregeln in Vorschlag zu bringen, welche geeignet sind, von den Behörden bei nachzuweisender gründlicher Erwägung des Sachverhältnisses die Besorgniß vor einem, aus ihren Beschlüssen und deren Folgen herzuleitenden Regreß-Anspruche zu entfernen."

In Folge dessen sucht man ein Mittel, wodurch späterhin nachgewiesen werden kann:

das halbe Menschenleben (24 Jahr) geht über die Minderjährigkeit hin; 21 Jahre wären auch bei uns genug.

daß bei einem Memorial-Vortrage in Extrajudicial-Sachen das Sach- und Rechtsverhältniß dem Kollegium vollständig vorgetragen, von demselben pflichtmäßig erwogen und der gefaßte Beschluß richtig niedergeschrieben worden sei.

Die Vorschläge des Justiz-Ministers sind:

1) Es wird ein schriftliches Verfahren in allen wichtigern, mit einer Regreßbesorgniß verbundenen Extrajudicial-Sachen eingeführt.

2) Zu diesen Sachen gehören:
   a. alle diejenigen, die der Vorstand oder ein Mitglied des Kollegiums dafür erachtet;
   b. alle Beschwerdesachen, welche zum Bericht mitgetheilt werden und worüber ein Kollegial-Beschluß erfordert wird.

3) In diesen Sachen werden zwei Referenten ernannt.

4) Jedes Referat muß enthalten:

eine vollständige Geschichtserzählung, soweit es darauf ankommt;

eine gründliche Beurtheilung der factischen und rechtlichen Verhältnisse, die bei der Beschlußnahme von Einfluß sind; und einen bestimmten Antrag.

5) Diese Referate werden im Kollegium vorgetragen und eben so wie die Spruchsachen in ein besonders zu führendes Sitzungsprotokoll aufgenommen.

6) Der Beschluß wird von dem zweiten Referenten mit Gründen abgesetzt, von sämmtlichen anwesend

gewesenen Mitgliedern des Kollegiums unterschrieben und den betheiligten Partheien bekannt gemacht [31]).

Die übrigen Vorschläge interessiren hier nicht. Wenn diese sechs Vorschläge angenommen werden; so ist die Folge eine unberechenbare Vermehrung der ohnehin schon auf das Aeußerste gesteigerten Schreiberei, folglich eine unverhältnißmäßige Vermehrung des Personals — denn das vorhandene Personal schreibt schon jetzt den ganzen Tag und kann nicht noch mehr schreiben — und der Gewinn ist für das Vormundschaftswesen gleich Null; der Hauptmangel liegt darin, daß damit die Gerichte überhaupt beauftragt sind.

III. Das Vormundschaftswesen kann anders nicht gründlich gebessert werden, als wenn der Staat die Rechte der Vormundschaft den Familien zurückgibt. Warum wollte auch der Staat eine sich und seinen Behörden aufgebürdete Last behalten, die ihm viel Kosten verursacht und nur Undank bringt? So wie Hilfsbedürftige zunächst von der Familie, der sie angehören, und in Ermangelung einer Familie von der Commune versorgt werden, so mussen auch Schutzbedürftige zunächst der Sorge der Familie oder der Commune überlassen werden. Die Vormundschaft muß ein Familienrecht sein, welches sich nach Erbgangsrecht vererbt, und erst wenn kein tüchtiges Familienglied ist, welches das Recht ausüben könnte, muß die Commune aus ihren Gliedern einen Vor-

31) Rescript vom 6. Mai 1842 (Justiz-Ministerialblatt von 1842 S. 171).

mund bestellen. Dieser Vormund muß aus eigenem Recht wirklicher Vormund sein, kein Vollmachtsträger eines Andern; er muß den Pflegebefohlenen schützen, vertreten und dessen Vermögen verwalten, und der Communal-Behörde muß es obliegen, darüber die Aufsicht zu führen. Diese Aufsicht zu vermitteln, macht keine Schwierigkeiten. Dem Vormunde kann man für gewisse Geschäfte einen Rath beiordnen, nach dessen Beschluß er zu handeln hat. Dieser Rath wird, unter Vorsitz eines Mitgliedes der Communal-Behörde, wozu in Städten am zweckmäßigsten der Syndikus, oder in kleinern Städten, wo kein Syndikus ist, der Bürgermeister zu nehmen sein würde, aus Familienglieder, oder wenn es daran fehlt, aus bekannten Mitgliedern der Commune gebildet. In Dörfern würde der Schloze oder der Gerichtsschreiber, falls es diesen jedoch an der erforderlichen Geschäftskenntniß fehlte, der Pfarrer die Leitung zu übernehmen haben, und die Kreiscommunal-Behörde hätte die Oberaufsicht darüber zu führen; Gutsbesitzer aber, welche nicht zur Dorfcommune gehören, finden ihre Commune in dem Kreisverbande, und bei diesen hat die Sache gar keine Schwierigkeit. — Für sehr wichtige Geschäfte, z. B. Veräußerung von Grundstücken, könnte noch die Prüfung und Approbation der Gerichte verlangt werden; diese müßte sich aber nicht auf die Gründe der Nothwendigkeit oder Nützlichkeit der Veräußerung, sondern nur auf die Beobachtung der Formalitäten des Beschlusses beziehen. Baarschaften, Pretiosen und dergleichen würden in der Communal-Kasse aufzubewahren sein.

Bei dieser Einrichtung zweifle ich nicht, daß für arme, mittellose Pflegebefohlene viel besser gesorgt sein, ein Bauergut von dem Vormunde und dem Dorfgerichte weit besser als von dem entfernten sachunkundigen Gericht bewirthschaftet und conservirt, und ein Rittergut unter Aufsicht des Kreisverbandes viel vortrefflicher als von dem viele Meilen entlegenen Pupillen-Kollegium verwaltet werden würde.

7. Depositalwesen.

Mit dem Vormundschaftswesen in enger Verbindung steht das Depositalwesen, eine Geschäftsabtheilung, wodurch die Gerichte zugleich zu merkantilischen oder Leih-Instituten werden. Jedes Gericht soll ein nach der Depositalordnung eingerichtetes Depositorium haben. Die Depositalordnung ist gut, es genügt eine prompte und accurate Vollziehung derselben, um den Zustand der Geschäfte in steter Klarheit zu erhalten, und es bedarf nur geringer Kenntniß in der Buchführung, um die Anwendung der Depositalordnung zu verstehen. Gleichwohl ist die Depositalverwaltung derjenige Geschäftszweig, wobei den Partheien die gröbsten Beschädigungen durch Betrug und Unterschlagung von einzelnen Richtern und Gerichtspersonen zugefügt werden. Die Verfügungen und Rescripte, welche Vorkehrungsmaßregeln dagegen treffen wollen, die öffentlichen Bekanntmachungen, daß nur in Gegenwart aller drei Depositalbeamteten, nämlich der beiden Curatoren und des Rendanten, deren Namen angeschlagen sein sollen, gezahlt werden darf, die Bücher und Controlen und Asservatenlisten, Alles ist umsonst: es gibt dagegen kein Mittel. Der Grund davon liegt wieder in dem Gerichts- und Vormundschaftswesen, welches es grundsätzlich mit sich bringt, daß die Person des Richters für viel sicherer gehalten wird, als der rechtschaffene und bemittelte Vormund. Was ich hier sage, gilt vornehmlich von den Einzelrichtern und Justitiarien. Ein gewöhnliches Verfahren derselben besteht darin, daß sie die Schuldner der Pflegebefohlenen zur Zahlung an das Gericht auffordern; die Schuldner zahlen an den Richter, ohne daß vielleicht der Vormund etwas davon erfährt; und wenn nach längerer Zeit Nachfrage gethan und auf den Grund gegangen wird, so ist oft das Geld verschwunden. Dergleichen Fälle sind zahlreich; es ist noch nicht lange, daß ich selbst bei zwei Justitiarien an demselben Orte zu gleicher Zeit solche Unterschlagungen ermittelt und untersucht habe; und zwei Vorgänger des Einen davon, der erst kurze Zeit im Dienst war, hatten ebenfalls unterschlagen, so daß die Gerichtseinsassen schon eine Reihe von Jahren einen Richter nach dem Andern gehabt hatten, durch welchen Einzelnen ihre Armuth genommen worden war. Man will in solchen Fällen die Zahlung nicht gelten lassen, und fordert, um den Pflegebefohlenen zu dem Ihrigen zu verhelfen, nochmalige Zahlung. Hierin liegt jedoch ein großer Widerspruch. Hätte nämlich der Vormund von dem Richter ein Autorisations-Dekret zur Erhebung der Zahlung erhalten und in Folge dessen die Zahlung wirklich empfangen, so wäre doch wol kein Zweifel, daß der Schuldner durch solche Zahlung vollständig liberirt worden. Ist nun aber, wie der Justizminister ausspricht [32], das Vormundschaftsgericht, d. h. der Richter, unmittelbar zu handeln befugt, und ist eine Handlung, welche das Gericht ohne Zuziehung des Vormundes vornimmt, für die Pflegebefohlenen gültig und verbindlich, so versteht sich, daß auch die Zahlung an den Richter gültig ist und den Zahlenden befreiet. So ein Justitiarius kann mithin alle ausstehende Forderungen der Pflegebefohlenen, ohne Vorwissen der Vormünder, rechtsgültig einziehen und das Geld in sein Reich nehmen.

Es kommt aber auch vor, daß dergleichen Richter die Zahlenden durch den Schein, als wenn die Zahlung ad depositum geschähe, täuschen. Ein Justitiarius hielt auf dem Dorfe Gerichtstag. Erster Curator war der Gutsverwalter, zweiter war er selbst, und Rendant war sein Privataktuarius. Alle drei Personen befinden sich im Gerichtszimmer, und das Depositorium ist geöffnet, als sich Jemand einfindet, um zu einer Pupillenmasse Zahlung zu leisten. Der Justitiarius sagt ihm, die Zahlung solle alsbald angenommen werden, jedoch müsse er zuvor das Mandat erlassen; er werde ihn rufen lassen, wenn es Zeit sei. Der Justitiar erläßt aber kein Mandat, sondern als der erste Curator sich aus dem Zimmer einstweilen entfernt hatte, schickt er zu dem Offerenten, läßt ihn das Geld aufzählen, und gibt ihm darüber eine von dem Privataktuarius geschriebene und unter der Firma des Gerichtsamtes, von dem Richter unterschriebene Quit-

32) S. oben S. 75, Note 29.

tung; das Geld aber nimmt er mit nach Hause und verbraucht es. Noch heute ist es nicht wieder erstattet und kann auch nicht erstattet werden, weil der abgesetzte Betrüger nichts hat.

Der Andere machte es noch besser. Er erhob eine mehrern Minorennen gehörige Hypothekenforderung, ließ das Hypotheken-Instrument aus dem Depositalkasten nehmen, und verfertigte eine falsche Depositalquittung über angeblich ad depositum geleistete Zahlung des Kapitals und der Zinsen. Diese falsche gerichtliche Urkunde schickte er, mit dem Hypotheken-Instrumente, an das Gericht, unter dessen Jurisdiction das verpfändete Grundstück lag, zur Löschung, und dieses Gericht löschte die Hypothek und kassirte das Instrument. Erst nach mehreren Jahren ermittelte sich, daß eine solche Zahlung ad depositum niemals vorgekommen war.

Dergleichen grobe Betrügereien können nur bei den kleinen Gerichten, vornehmlich bei den Patrimonialgerichten vorkommen, wo Alles sich in der Hand des Einzelrichters vereinigt und die Einrichtungen, welche zu einer sicheren, ordnungsmäßigen Depositalverwaltung vorausgesetzt werden, fehlen. In Schlesien z. B. gibt es eine Unzahl außerordentlich kleiner Gerichte; es kommen Gerichte vor, welche noch nicht zehn Gerichtseingesessene haben[33]. Diese Gerichte sollen

33) Das Patrimonialgericht zu Wiensdorf, Kreis Neisse, hat nur 9, und das Patrimonialgericht zu Walddorf hat 11 Gerichtseingesessene.

eine ordentliche Depositaleinrichtung haben! Das ist unausführbar, das Personale kann nicht aufgebracht werden und der Gerichtsherr weiß es dem Justitiarius vielen Dank, wenn Dieser seinen Privatschreiber dazu hergibt. So fügt es sich, daß die Curatoren und der Rendant bloße Figuranten sind und der Justitiarius diejenige Person ist, die das ganze Depositorium in ihrer Gewalt hat. Auch die Beschaffenheit der Depositalbehältnisse ist von dem Ernst so weit entfernt, daß sie sich innerhalb der Grenzen des Lächerlichen halten. Mir sind Depositalkasten vorgekommen, die man wie Tabakskasten in die Hand genommen hat, und die sich unter der Bettstelle oder dem Schreibpulte des Wirthschaftsbeamten oder gar auf dem Hausboden unter der Bettstelle eines Gesindes gefunden haben. Bei dergleichen Gerichten ist weder eine ordnungsmäßige Depositaleinrichtung, noch eine vorschriftsmäßige Verwaltung möglich. Die Verantwortlichkeit der Gerichtsherren reicht nicht aus, denn sie tritt in Fällen der gedachten Art nicht ein, da die Herren dergleichen Zahlungen an den Justitiarius nicht einmal erfahren noch weniger verhindern können. Wiederum liegt es in der Gerichtsverfassung,

1) daß den Gerichtseingesessenen ein unabwendbarer und unersetzlicher Schade zugefügt wird;
2) daß in den Augen des gemeinen Volks der ganze Richterstand entwürdigt wird, indem die Betrügereien einzelner Ehr- und Pflichtvergessener dem Stande nachgesagt werden.

Die Depositalverwaltung, jeder Geldverkehr überhaupt, muß den Gerichten abgenommen werden.

8. Hypothekenwesen.

Das sogenannte Hypothekeninstitut ist ein Mittel zu dem Zweck, den Verkehr bezüglich auf Grundeigenthum zu sichern und dadurch regsam zu erhalten. Zu diesem Verkehr gehört demnach nicht bloß die Bestellung von Hypotheken, d. h. Verknüpfung einer Schuld mit einem Grundstück, sondern jedes Geschäft, welches die Uebertragung und Belastung des Eigenthums, und die Entstehung, Uebertragung und Erlöschung eines dinglichen Rechts zum Zweck hat, daher der Name des Instituts nicht bezeichnend genug ist; man würde es besser Grundwesen oder Liegenschaftswesen nennen. Der Name ist indeß gleichgültig, wenn nur der Begriff richtig gedacht wird. Diese Bemerkung halte ich deßhalb für nöthig, weil die Meinung geäußert worden ist, daß der Zweck des Preußischen Hypothekenwesens lediglich der Real-Credit sei und nicht auch Sicherung des Eigenthums, und daß folglich der §. 12, Titel 10, Theil I. des Allgemeinen Landrechts, wo ausdrücklich dieser zweite Zweck angegeben ist, nicht passe[31]). Allein nach der dabei gegebenen Definition des Credits als eines subjectiven Vertrauens auf die Erfüllung einer Verbindlichkeit kann man nicht sagen, daß der Käufer eines Grundstücks, welcher das

31) Diese Meinung äußern die Gesetz-Revisoren in den Motiven, Pens. III., Seite 5 flg.

Grundstück bei der Uebergabe bezahlt hat, seinem Verkäufer Real-Credit gegeben habe, und doch soll der Käufer gerade durch das Hypothekenbuch in den Stand gesetzt werden können, zu übersehen: ob er sich auch mit dem rechten Mann eingelassen habe, und ihm nicht etwa von einem unbekannten Dritten die Sache entzogen werden möge.

Jedes Mittel muß dem Zweck entsprechend sein; insofern also ein Mittel nicht zum Zweck führt oder durch dasselbe der Zweck nicht leichter und besser erreicht wird als ohne solches, ist das Mittel unbrauchbar. Hieran wollen wir erkennen, in wie weit das Preußische Hypothekenwesen in seiner jetzigen Gestalt zweckmäßig ist, oder nicht.

Bedürfniß zur Erleichterung und Belebung des Verkehrs bezüglich auf Grundeigenthum ist Sicherheit dafür, daß der Gegenstand des unternommenen Rechtsgeschäfts dem Promittenten oder Constituenten wirklich in dem Grade zu Gebote steht, als er darüber verfügt, so, daß wenn das Geschäft vollzogen ist, dem Erwerber aus einem ihm unbekannt gebliebenen Mangel im Rechte des Veräußerers der Gegenstand nicht entzogen werden kann. Dazu gehört weiter nichts als eine Kenntniß des Rechts des Veräußerers und aller Geschäfte, die er in Beziehung auf die Sache etwa sonst schon gemacht hat. Daraus folgen zwei wesentlich nothwendige Grundbedingungen eines jeden guten Grundwesens: Oeffentlichkeit und Besonderheit (Specialität).

Unter Oeffentlichkeit wird hier bekanntlich die Möglichkeit verstanden, den Rechtszustand einer Sache kennen zu lernen, und die Spezialität besteht darin, daß sich jedes Rechtsgeschäft auf eine bestimmte einzelne Sache bezieht.

Die Preußische Hypotheken-Einrichtung, beruhend auf der Hypothekenordnung von 1783, erfüllt diese Bedingungen vollständig. Die Grundbücher, in welchen jedes selbstständige Grundstück ein besonderes sogenanntes Folium, das aus mehreren Blättern besteht, hat, werden von den Gerichten, unter deren Jurisdiction die Realitäten liegen, geführt; in dieselben können nur solche Rechtsgeschäfte eingetragen werden, über welche gerichtliche oder notarielle Urkunden verfaßt worden sind; diese Urkunden werden dem Gerichte mit der Bitte um Eintragung vorgelegt, und das Gericht schreibt die Worte, mit welchen die Einschreibung geschehen soll, vor, ein Beamteter (Ingrossator) verrichtet die Eintragung, der Richter überzeugt sich von der richtig geschehenen Eintragung und ertheilt darüber ein amtliches Zeugniß (Hypothekenschein), welches eine vollständige Abschrift des ganzen Foliums enthält, und der vorgelegten Urkunde über das Geschäft angehängt wird; und dieses Instrument wird dem Berechtigten ausgehändigt. Jedermann, welcher ein Interesse dabei hat oder die Einwilligung des Besitzers beibringt, wird zur Einsicht des Grundbuchs gelassen. Die Einrichtung dieser Bücher, in welchen jedes Grundstück ein besonderes Folium hat, macht jedoch in der Praxis eine Schwierigkeit in solchen Gegenden, wo der Grundbesitz sehr getheilt ist, wie z. B. in der Gegend von Erfurt. Dort, wo oft eine große Anzahl von kleinen selbstständigen Grundstücken in dem Besitz der nämlichen Person sind, ist die Führung des Grundbuchs in dieser Art fast unausführbar. Bisher hat man sich vergeblich bemüht, eine allen Anforderungen entsprechende Form dafür zu erfinden. Will man die Regel beibehalten und jedem Grundstücke ein besonderes Folium widmen; so ist die Masse der Schreiberei, wenn eine große Zahl derselben oft für eine nicht bedeutende Schuld belastet wird, nicht zu überwinden, die Kosten werden unverhältnißmäßig gehäuft und die Instrumente werden durch die Menge der angehängten Hypothekenscheine für den Verkehr fast unbrauchbar, zumal wenn Theilcessionen vorkommen, wo das Ganze abgeschrieben werden muß. Werden hingegen viele Grundstücke Eines Besitzers auf ein Folium zusammen getragen, so geht im Verlauf der Zeit durch die vermerkten Veränderungen die Uebersicht ganz verloren. Kurz, für dergleichen örtliche Zustände ist die bestehende Form unbrauchbar. Das Formular, welches man für das Herzogthum Westphalen, das Fürstenthum Siegen und die Grafschaften Wittgenstein vorgeschrieben hat[35]), und ein, in viele Abtheilungen und Unterabtheilungen getheiltes Titelblatt vorschreibt, worauf alle einzelne Grundstücke verzeichnet werden, entspricht dem Zweck auch nicht, ja ein danach eingerichtetes Folium muß nach einer Reihe von Jahren, wenn der Besitzer starken Verkehr getrieben hat, so verworren werden, daß kaum noch herauszufinden ist. Das Zweckmäßigste wäre noch, daß man in solchen Gegenden nicht die Menge kleiner Grundstücke, sondern den Namen des Besitzers auf das Titelblatt schriebe und in der Ersten

35) Jahrbuch Band XLIII., Seite 622.

Rubrik jedem kleinen Grundstück einen entsprechenden Raum für die Beschreibung und den Besitztitel widmete, mit der Bestimmung, daß jede Einschreibung, mit wenigen Worten, nur das Wesentlichste enthalten müsse, indem die Hinweisung auf die Urkunden genügt, um das Weitere zu ersehen. Dazu denke ich mir folgendes Schema.

Der Ackersmann Johann Erdmann
Wurzig

hat

Rubrica I.

Laufende №	Beschreibung des Grundstücks.	Titulus posessionis.	Werth.	Abschreibungen.
1	Fünf Morgen Ackerland in in der Wiesche	von dem Ackerwirth A. laut Contracts vom 6. April 1832 erkauft für . . .	200 Rℓ.	wovon ein Stück von 18 Quadratruthen abgetrennt und laut Contracts vom 8. August 1840 an den Ackersmann Paul Fröhlich für 18 Thlr. verkauft worden ist.
2	Ein Fleckchen Gräserei von sechs Ruthen im Morchelthal	von der Stadt laut Contracts vom 11. August 1833 erkauft für	Rℓ. 5	
3	~~Ein Stück Gartenland von Zehn Ruthen im Fuchswinkel~~	~~von dem Gärtner B. vermöge Contracts vom 8. August 1835 für ein Stück Wiese im Werthe von . . eingetauscht.~~	Rℓ. 8	Dieses Grundstück ist laut Contracts vom 12. Juni 1839 verkauft, und mit der darauf haftenden Hypothek auf das Folium 291 übertragen.
4	Ein Stück Hutung von circa Zwei Morgen im Sandfelde	von der Wittwe C., mittelst Contract v. 9. Februar 1836 erkauft für . . .	Rℓ. 20	
5	Ein Stück Heideland von anderthalb Morgen im Blachfelde	von dem Anbauer D., laut Contracts vom 19. Oktober 1837 für . . . erkauft.	Rℓ.	

Rubrica II.

Rt.	Sgr	Pf	Beständige Lasten und Einschränkungen.	Cessionen und andere Subinscriptionen. Eintragung.	Cessionen und andere Subinscriptionen. Löschung.	Löschung.	Allgemeine Dispositions-Einschränkungen.	Löschung.
2	—	—	Zwei Thaler Grundzins an den Besitzer des Kretschams zu Haltauf, jährlich zu Martini zahlbar.	Der Kretschmer Andreas Kassig hat den nebenstehenden Zins der Auszügler-Wittwe Kummer laut Vert. r. – zum Nießbrauch auf Lebenszeit übereignet.	Der nebenvermerkte Nießbrauch ist ex decreto vom 8. Januar 1842 gelöscht.		1) Gegen den Besitzer Johann Erdmann Wurzig ist wegen Verschwendung geklagt, welches zur vorläufigen Verhinderung der Veräußerung und weitern Belastung dieser Grundstücke ex decr. vom 11. August 1840 protestativisch vermerkt worden ist. 2) Die nothwendige Subhastation sämmtlicher Grundstücke ist verfugt, so daß spätere Dispositionen den bereits eingetragenen Gläubigern unnachtheilig sind. Vermerkt ex decr. vom 10. April 1841.	Nebenstehender Vermerk ist ex decr. vom 12. Mai 1841 wieder gelöscht.
			1) Das Vorkaufsrecht für die Wittwe von C. und deren Kinder ersten Grades, aus dem Contract vom 9. Februar 1836.					
			1) Die nothwendige Subhastation dieses Grundstückes ist verfugt, so daß spätere Dispositionen den bereits eingetragenen Gläubigern unnachtheilig sind. Vermerkt ex decr. vom 9. September 1841.					

Die dritte Rubrik macht keine besonderen Schwierigkeiten, weshalb sie nicht erst dargestellt wird.

Die laufende Nummer der Grundstücke in der ersten Rubrik wird zwar durch das Ausfallen der abgeschriebenen Grundstücke unterbrochen, das thut jedoch nichts, weil die Nummer nur zur Bezeichnung der Grundstücke bei Veräußerungen, Verpfändungen, Eintragungen in der dritten Rubrik und dergleichen dient, und gleichsam einen Eigennamen vorstellt.

Die unterstrichenen Stellen werden im Hypothekenscheine weggelassen. Solchergestalt ergibt die getreue Abschrift dieses Hypothekenfoliums, auch bei den mannigfachsten Ab- und Zuschreibungen, einen wohl construirten Hypothekenschein, und das Hypothekenbuch bleibt stets übersichtlich. Denn zum Zweck der stückweisen Veräußerungen und Abschreibungen einzelner Grundstücke muß dem Grundstücke ein muthmaßlich entsprechender Raum bestimmt werden, und ereignete es sich ja, daß die Abschreibungen, ungeachtet ihrer kurzen Fassung, nicht mehr Raum fänden, so bedürfte es weiter nichts, als das noch vorhandene Stück von seinem Platze wegzunehmen und ganz nach hinten zu transferiren, wo es unter einer neuen Nummer, mit Anführung der alten, z. B. 16 früher 3, einen ganz neuen Raum erhielte. Die Beibehaltung der alten Nummer neben der neuen, und die Notiz auf dem alten Platze in der Colonne der Abschreibungen, daß dieses Grundstück nach unten Nr. 16 transferirt worden sei, sichert gegen Verwechselungen und Irrthümer. Bei Abschreibung eines ganzen Grundstücks fällt dessen Nummer ganz weg, und neue Erwerbungen können bis ins Unendliche unten nachgetragen werden.

Soweit wäre Alles ganz gut; allein es ist in dieser Weise nur so lange gut, als der auf dem Titelblatte vermerkte Besitzer im Besitz, wenn auch nur eines einzigen Grundstücks, bleibt. Wenn er nun aber sämmtliche Grundstucke, z. B. an Einen, mittelst Eines Verkaufs veräußert, oder wenn er stirbt, wie soll da für den Nachfolger der Besitztitel berichtigt werden können? Man nehme an, der auf dem Titelblatte des Schema eingetragene Wurzig hätte sämmtliche, auf dem Folium stehende Grundstücke mittelst Contracts vom 30. März 1843 an den Ackerwirth Christian Frohlieb für 300 Thaler verkauft, wie wäre da die Eintragung des Besitztitels auszufuhren, ohne daß die Uebersicht erschwert würde[36]), und auch die Abschrift des Hypothekenscheins zusammenhängend und verständlich bliebe? Das würde ich so machen:

Auf dem Titelblatte unterstriche ich den Namen des Besitzers Wurzig und in der ersten Rubrik unterstriche ich alle in den Colonnen „Titulus possessionis" und „Werth" befindlichen Vermerke, zum Zeichen, daß sie wegfallen und im Hypothekenschein nicht mit abgeschrieben werden dürfen. Alsdann trüge ich ein:

36) Dieß ist eine Hauptrücksicht, und deßhalb sind eine große Menge langer Eintragungen, welche jetzt in Folge der bäuerlichen Regulirungen in der ersten Rubrik bloß als Notiz, d. h. ohne daß dadurch eine Abschreibung bewirkt und solchergestalt der Realzustand verschlechtert wird, unzweckmäßig. Viele Folien erfordern ein langes Studium zum Verständniß.

1) auf dem Titelbatte, unter dem unterstrichenen Namen:

„Der Ackerwirth Christian Frohlieb“

2) **Rubrica I.**, unmittelbar hinter der letzten Nummer,

a. in der Colonne: Beschreibung ꝛc.

„und zwar alle Grundstücke zusammen“

b. in der Colonne: Titulus possessionis,

„von dem Vorbesitzer Johann Erdmann Wurzig laut Contracts vom 30. März 1843 für — 300 Thlr. schreibe Dreihundert Thaler erkauft.“

Nach dieser Eintragung stellt sich das Titelblatt und die erste Rubrik des obigen Beispiels, wenn man in der letzten alle Vermerke, die zu unterstreichen gewesen sein würden und dadurch wegfällen, wirklich wegläßt, dar wie folgt:

Der Ackersmann Johann Erdmann Wurzig

Der Ackerwirth Christian Frohlieb

hat

7*

Rubrica I.

Laufende №	Beschreibung des Grundstücks.	Titulus posessionis.	Werth.	Abschreibungen.
1	Fünf Morgen Ackerland in der Wiesche			wovon ein Stück von 18 Quadratruthen abgetrennt und laut Contracts vom 8. August 1810 an den Ackersmann Paul Fröhlich fur 18 Thlr. verkauft worden ist.
2	Ein Fleckchen Gräserei von sechs Ruthen im Morchelthal			
4	Ein Stück Hutung von circa Zwei Morgen im Sandfelde			
5	Ein Stück Heideland von anderthalb Morgen im Blachfelde und zwar alle Grundstücke zusammen . .	von dem Vorbesitzer Joh. Erdmann Würzig laut Contracts vom 30. März 1843 fur . . . . . schreibe Dreihundert Thaler erkauft.	Rℓ. 300	

Soviel was die **Publicität** und **Spezialität** betrifft. Außerdem aber schreiben einige Hypotheken-Verfassungen, und unter diesen auch die Preußische, noch ein drittes Erforderniß zur Eintragung eines Rechtsgeschäfts vor: dieß ist die sogenannte

Legalität oder Gesetzlichkeit.

Darunter versteht man die Bedingung, daß ein Rechtsgeschäft, dessen Eintragung verlangt wird, in seinem Wesen nicht gegen die Vorschrift der Gesetze (nicht unerlaubt), auch der Form nach rechtsgültig und dem öffentlichen Zustande des Hypothekenbuchs gemäß sei. Die Anhänger dieses Prinzips sagen, dasselbe sei nach dem Zwecke des Hypotheken-Instituts, der darin bestehe, den Realcredit durch möglichst vollständige Sicherung zu schützen, nothwendig; Alles, was diese Sicherheit erhöhe, diene zur Vervollkommnung des Hypothekenwesens. Die Eintragung nichtiger Handlungen schade dem Irrenden, hebe die geglaubte Sicherheit auf, mindere daher das Vertrauen auf das Institut, folglich auch den Realcredit. Der Staat könne nicht eine Behörde zu einem wohlthätigen Zwecke anordnen und dann zwecklos von ihr verfahren lassen, sondern es seien Anordnungen nöthig, welche des Zweckes Erfullung bedingen; wer sich dem Letztern widersetze, werde von selbst dadurch von der Theilnahme an dem Institute ausgeschlossen [37]).

37) Motive der Gesetzrevisoren a. a. O. (S. o. Note 31.)

Allein eine consequente Anwendung dieses Prinzips und eine folgerechte Erstrebung des angeblichen Zwecks der möglich höchsten Sicherung des Realcredits führt zur Einschränkung der Dispositionsbefugniß und dadurch zur Hemmung des Verkehrs; wie in der spätern römischen Zeit wegen der Unmöglichkeit, sich über den Vermögenszustand Anderer die nöthige Kenntniß zu verschaffen, um beurtheilen zu können, ob man sich mit ihnen in Rechtsgeschäfte ohne Gefahr einlassen dürfe, Alles stockte, so kommt man heutzutage auf dem entgegengesetzten Wege dahin, daß weil eine fremde Macht, die für die möglich höchste Sicherheit der Interessenten, ganz wider deren Willen, sorgen will, sich dazwischenstellt, und man deshalb nicht ohne die größten Schwierigkeiten, Weitläufigkeiten, Kosten und Zeitverluste zum endlichen Ende kommen kann, sehr viele solide Rechtsgeschäfte lieber gar nicht gemacht, oder, weil der eine oder der andere Contrahent den Verlauf der Plackereien nicht abwarten will, wieder rückgängig werden. Man schüttet das Kind mit dem Bade aus; das Institut, welches ein Mittel zur Belebung und Sicherung des Verkehrs werden soll, lähmt und hindert denselben. Ein Beispiel statt vieler:

Jemand besaß in Gemeinschaft mit einem Andern ein Gut; er verkaufte seinen ideellen Theil an den Bruder des Mitbesitzers; dem Mitbesitzer gefiel aber dieser neue Gemeinschafter nicht und trug in Folge dieser Besitz-Veränderung auf Subhastation zum Zweck der Auseinandersetzung mit dem neuen Besitzer an. Die Provocation wurde dem gewesenen Mitbesitzer ebenfalls insinuirt, weil der neue Mitbesitzer noch nicht ins Hypothekenbuch geschrieben war. Zu derselben Zeit wurde aber auch der Kaufkontrakt zur Eintragung des Besitztitels und der rückständigen Kaufgelder eingereicht. Darauf gab die Hypothekenbehörde den unerwarteten Bescheid: daß der Verkauf als ein zur Zeit nicht gültiger von ihr erklärt worden, weil er über eine durch die Provocation auf Auseinandersetzung litigios gewordene Sache abgeschlossen sei. Hat man je gehört, daß ein Kauf aus dem Grunde der Litigiosität dadurch ungültig wird, daß über die Sache nachher ein Prozeß entsteht? Und kann man sich vorstellen, wie es möglich sein soll, daß die Hypothekenbehörde so ohne Weiteres auf ihre eigene Hand für sich solchen Verkauf „als einen zur Zeit nicht gültigen" erklären kann? Die völlig einverstandenen Contrahenten machten dagegen vergeblich Vorstellungen; sie mußten sich bei dem Justizministerium beschweren, und dieses befahl denn die verlangte Eintragung. Darüber verging aber über ein halbes Jahr, der Verkäufer wurde in Schaden gebracht, weil er sich das ihm nöthige Geld nicht verschaffen konnte, wozu er durch Cession Gelegenheit gehabt hätte, wenn ihm seine Instrumente nicht vorenthalten worden wären, und hatte überdieß durch das Hin- und Herschreiben und Beschwerdeführen Kosten. An wen sollte er sich wegen Schäden und Kosten halten? er hatte keinen Gegner. Dergleichen Fälle kommen in Menge vor. Kann man sagen, daß dabei Vermögen und Eigenthum der Einzelnen gehörig geschützt und gesichert ist, wenn es eine Macht gibt, welche auf solche Weise in Schaden bringen kann, ohne daß sie doch formell als Parthei behandelt, und, wenn sie Unrecht hat, zum

Ersatz verurtheilt wird? Das Unangemessene davon fühlen selbst die Anhänger des Gesetzlichkeits-Prinzips, indem man zugesteht[38]), daß bei dessen strengen Durchführung der Hypotheken-Behörde auf der einen Seite eine absolute Unfehlbarkeit ihrer Meinung, und auf der andern Seite eine übertriebene Aengstlichkeit geschaffen werde. Man erkennt dabei auch an, daß in einem wohleingerichteten Staate im Wege der bloßen Beschwerde über Privatrechte nicht entschieden werden dürfe, noch dazu über Privatrechte, welche so wichtig seien, daß eben von solchen Anordnungen oft mehr abhänge, als von Gegenständen, worüber Prozesse geführt würden. Es könne nur ein Mittel geben, rechtliche Gewißheit zu erlangen; dieß sei ein Urtelsspruch. Deßhalb wird von dieser Seite für zweckmäßig gehalten, den Weg Rechtens gegen das Verfahren der Hypotheken-Behörde offen zu lassen, um zu bestimmen, was über die gemachten Erfordernisse Rechtens sei. Da hierbei der eigentliche Gegner zweifelhaft erscheine, indem häufig die Interessenten einverstanden sind, und sonst keine bekannte Person dabei interessirt, so wird vorgeschlagen, das Hypothekenamt selbst die Stelle des Beklagten einnehmen zu lassen. Durch solche Prozesse, bei denen die Ertheilung der Information zur Klagebeantwortung für einen die Behörde vertretenden fiskalischen Anwalt weniger Arbeit machen würde, als zur Zeit die vielfachen Gegegenvorstellungen, anderweiten Bescheide und motivirten Be-

38) Ebendaselbst.

richte auf die ergangenen Beschwerden[39]), würden sich — so meint man — Rechtsprinzipien feststellen, welche die künftige Aengstlichkeit der Behörde heben, und der Gesetzgebung von hohem Interesse für ihre weitere Ausbildung sein würden[40]). Bei diesem Vorschlage hätte sogleich gesagt werden mögen:

1) wer die Kosten zu bezahlen haben würde, wenn das Hypotheken-Amt Unrecht hätte, da man doch nicht auf Kosten Desjenigen, dem man ohne rechtlichen Grund sein Recht verweigert hat, wird prozessiren wollen;

2) wer den Schaden erstatten soll, der dem Berechtigten in Folge einer unbegründeten Verweigerung der Eintragung entsteht. Mir ist vorgekommen, daß der Hypothekenbeamte aus vorgeblichen Rechtsgründen eine von allen Interessenten einstimmig verlangte Eintragung einer Hypothek versagte und der Weigerungsgrund nachher auf die darüber geführte Beschwerde verworfen wurde, daß aber in der Zwischenzeit ein Anderer im Wege der Execution eine so bedeutende Post hatte eintragen lassen, daß der mit Unrecht zurückgewiesene Gläubiger seine ganze Forderung ver-

39) Die Meinungen über Dieß und Jenes mögen so verschieden sein wie sie wollen, so kommen sie doch alle darin überein, daß das Beschwerdewesen unleidlich sei.

40) Das ist eine illusorische Hoffnung. Nicht sowohl an der Zweifelhaftigkeit von Rechtsprinzipien, als vielmehr an der mangelhaften Erkenntniß und den Irrthumern derer, welche sie anwenden wollen, liegt das Ganze.

lor. Ueberhaupt habe ich noch nicht erlebt, daß aus der Eintragung eines ungültigen Rechtsgeschäfts ein Schade entstanden wäre, da Jedermann, welcher das daraus entstandene Recht an sich bringen will, dasselbe aus den Urkunden beurtheilen kann und mag; wohl aber habe ich schon vielmals aus der ungerechtfertigten Versagung der Eintragung eines wohlbegründeten Rechts Schaden entstehen sehen. Ferner ist bei diesem Vorschlage nicht erwogen:

3) daß ja der Prozeß eigentlich ganz umsonst geführt würde, da derselbe keinem Dritten entgegensteht und folglich die Ungültigkeit des Geschäfts und der in Folge jenes Prozesses geschehenen Eintragung doch von Jedem, der dabei Interesse hat, späterhin ausgeführt werden kann. Deßhalb ist Alles, was mit so viel Kosten und Beschädigung dem Gesetzlichkeitsprinzip zu Liebe geschieht, obenein unzureichend.

Ueberdieß ist aber auch der angegebene Zweck des Hypotheken-Instituts, wodurch das Gesetzlichkeitsprinzip gerechtfertig werden soll, ein Irrthum. Dieser Zweck sei, wird gesagt, der durch möglichst vollständige Sicherung zu schützende Realcredit, das heißt, in seiner Auflösung, Schutz des Realcredits durch möglichst vollständige Sicherheit der verkehrenden Interessenten. Allein wäre möglichst vollständige Sicherheit der Zweck des Instituts, so mußte die Eintragung neuer Hypotheken auf bereits bis zum vollen Werth verschuldete Güter ganz und gar verboten sein; diesen Zweck kann aber auch kein Staatsinstitut haben sollen, weil der Staat ihn zu erfüllen nicht im Stande ist, da alle erdenkliche Maaßregeln zwar den Verkehr lähmen und drücken vielleicht gar tödten, aber für den beabsichtigten Zweck doch unzureichend bleiben würden; und weil die Erreichung dieses Zwecks zur Regsamkeit des Verkehrs auch nicht nöthig ist, da jeder Verkehrtreibende wol selbst und ohne Bevormundung seine Sicherheit berücksichtigen wird, wenn er nur die Zustände zu übersehen vermag; wenn er aber nicht darauf sehen will, er darin nicht gezwungen werden darf. Der Zweck des Hypotheken-Instituts kann danach nur sein sollen: zuverläßige Darlegung gewisser Zustände bezüglich auf Grundstücke; und diesen Zweck erfüllt die Oeffentlichkeit und Specialität vollkommen: das Gesetzlichkeits-Prinzip ist eine Bevormundung freier und selbstständiger Personen, eine Hemmung des Verkehrs, und hat zur Folge, daß unter dem Vorwande: es könnte vielleicht aus einer möglichen Fehlerhaftigkeit des aus dem Geschäft entstandenen Rechts einem unbekannten Dritten, der es möglicher und irriger Weise einmal an sich bringen möchte, irgend ein noch ganz ungewisser Schade entstehen, also zur Abwendung eines vielleicht künftig möglichen ganz ungewissen Schadens von einer gar nicht bekannten Person — schon gegenwärtig einer bestimmten Person ein gewisser Schade zugefügt wird. Darnach ist das Gesetzlichkeitsprinzip

1) hemmend für den Verkehr,

2) schädlich für die Interessenten in vielfacher Beziehung,

3) schädlich für den Richter, der dadurch wieder, den Interessenten gegenüber, zur Parthei gemacht wird und mit ihnen einen erbitternden Streit führen muß, und

4) bei alle dem für den beabsichtigten Zweck doch unzureichend.

Aus diesen Gründen halte ich die der französischen Gesetzgebung zu Grunde liegende Ansicht unbedingt für die allein richtige, daß Jeder seine Rechte selbst wahrzunehmen habe, um gültige Geschäfte abzuschliessen; daß der Staat auch über die bezüglich auf Grundstücke und Realrechte paciscirenden Partheien keine Vormundschaft führen dürfe und das Hypothekenamt nur für die Richtigkeit des vermerkten Geschäfts als Thatsache, nicht für die Folgen einzustehen habe; daß die Staatsbehörde nicht den Interessenten als Parthei gegenübertreten und mit ihnen streiten könne[41]).

Mit dem Gesetzlichkeits-Prinzip hängt auch die Frage über

die Führung der Hypothekenbücher

zusammen. Wo das Gesetzlichkeitsprinzip für ein Erforderniß einer guten Hypotheken-Einrichtung gehalten wird, muß

41) Zufolge des Gesetzlichkeitsprinzips könnten eben so gut auch Behörden errichtet werden, welche sich in den ubrigen Verkehr mit solchen Sachen mischten, wobei leicht Irrthumer erregt weden können, damit der Verkehr damit gesichert wurde, und es ware folgerecht, daß kein Pferdehandel geschlossen werden dürfte, ohne daß zuvor das Pferd und die Rechte des Verkaufers öffentlich gepruft und Alles gesund und beziehungsweise in Ordnung befunden worden.

die Führung des Hypothekenbuchs nothwendig Rechtsverständigen anvertraut werden, deren Bestimmung allein die Fassung der Vermerke überlassen ist. Diesem zufolge ist denn in Preußen den Gerichten das Hypotheken-Amt aufgetragen. In solcher Einrichtung liegen für die Interessenten einige Beschwerden anderer Art. Wer eine Eintragung oder Löschung verlangt, muß bei dem competenten Gerichte einen Antrag schriftlich einreichen oder mündlich zu Protokoll geben, und damit die Urkunden über das Rechtsgeschäft vorlegen. Findet der Richter den Antrag zuläßig, so schreibt er die Fassung des in das Hypothekenbuch einzuschreibenden Vermerks nach seinem Gutdünken wörtlich vor, und der Hypthekenbuchführer schreibt ihn in das Buch. Die Interessenten erfahren die Fassung erst nach der Eintragung aus dem ihnen zugestellten Instrumente. Da findet sich denn nicht selten, daß die Eintragung unrichtig, fehlerhaft und unvollständig ist; bald fehlt bei Hypotheken die Eintragung der Kosten, bald der Nebenabreden, bald der Priorität, bald Dieses, bald Jenes. Die Interessenten müssen die Instrumente wieder meilenweit über Post auf ihre Kosten einschicken, sie erhalten sie ebenso auf ihre Kosten wieder zurück und finden noch nicht Alles in Ordnung; sie müssen sie also wieder einschicken und haben neue Kosten. Das ist noch das Wenigste. Es kommt auch vor, daß Rechtsunkundige sich dabei auf die Gerichte verlassen, und wenn es dann dereinst zum Zusammentreffen kommt, gehen z. B. die Kosten aus Mangel der Eintragung verloren. Den Richtern kann dieß nicht so hoch angerechnet werden; sie sind im Schreiben nicht unfehlbarer als andere Leute und es ist eine Härte, daß ihnen die Einrichtung aufbürdet, die Vermerke und Aufsätze für die Partheien abzufassen und sie dadurch wegen der vorfallenden Auslassungen den Angriffen der Partheien auszusetzen, während es in die Hand der Partheien gelegt sein sollte, ihr Rechtsgeschäft zu besorgen. Auch hierin verdient die französische Verfassung den Vorzug, indem sie den Partheien vorschreibt, dem Hypothekenbuchführer den Vermerk (bordereau) vollständig abgefaßt so vorzulegen, wie sie wollen daß er eingeschrieben werden soll. Solches ist der Sache völlig angemessen, sobald das Gesetzlichkeits-Prinzip aufgegeben ist, und es wäre zu wünschen, daß in Preußen sowohl die Gerichte dieser Bürde als die Partheien der Beschwerden bald überhoben würden.

Auch

die Löschungen

verursachen öfter große Schwierigkeiten und unsäglich viele Kosten, besonders bei den Rustikalbesitzungen die Löschungen der eingetragenen Altentheile und Ausstattungen für die Geschwister. Rechtssatz ohne Ausnahme ist: die Löschung findet nur Statt auf Grund einer Quittung des Gläubigers und gegen Zurückgabe des Original-Schuld-Instruments. Ist keine Quittung herbeizuschaffen, so muß die Post aufgeboten werden, eine Verjährung der eingetragenen Rechte findet nicht statt. Nun ist es etwas ganz gewöhnliches, daß eingetragene Altentheile und Ausstattungen von den Besitzern ganz außer Acht gelassen werden und zuweilen durch mehrere

Generationen stehen bleiben. Soll endlich die Löschung geschehen, so müssen eine große Anzahl von Erben und Erbes-Erben, die bisweilen in verschiedenen Ländern zerstreuet sind, aufgesucht, es müssen von ihnen die Erbeslegitimationen geführt und die Quittung beigebracht, vielleicht dazu auch noch das fehlende Instrument amortisirt werden. Darüber vergehen zuweilen Jahre, die sich dadurch häufenden Kosten sind enorm, und der Gegenstand ist nicht selten eine Bagatelle von 2, 5, 10 bis 20 oder 30 Thalern Ausstattung, oder ein Altentheil von 2 bis 10 Thalern im jährlichen Werth, so daß die Kosten den Gegenstand übersteigen. Hierin liegt eine wahre Plage für die Rustikalbesitzer. Man fühlt die Nothwendigkeit einer Abhilfe, aber man wendet kein wirksames Mittel an; man möchte gern das Bestehende unangerührt lassen und sich gleichsam durch die Risse und Spalten durchdrängen. Eine Verfügung des Justizministeriums, vom 30. October 1841 [42]) erklärt sich mit der Ansicht der Minorität eines Oberlandesgerichts dahin einverstanden, daß nach dem Tode eines Altentheilsberechtigten die im Hypothekenbuch eingetragenen Altentheils-Prästationen auch ohne den Konsens oder die Quittung der Erben gelöscht werden können, sobald dieselben nach dem neuern Gesetz wegen Einführung kürzerer Verjährungsfristen [43]) als verjährt anzusehen sind. Es ist ganz richtig, daß das Recht mit dem

42) Justiz-Ministerialblatt von 1841, Seite 313.

43) Gesetz vom 31. März 1838. (Gesetz-Sammlung von 1838 Seite 249.)

Tode des Altsitzers erlischt, daß nur hinsichtlich der fällig gewordenen, vielleicht rückständig gebliebenen Leistungen eine wirkliche Hypothekenforderung fortbesteht, worüber die Quittung der Erben und das Instrument beigebracht werden muß, und daß nach dem neuen Gesetze die Forderungen wegen solcher rückständigen terminlichen Leistungen mit dem Ablauf von vier Jahren verjähren. Das Justizministerium findet es danach nicht bedenklich, die im Hypothekenbuch eingetragenen Altentheile nach dem Tode des Berechtigten auf Grund des Ablaufs der für die möglichen Rückstände vorgeschriebenen Verjährung zu löschen, vorausgesetzt, daß letztere nicht unterbrochen worden ist. Allein wie soll das Hypotheken-Amt zu dieser Gewißheit kommen? Soll dasselbe darüber eine einseitige Untersuchung anstellen, und ohne Partheien entscheiden? Das Justizministerium will das allerdings, und es schreibt vor: „Zu dem Ende muß der Hypothekenrichter sich nur darüber nöthigenfalls durch ein gerichtliches Attest Gewißheit verschaffen, daß innerhalb eines Jahres nach dem Tode des Berechtigten weder im dinglichen noch im persönlichen Gerichtsstande des Schuldners eine Klage wegen rückständiger Prästationen des zu löschenden Altentheils angestellt worden ist, und außerdem das etwa existirende Document einfordern." Das letztere, die Einforderung des Documents, paßt nicht zu der Erlöschungsart, da, wenn auf Grund der Verjährung gelöscht werden kann, auf das Instrument, das von selbst seinen Werth verliert und daher nicht mehr aufgeboten zu werden braucht, nichts ankommt. Die vorgeschriebene Feststellung selbst ist jedoch überhaupt äußerst mangelhaft und gefährlich; der Berechtigte kann noch bei einem andern Gerichte als im persönlichen oder dinglichen Gerichtsstande, er kann bei einem incompetenten Richter geklagt haben, welches zur Unterbrechung der Verjährung genügt, überdieß aber ist die Anstellung der Klage ja erst eine von den verschiedenen Arten der Unterbrechung: der Schuldner kann sogar die Rückstände anerkannt haben. Das Hypotheken-Amt ist daher gar nicht im Stande, sich auf eigene Hand durch einseitiges Umherforschen auch nur Wahrscheinlichkeit darüber zu verschaffen, daß die Verjährung nicht unterbrochen worden sei; solches Herumforschen liegt auch ganz außer dem amtlichen Wirkungskreise des Hypotheken-Amtes; dieses kann sich bloß auf Prüfung und Einschreibung der ihm vorgelegten Urkunden einlassen. Und wollte man auch hinsichtlich der Altentheile auf solche unförmliche Weise verfahren, so würde damit doch nur theilweise geholfen sein, da die Altentheile nicht das Einzige sind, was soviel Schwierigkeiten und Kosten macht. Es muß nothwendig ein allgemeiner Rechtssatz angenommen werden, um die große Last der jetzigen Einrichtung aufzuheben, und dazu würde der Satz dienen:

> daß die Eintragung von dergleichen Rechten und Forderungen, welche nach der Absicht der Contrahenten nur auf die Person des Berechtigten, nicht auf den Verkehr im Publikum, berechnet sind, z. B. Altentheile und unverzinsliche Ausstattungen, nach Verlauf einer gewissen Zeit von selbst ihre Wirkung verlieren und dann ohne weiteres gelöscht werden

können, wenn nicht innerhalb dieser Zeit eine Protestation dagegen eingetragen worden ist.

So könnte z. B. die Eintragung eines Altentheils mit dem Ablaufe von fünf Jahren nach dem Tode des Berechtigten, und die Eintragung einer Ausstattung einige Jahre nach der Verheirathung oder, wenn diese nicht eingetreten ist, nach dem Tode des Berechtigten ihre Kraft verlieren und gelöscht werden können, wenn dagegen keine Protestation eingekommen ist. Man wüßte nicht, welcher Nachtheil hieraus entstehen könnte, da, wenn wirklich noch Rückstände sind, das Hypothekenrecht dafür durch die Protestation erhalten werden kann; augenscheinlich aber werden dadurch die aus der jetzigen Einrichtung entstehenden unsäglichen Beschwerden und Kosten von Grund aus beseitigt.

9. Notariat und freiwillige Gerichtsbarkeit.

Das Notariat, d. h. nach dem heutigen Begriffe die Befugniß, öffentlich glaubwürdige Urkunden zu verfertigen, ist aus Italien nach Deutschland gekommen und von jeher, anfänglich ein Privatgewerbe, später von einzelnen, dazu durch eine höhere Autorisation befähigten Personen, gewerblich betrieben worden. Der grobe Mißbrauch, welcher mit der Creirung der Notarien aus Gewinnsucht im Deutschen Reiche von den Pfalzgrafen getrieben wurde, veranlaßte die einzelnen Landesherren, dagegen einzuschreiten. In den

Verordnungen vieler Landesherren wird besonders darüber Beschwerde geführt, daß einfältige unwissende Leute zu Notarien gemacht würden, namentlich wird in dem Churfächsischen Generalbefehl vom 19. Februar 1719 angegeben, daß die Pfalzgrafen um schnödes Geld Handwerksleute und Fleischer zu notariis publicis creirten. Man traf Bestimmungen zum Schutz gegen unfähige Notare und machte in einigen Ländern die Zulassung der von Pfalzgrafen creirten Notare von einer besondern Prüfung und Bestätigung abhängig, in Andern schloß man dieselben auch ganz aus. In den Preußischen Ländern schlugen die landesherrlichen Verordnungen anfänglich den ersten Weg ein. Die Magdeburg'sche Polizei-Ordnung von 1686, cap. 17, §. 1, und die Erklärung derselben vom 16. Mai 1696, ad cap. 17, verlangte Prüfung und Immatriculation; die erneuerte Brandenburg'sche Kammergerichtsordnung von 1700, Cap. 39 [43]), schrieb vor, daß nur die Notare zur Praxis gelassen werden dürften, welche die Rechte studirt hätten und deßhalb von der Universität ein gutes Zeugniß beibrächten. Bald wurde jedoch der andere Weg betreten. Die neuverfaßte Kammergerichtsordnung vom Jahre 1709, Tit. 17, §. 3 [44]), bestimmte: „Diejenige, welche in Zukunft das Notariat verlangen, sollen sich deßhalb zuvor bei Unserm Kammergericht schriftlich melden, ihr ehrliches Herkommen und bisheriges gutes Verhalten bescheinigen, auch den Ort, wo sie sich beständig

43) C. C. M. Tom. II. Col. 256.

44) Ibid. Tom. II. Abth. I. Col. 400.

niederzulassen gesonnen, anzeigen, da ihnen dann ein Schein von Unserm Präsidenten und Räthen, ob sie zu solchem Amte tüchtig, ertheilet werden soll, alsdann Wir wegen Reception ferner allergnädigst verordnen wollen." Das Project eines **Codicis Fridericiani** Th. I., Tit. 17, §. 1 und Tit. 18 enthielt dieselbe Bestimmung, und die spätere Instruction für die Notarien in den Königlich Preußischen sämmtlichen Provinzen, vom 11. Juli 1771 [45]), wiederholte dieselbe im §. 1 mit dem Zusatze, daß die von Pfalzgrafen creirten Notare überall nicht zugelassen werden durften. Daneben wurden schon früh manche Geschäfte, wie z. B. die Aufnahme der Syndicate, den Handlungen der freiwilligen Gerichtsbarkeit zugerechnet und solchergestalt den Notarien entzogen, und außerdem ist auch den Gerichten das Notariat beigelegt, so daß die Interessenten bei den reinen Notariatsgeschäften die Wahl haben zwischen den Notarien und den Gerichten. Jetzt denkt man daran, die erstere Beschränkung, wodurch solche Geschäfte dem Notariate entzogen und ausschließlich den Gerichten überwiesen worden, die doch eigentlich keine Handlungen der freiwilligen Gerichtsbarkeit sind, wieder aufzuheben, und es ist die gutachtliche Aeußerung der Gerichte darüber eingefordert worden:

1) ob zu einer Ausdehnung der Befugnisse der Notarien vom practischen Standpunkte aus ein Bedürfniß vorhanden?

2) ob dieses Bedürfniß so dringend, daß es nothwen-

45) N. C. C. Tom. V. a. S. 271.

dig oder doch wünschenswerth erscheine, mit der in Rede stehenden Maaßregel vor der allgemeinen Revision der Gerichtsordnung und Gerichts-Einrichtung vorzuschreiten?

3) hinsichtlich welcher einzelnen, gegenwärtig den Gerichten vorbehaltenen Handlungen der freiwilligen Gerichtsbarkeit auch den Notarien die Befugniß zu deren Aufnahme einzuräumen sein möchte? [46])

Dadurch kommt jedoch die Sache noch nicht wieder in ihre gehörige Lage; denn es ist umgekehrt zu einer Concurrenz der Gerichte bei den eigentlichen Notariatsgeschäften kein practisches Bedürfniß, da die Gründe, die dazu geführt haben, nicht mehr vorhanden sind; finanzielle Rücksichten können dabei nicht in Betracht kommen.

Die sogenannte freiwillige Gerichtsbarkeit, zu welcher alle Rechtsgeschäfte gehören, wobei die Mitwirkung einer obrigkeitlichen Person durch Prüfung und Bestätigung zur Rechtsgültigkeit nothwendig ist, wird ebenfalls von den Gerichten ausgeübt. In manchen deutschen Ländern sind damit andere Behörden beauftragt, in andern Ländern hat man die französische Einrichtung beibehalten, wonach den Notaren dieser Zweig der Rechtsverwaltung überlassen ist. Möchte man auch in Preußen die großen Vortheile würdigen, welche die Entlastung der Gerichte von diesen Geschäften gewährt, zumal sie zuverläßig nicht auf Kosten

46) Rescript vom 23. März 1842. (Justizministerial-Blatt für 1842, S. 111.)

solcher Geschäfte erlangt würden, da diese, wenn man sie auch den Notaren anvertraute, in deren Händen sicherlich wenigstens ebenso gut aufgehoben wären als in den Händen der Einzelrichter, deren Persönlichkeit nicht im Mindesten bessere Gewähr gibt.

10. Sportel- und Cassenwesen.

Ueber das alle Stände und Klassen der bürgerlichen Gesellschaft hart Drückende des Gerichts-Sportel-Wesens ist nur eine Stimme; und Jedermann sehnt sich nach der Erlösung von dieser Last. Das Drückende liegt ebensosehr in der enormen Höhe der Kosten als in der Art und Weise der Einziehung.

1) Die oft erstaunliche Höhe der Kosten-Liquidationen liegt weniger in den hohen Taxen als in den sehr hohen Stempelgefällen, vornehmlich aber in der großen Menge von Geschäften, Verfügungen und Handlungen, welche nach dem Verfahren den Gerichten obliegen, und wie ich schon oben (Seite 19) angedeutet habe, theilweise unnöthig sind aber doch zum Ansatz kommen (vergl. unten S. 123), bei einem andern Verfahren durch Selbstthätigkeit der Partheien jedoch ganz beseitigt sein würden. Schon Mancher ist durch Gerichtskosten ruinirt worden; wer erst aus Mangel an prompten Zahlungsmitteln anfängt zu schwanken, der verliert durch die hinzukommenden Kosten sicherlich das Gleichgewicht. Bei dem Fürstenthumsgericht zu Neisse ist soeben der Fall vorgekom-

men, daß in einer wegen einer Zinsenforderung von 37 Rthlr. eingeleiteten Subhastation eines Hauses, die noch vor Aufnahme der Taxe, nachdem die Citationen dazu bereits erlassen worden waren, wieder aufgehoben wurde, die Kosten dennoch 105 Rthlr. 2 Sgr. 1 Pf. betrugen.

2) Die Erhebung der Kosten wird manchmal zur wahren Peinigung der Debenten. Den Anfang macht eine Liquidation. Diese bezahlt der Debent wol bald, um die ihm höchst widrige Sache bei Seite und aus seinem Gedächtniß zu bringen; er erhält nach einiger Zeit darüber mit der Post seine Quittnng, bezahlt dafur das Porto und ist froh, nun die Sache begraben zu haben. Aber nach einigen Monaten erhält er mit der Post einen Brief, wofür er doppeltes Porto bezahlen muß, und womit ihm die Rechnung der nachträglich entstandenen Kosten geschickt wird. Er übersendet auch diese Summe, hoffend, daß die Sache nun zu Ende sein werde. Nein. Ein Vierteljahr geht ruhig hin, aber da wird durch Postvorschuß eingezogen, was man früher anzusetzen übersehen hatte. Das wiederholt sich bisweilen einige Mal, weil diese oder jene Abschrift ex officio oder wer weiß aus welcher Veranlassung noch gemacht wird, oder diese oder jene Portoauslage, oder Zeugengebühren nicht angesetzt worden sind, und nachträglich in Erinnerung gebracht werden. Endlich, nach jahrelanger Stille hat er die Sache vergessen, er besorgt nicht noch weiter beunruhigt zu werden. Aber er hat sich geirrt. Nach drei, vier Jahren, ja manchmal erst nach 19 Jahren (s. unten Ziffer 3) fallen die Akten dem Stempelfiskal in die Hände, und dieser findet, daß zu einer Eingabe,

die der Sportelliquidant für stempelfrei gehalten hat, 5 Sgr. hätten verwendet werden sollen; er liquidirt also 5 Sgr. zur Einziehung. Nun wird die Sache wieder lebendig, und der Debent muß noch dreimal soviel an Porto dazu bezahlen, um die ihm zu wenig abgeforderten 5 Sgr. zu berichtigen.

Wollte man Das der Untüchtigkeit oder Unachtsamkeit der Gerichtsbeamten beimessen, so würde man ihnen Unrecht thun. Denn wenn auch Einzelheiten, z. B. die vorgekommene und wol auch noch vorkommende Zurückzahlung eines Vorschußbestandes von 1 Sgr. 8 Den. durch fünf oder achtmal mehr kostende Uebersendung mit der Post an den weit entfernt wohnenden Empfänger, durch Umsicht und verständige Berücksichtigung der Umstände vermieden werden können, so liegt es doch außer den Grenzen der menschlichen Möglichkeit, die Hauptbeschwerden zu verhindern: es liegt im Geschäftsgange, im Verfahren. Das Publikum aber weiß davon nichts; es kann sich auch nicht vorstellen, daß dabei die Richter und Beamteten zu entschuldigen sind; der Betroffene ist einmal durch das Gericht verletzt, und seine Erbitterung richtet sich wieder gegen die Person des Richters. Auf solche Weise wird das Kosten- und Sportelwesen eine Hauptveranlassung, die Richter mit den Partheien in persönliche Reibung zu bringen, sie verhaßt zu machen, persönlichen Anfeindungen und üblen Nachreden auszusetzen, und sie solchergestalt ihres Ansehens und ihrer richterlichen Würde zu entkleiden. Die Erbitterung wird so groß, daß wenn Reclamationen gegen unrichtigen Ansatz, der gar nicht verhindert werden kann, begründet befunden werden, und Abhilfe erfolgt, daraus nur Veranlassung zu neuen Vorwürfen entnommen wird. So heißt es z. B. in einer soeben vorliegenden, bei dem Justiz-Ministerium eingereichten Beschwerde: „Ursprünglich waren auch noch 3 Sgr. 9 Pf. Insinuations-Gebühren pro Person angesetzt; sie sind indeß in Folge meiner in dieser Beziehung begründet befundenen Remonstration niedergeschlagen worden. Der Versuch, sie einzuziehen, zeigt indeß von einer Gleichgültigkeit gegen das Interesse der Parthei[47]), und von einer Unaufmerksamkeit, die meine Remonstration durchaus nöthig gemacht hat."

Alles dieses liegt im natürlichen Lauf der Sache. Nun kommen aber noch die Mißbräuche dazu, welche vornehmlich aus dem Uebelstande entstehen, daß wenn Jemand seine Verbindlichkeit zur Zahlung der ihm abgeforderten Kosten bestreitet, es keinen Rechtsweg gibt, auf welchem der Rechtsstreit ausgemacht werden kann; indem derselbe Richter, welcher die Forderung macht, auch die Execution verfügt. Man könnte geneigt sein, dafür die Analogie von andern Steuern anzuführen, hinsichtlich welcher ebenfalls die Steuerbehörde über die Verbindlichkeit bestimmt. Allein wegen der großen Verschiedenheit zwischen Kosten und Steuern, hinsichtlich der Entstehung der Verbindlichkeit kann eine Analogie nicht gelten; es ist auch von der Gesetzgebung selbst die Nothwendigkeit eines solchen

47) Dieser Beschwerdeführer macht also gradezu die Anforderung an den Richter, daß der Richter in der Eigenschaft als fiscalischer Finanzbeamteter das Interesse des Steuerpflichtigen wahrnehmen soll, und macht ihm den Vorwurf einer Pflichtverletzung aus einer Gleichgültigkeit für das Interesse der Parthei.

Rechtsweges, bezüglich auf die Gerichtskosten anerkannt[48]), und nur einstweilen wieder suspendirt[49]). Daß Kostenforderungen an Personen, die nicht Schuldner sind, gemacht werden, kommt wirklich vor. Jemand war z. B. ganz kürzlich seinen drei Verkäufern, jedem eine besondere Summe, Kaufgeld schuldig geblieben, so jedoch, daß diese Forderungen nicht gemeinschaftlich waren. Er bestellte dafür Hypothek, willigte in die Eintragung und überließ Jedem, die Eintragung zu bewirken. Der Eine legte sein Instrument dem Hypothekenrichter vor und verlangte die Eintragung seiner Forderung mit der Bestimmung, daß die beiden Andern, wenn sie sich sollten eintragen lassen, mit ihm gleiches Vorrecht zu genießen hätten. Es hing von Jedem ab: ob er sich wollte eintragen lassen oder nicht, und wenn der Eine für gut fand, keine Hypothek für sich zu nehmen, so war selbstredend dadurch den Andern ihr Recht nicht genommen. Auf den Antrag des sich Meldenden hätte nun seine Forderung eingetragen werden sollen mit dem Zusatz, daß es den und den Personen freistehe, sich mit gleichem Rechte auf so und soviel eintragen zu lassen. Sie konnten dann kommen wenn sie wollten, oder auch ganz ausbleiben, das ging Alles den Hypothekenrichter nichts an, wenn er nur der zuerst genommenen Hypothek jenen Zusatz beifügte. Das geschahe aber nicht, vielmehr wurden die beiden andern Personen, ohne Mitgläubiger sein, veranlaßt, auch

48) Verordnung über den Mandats- rc, Prozeß, v. 1. Juni 1833, §. 1, Nr. 4.

49) K. O. v. 17. Oktober 1833. (G.-S. v. 1833, S. 119.).

ihre Forderungen eintragen zu lassen. Das geschah, ihnen wurden ihre Instrumente ausgefertigt, jenem aber wurden die Kosten abgefordert. In solchen Fällen muß nun der sogleich mit Ex cution Bedrohte remonstriren, und wenn das nicht hilft, den Weg der Beschwerde betreten. Wenn er endlich auch Remedur erlangt, so hat er doch die Kosten an Porto, Gebühren für die Vorstellungen und dergleichen, und es heißt hier: hat er Unrecht, so bezahlt er noch die Beschwerdekosten dazu, hat er Recht, so trägt er sie auch. Dagegen ist nach der Verfassung nichts zu sagen, denn der Richter, welcher die Kosten eingefordert hat, kann nicht dafür aufkommen, weil er ja Stellvertreter des Fiskus ist, überdieß aber zugleich als Richter geurtheilt hat und kein Richter dadurch in Verantwortung kommt, daß sein Urtheil abgeändert wird.

Wenn aber auch der Grund der Verbindlichkeit unbestritten ist, so ist doch oft der Betrag oder die Gesetzlichkeit hinsichtlich einzelner Akte bestritten, und es kommt dann wieder der Richter in Fall, über die behauptete Ungründlichkeit oder Unbrauchbarkeit seiner Arbeiten urtheilen zu sollen. Ganz zutreffend antwortete eine Parthei auf das an sie erlassene Kostenzahlungsmandat am 5. April d. J. Folgendes:

„Die Kasse kann, in ihrem eignen Interesse handelnd, die von ihr selbst angesetzten Kosten nicht selbst festsetzen, denn sie würde als eigenmächtiger Richter erscheinen, sie ist Parthei gegen mich und somit erscheint das Festsetzungs-Decret vom 9. März c. als partheiisch unzureichend; der Vermerk der Behörde mit Siegel darunter, giebt ihr keinen bessern Glauben, weil sie eine Abtheilung desselben Gerichts bildet, und somit Gericht und Kasse ein und dasselbe Forum ausmacht.

Ich kann also aus diesem einfachen Grunde das Festsetzungs-Decret nicht für gültig anerkennen, und in Folge dessen bestreite ich die Höhe dieser Kosten pr. 43 Thlr. 2 Sgr. 1 Pf., insbesondere bestreite ich die Nothwendigkeit der so zu meinem Nachtheil willkührlich gehäuften Kosten des Untersuchungsverfahrens, durch die vielen Citationes, welche durch Currenden hätten vermindert werden können, und resp. durch die vielen Termine, deren es nicht die Hälfte bedurft haben würde, wenn mit größerer materieller Umsicht und mit Rücksicht auf Kostenersparungen verfahren worden wäre, zumal das denuncirte Factum von keiner schwierigen noch verwickelten Erörterung war.

Wenn ich auch zugeben muß, daß durch jene Untersuchung Kosten entstanden sind, so bestreite ich doch deren Höhe und deren Nothwendigkeit, und trage darauf an:

daß die Nothwendigkeit und Kostennote im Vergleich mit den voluminösen Akten höhern Orts rechtlich und gründlich geprüft, und festgesetzt werde."

Dieß ist ein schlagender Beweis von dem Bewußtsein im Publikum über die Ungehörigkeit des Sportel-Erhebungswesens.

3) Noch ein anderer Uebelstand entsteht aus der Belastung der Gerichte mit diesen Abgabengeschäften, besonders in Beziehung auf die Stempelgefälle. Die Stempelabgaben in allen gerichtlichen Geschäften hat der Richter zu bestimmen und einzuheben. Grundsätzlich soll er das Stempelpapier sogleich verbrauchen, er muß es also aus seinem Fonds vorschiessen, später findet es sich jedoch oft, daß die Parthei nicht bezahlen kann, die verbrauchten Stempel müssen deßhalb von den Steuerkassen wiedererstattet werden. Diese Wiedererstattung macht Weiterungen und veranlaßt Hemmungen im Geschäftsgange; denn es müssen vierteljährlich Verzeichnisse der niedergeschlagenen Stempel mit den Gerichtsakten an den Provinzial-Steuer-Director eingesendet werden, damit dieser sich von der Uneinziehbarkeit überzeuge und zur Wiedererstattung Anweisung gebe. Damit nun nicht vielleicht 5 oder 15 Sgr. Stempel ohne zureichenden Grund niedergeschlagen werden möchten, müssen von Zeit zu Zeit große Transporte von Akten auf der Post verschickt werden, die Wochen lang wegbleiben. Unterdessen müssen sich die betroffenen Partheien die Sistirung ihrer Rechtsangelegenheiten gefallen lassen. Dieses Niederschlagungswesen ist jedoch das wenigste; bei Weitem mehr Störungen und Hemmungen werden durch die Stempelrevisoren bei den Gerichten verursacht. Die Stempelfiskäle machen Rundreisen und revidiren von Zeit zu Zeit die Akten der Gerichte, um die von den Richtern etwa zu wenig angesetzten Stempel nachzufordern. Bei größern Gerichten dauert der Aufenthalt gewöhnlich viele Wochen, manchmal Monate. In dieser ganzen Zeit wird ihnen

die Registratur mit den Akten zur Verfügung gestellt, die Geschäfte des Gerichts und der Partheien müssen sich zum Theil nach ihnen richten, da ihnen die Akten haufenweise vorgelegt werden, und die Zurückkunft der Akten aus dieser Revision abgewartet werden muß. Es ist natürlich die Aufgabe des Fiskals, soviel Notate und soviel Nachforderungen wie möglich zu machen, und dazu werden denn alle längst vergessenen Sachen wiederaufgerührt. Bei einer im Jahr 1841 bei dem Fürstenthumsgericht zu Neisse stattgefundenen Stempelrevision wurden z. B. aus dem Jahre 1822, also aus Sachen, die schon vor 19 Jahren abgemacht worden und die bei frühern Revisionen dem Fiskal nicht in die Hände gekommen waren, einzelne Eingabenstempel von 5 Sgr. nachgefordert. Ist endlich die Störung durch den Fiskal überstanden, so beginnt eine fast unüberwindliche Masse von ganz nutzloser Schreiberei. Denn da eine große Menge von Notaten und Nachforderungen ganz grundlos sind[50]), in Ansehung einer

50) Eine Probe von dergleichen grundlosen Notaten und der dadurch verursachten Schreiberei folgte hier.

Bericht das rc. Gerichts an das Justiz-Ministerium.

„Der dem Stempelgesetze vom 7. März 1822 beigegebene Stempeltarif bestimmt unter dem Worte: „Ausfertigungen und Verfügungen“, daß dazu nach dem Ermessen der Behörden 15 Sgr. oder auch nur 5 Sgr. Stempel verwendet werden sollen, und fugt bei:

„Der Stempel von 15 Sgr. ist für Ausfertigungen in der Regel zu gebrauchen. Der niedrigere Stempel findet nur Statt, wo die Verhältnisse des Empfängers — die Ausnahme besonders begründen.“

Hiernach haben wir uns bei unserm Ermessen leiten lassen wir haben zu den Ausfertigungen für unbemittelte Leute, wie z. B. mittellose Auszügler, Gärtner, Einlieger rc., nach den andern großen Anzahl aber, nach so langer Zeit, die Debenten unbekannt geworden oder verarmt sind, so müssen

Umständen nur 5 Sgr. Stempel verbrauchen lassen, und dieses Ermessen eben durch die schlechten Verhältnisse der Empfänger, nach dem Gesetze für gerechtfertigt gehalten. Bei der in diesem Jahre bei uns vorgewesenen Stempelrevision hat der Stempelfiscal soviel Fälle dieser Art, als ihm seit 19 Jahren (denn es kommen Fälle aus den Jahren 1822 vor) in den Akten begegnet sind, als Stempel-Defecte monirt, indem er zu jeder Ausfertigung und Verfügung, wozu in Folge unsers Ermessens nur 5 Sgr. verbraucht worden sind, noch 10 Sgr. Stempel nachgefordert hat. Auf solche Weise hat er in einer sehr großen Anzahl von Fällen die Summe von 129 Thlr. 10 Sgr. solcher vermeintlich zu wenig verbrauchten Ausfertigungs-Stempel nachgefordert. Wir haben dem Provinzial-Steuer-Directorat bereits vorgestellt, daß diese Defecte nicht begründet erschienen, weil das Ermessen der Behörden zu bestimmen habe: ob 15 oder nur 5 Sgr. Stempel zu verwenden seien, und die zuständige Behörde, deren Ermessen maßgebend sein solle, keine andere als diejenige sei, von welcher die Verfügung oder Ausfertigung ausgehe; und daß dem Stempelfiscal keine zweite Instanz bei diesem Ermessen zustehe, um so weniger, als ihm die Personen und deren Verhältnisse ganz unbekannt seien. Diese Vorstellung hat jedoch keinen Eingang gefunden, vielmehr wird die Niederschlagung dieser Monita, nach dem abschriftlich beiliegenden Antwortschreiben vom 27. November a. c., aus dem Grunde verweigert,

> weil das Prinzip, bei Gegenständen unter 200 Thlr. stets nur einen Stempel von 5 Sgr. anzuwenden, nicht gebilligt werden könne.

Dieser Grund ist nicht concludent; denn wir haben dieses Prinzip weder behauptet, noch haben wir es angewendet, und es ist factisch ungegründet, daß wir bei Gegenständen unter 200 Thlr stets nur einen 5 Sgr. Stempel angewendet hätten, jedes Aktenstück beweiset das Gegentheil; wo die uns wohlbekannten Verhältnisse unserer Gerichtseingesessenen die Ermäßigung der Stempelsteuer nicht rechtfertigten, da haben wir auch bei Gegenständen von 30 Thlr. einen 15 Sgr. Stempel zu Ausfertigungen und Verfügungen verbrauchen lassen; lediglich unser, durch die Verhältnisse der Empfänger gerechtfertigtes, Ermessen ist bestimmend gewesen; und dieses Ermessen alle diese Nachforderungen wieder niedergeschlagen werden, und dazu müssen viele Ermittelungen vorausgehen und die Gerichtsakten hin und her gesandt werden, wodurch denn in vielen Sachen wieder der Rechtslauf unterbrochen und gehemmt wird. Es ist dabei fast, als wenn die Rechtsgeschäfte der Stempelsteuer wegen da wären, und als wenn die Rechtsverwaltung Nebensache wäre. Akten und Urkunden, welche ihrer großen Wichtigkeit wegen grundsätzlich nicht aus dem Archiv weggelassen zu werden pflegen, z. B. Grund- und Hypotheken-Akten, Lehns-, Fideicommiß- und Testaments-Akten, müssen wegen der Niederschlagung eines 5 Sgr. Stempels an den Provinzialsteuer Director gesendet werden. Alle diese Schwierigkeiten fallen mit Veränderung der Einrichtung von selbst weg.

unterliegt nach dem Gesetze nicht der Abänderung des erst nach 10 — 20 Jahren darüber urtheilen wollenden, mit jenen Verhältnissen ganz unbekannten Stempelfiscals.

Ew. Excellenz bitten wir ganz gehorsamst:

gnädigst unser Ermessen aufrecht zu erhalten und die Niederschlagung der zu den in Rede stehenden Verfügungen und Ausfertigungen nachgeforderten Stempel von je 10 Sgr. zu bewirken.

Bescheid.

Berlin, den 6. April 1842.

Dem 2c. Gericht wird auf den Bericht vom 13. December v. J.,

einige bei der vorjährigen Stempel-Revision des Kollegiums erhobene Erinnerungen betreffend,

hiermit eröffnet, daß der 2c. Provinzial-Steuer-Director — die Befugniß des 2c. Gerichts,

zu Verfügungen und Bescheidungen statt des dazu der Regel nach erforderlichen Stempels von 15 Sgr. nach den Umständen einen Stempel von 5 Sgr. eintreten zu lassen,

nicht weiter in Zweifel zieht und von dem Herrn Finanz-Minister zur Niederschlagung der dießfälligen in der Tabelle von 30. August v. J. aufgestellten Defekte wird angewiesen werden.

4) Bei aller dieser so einleuchtenden Schädlichkeit hat das gerichtliche Kostenwesen noch obenein den Nachtheil, daß die Erhebung und Verwaltung dieser Art Abgabe in ihrer jetzt bestehenden Einrichtung ungeheuer kostspielig ist.

Bei der Salarienkasse des Fürstenthumsgericht zu Neisse z. B. sind im Jahre 1842 eingekommen:

1) an reinen Sporteln	17431 Rtl.	6 Sgr	7 Pf
2) an Stempel-Gefällen, nach Abzug der niedergeschlagenen Stempel	7057 „	28 „	— „
Zusammen	24,507 Rtl.	4 Sgr	7 Pf

Das, ausschließlich für die Kasse bestimmte, Dienstpersonale ist:

1 Rendant,
1 Kontroleur,
1 Assistent,
1 Kassen-Schreiber
1 Kopist.

Außerdem ist aber noch das ganze übrige Gerichtspersonale, vom Dirigenten bis zum letzten Boten, für die Kasse mehr oder weniger beschäftigt.

In demselben Jahre 1842 hat die Verwaltung dieser Kasse gekostet:

1) an Gehältern und Remunerationen der ausschließlich für die Kasse bestimmten Beamten:

a. dem Rendanten 808 Rtl. 25 Sgr 8 Pf

Latus 808 Rtl. 25 Sgr 8 Pf

Transport	808 Rthlr. 25 Sgr. 8 Pf.	
b. dem Kontroleur	500 „ — „ — „	
c. „ Assistenten	250 „ — „ — „	
d. „ Kassenschreiber	150 „ — „ — „	
e. dem Kopisten	96 „ — „ — „	
f. „ Stempel-Distributor Tentieme . . .	130 „ 6 „ 8 „	
g. dem Kassen-Curator Remuneration	60 „ — „ — „	
		1995 Rthlr. 2 Sgr. 4 Pf.

2) an Gehältern und Remunerationen derjenigen Beamteten, welche nur theilweise für die Kostensachen arbeiten, und zwar:

a. dem Kassen-Curator . .	1096 Rthlr. — Sgr. — Pf.	
b. den Sechs Expedienten, welche mit der Anfertigung der Kostennoten aus den Akten beauftragt sind . . .	2900 „ — „ — „	
Latus	3969 Rthlr. — Sgr. — Pf.	1995 Rthlr. 2 Sgr. 4 Pf.

Transport 3969 Rtl. — Sgr. — Pf. 1995 Rtl. 2 Sgr. 4 Pf.

c. der 7 Executoren und Boten:

aa. Gehalt . 1240 „ — „ — „

bb. Remunerationen und Kleidergelder 124 „ 16 „ 10 „

5360 Rtl. 16 Sgr. 10 Pf.

Nach dem Ueberschlage ist anzunehmen, daß diese Beamteten den zehnten Theil der Arbeitszeit zu den Kassen-Geschäften verwendet haben; die dießfälligen Verwaltungskosten betragen daher . . . . 536 „ 1 „ 8 „

Dabei bleiben noch außer Berechnung alle Arbeiten, welche von dem Kollegium und dessen Mitgliedern durch Vorträge, Verfügungen, Eintragungen uneinziehbarer Kosten in die Hypotheken-Bücher, Berichte und Termine z. B. zur Abnahme von Manifestations-Eiden, verrichtet werden, und gar nicht unbedeutend sind.

3) Sonstige Kosten.

a. Lokale . . . 20 „ — „ — „

b. Bücher . . . 1 „ 15 „ — „

c. Drucksachen . 102 „ 20 „ — „

d. Papier, Federn,

Latus 124 Rtl. 5 Sgr. — Pf. 2531 Rtl. 4 Sgr. — Pf.

	Transport	124 Rℓ.	5 Sgr	— ₰	2531 Rℓ. 4 Sgr — ₰	
	Dinte, Nadeln, Zwirn, Blei- und Rothstifte, Siegellack, Oblaten	26 „	8 „	6 „		
e.	Bereinigung .	3 „	4 „	6 „		
f.	Beheitzung . .	36 „	— „	— „		
g.	Beleuchtung .	1 „	— „	— „		
h.	Utensilien . .	3 „	20 „	— „		
i.	Wächterlohn .	18 „	— „	— „		
k.	Fur die Führung des Post-Kontobuchs dem Post-Amte	8 „	— „	— „		
l.	Buchbinderlohn .	25 „	— „	— „		
					245 Rℓ. 9 Sgr — ₰	
	Alles Zusammen . .				2776 Rℓ. 12 Sgr — ₰	

Die Verwaltungskosten betragen danach von der reinen Sportel-Einnahme per 17431 Thlr. 15 16/17, also nahe an 16 Prozent, und wenn die außer Berechnung gelassenen Arbeiten mit in Anschlag kommen, über 16 Prozent, bei Hinzurechnung der Stempel-Einnahme aber von 24507 Thlr. über 11 1/3 Prozent. In Gegenden, wo die Armuth groß ist und, nachdem alle Arbeit auf die Einziehung verwendet worden, sehr viel Kosten niedergeschlagen werden müssen, stellt sich das Verhältniß noch ungünstiger.

Diese Kostspieligkeit hat folgende Ursachen:

1) Die Ausschreibung macht wegen der sehr großen Menge von Posten, von welchen Tausende unter 1 Thlr., viele Hunderte nicht über $2^1/_2$ oder 3 Sgr. betragen, unglaublich viel Schreiberei, indem über jede Post eine specielle Liquidation und ein Mandat, und zwar beides doppelt, nämlich einmal bei den Akten und dann für den Debenten gefertigt werden muß. Die Liquidationen werden vorher einzeln, unter Vergleichung mit den Akten revidirt, moderirt und festgesetzt. Dann muß jede auch noch so kleine Post irgend wie gebucht werden. Das Alles kommt bei andern Steuern nicht vor. Nach der Ausschreibung fangen die Remonstrationen, Niederschlagungs- und Stundungsgesuche oder auch Beschwerden an, was bei andern Steuern auch wegfällt oder doch nur höchst sparsam vorkommt. Dann muß jede einzelne Post bei der Zahlung besonders empfangen, quittirt, gebucht, controlirt und contirt werden, so daß die Einnahme von 2 Sgr. 6 Pf. oder 3 Sgr. mehrere Minuten Arbeit kostet; ferner müssen die in Rückstand bleibenden Posten gehörig controlirt und in Erinnerung gebracht werden, worauf auch viel Zeit verbraucht wird, weil die Zahl der Posten sehr groß ist und keine allgemeinen Zahlungstermine feststehen, wie bei den regelmäßig wiederkehrenden directen Steuern; endlich muß die Execution verfügt und vollstreckt werden, und, wenn diese fruchtlos ausfällt, die Niederschlagung erfolgen, welche neue Schreiberei und Buchung veranlaßt; hat der Debent ein Grundstück, so erfolgt auch noch die Eintragung im Hypothekenbuch; die niederge-

schlagenen Posten werden dann auch noch von Zeit zu Zeit wieder durchgenommen, um zu prüfen: ob nicht ein oder anderer Debent in bessere Umstände gekommen sein möchte. Diese Ursachen liegen in dem Sportelwesen.

2) Eine andere Ursach dagegen liegt wieder in der Verfassung, und namentlich darin, daß die Gerichte zur Geschäftsführung für die Partheien in deren Rechtsangelegenheiten berufen sind. Dadurch entstehen eine Menge Auslagen an Porto, Gebühren anderer Gerichte oder Beamten, Reise- und Zehrungskosten und dergleichen, mit deren Verausgabung, Berechnung, Controlirung und Wiedereinziehung sich die Kasse ebenfalls befassen muß, ohne daß sie davon Etwas hat. Die Summe dieser bloß durchlaufenden Posten beträgt ebensoviel, oft mehr, als die Sporteln. Bei der Salarienkasse des Fürstenthumsgericht zu Reisse beliefen sie sich im Jahre 1842 auf 18495 Thlr. 21 Sgr. 5 Pf., also auf 1046 Thlr. mehr als die Sporteln. Der Staat besorgt mithin auf eigene schwere Kosten fremde Geschäfte und Auslagen, welche von den Partheien bestritten werden müßten, wenn die Verfassung nicht die Geschäftsführung durch die Gerichte mit sich brächte. Ein Gerichtshof muß nichts zu verwalten und nichts zu correspondiren haben, am wenigsten in Privatsachen der Partheien.

Beide Ursachen fallen von selbst weg, wenn ein mündliches Prozeßverfahren eingeführt wird, und den Partheien überlassen bleibt, ihre Streitigkeiten den Gerichten bloß zur Entscheidung vorzutragen, den Prozeß aber selbst, ganz nach ihrem Gutdünken und Gefallen, zu führen.

Aus allem diesen ergibt sich wol als unabweislich:

1) daß das Sportelwesen vereinfacht, und

1) daß die Verwaltung desselben den Gerichten abgenommen werden muß.

Dieß ist auch als von den höchsten Staatsbehörden anerkannt zu betrachten, und es handelt sich nur um die schwierige Frage der Ausfuhrung. Es sind verschiedene Vorschläge und Entwürfe gemacht, keine aber genügt allen Anforderungen. Der Grund davon liegt in der Verfassung; denn so lange es bei derselben unverändert verbleibt, ist eine vollständige Ausführung, ohne Benachtheiligung anderer Interessen, nicht möglich. Die vorgeschlagene Vereinfachung durch Prozentsätze oder Pauschquanta läßt sich nur bei gewissen Geschäften, namentlich bei Prozessen allenfalls bewirken, und auch nur auf eine sehr complicirte Weise, wenn nicht blos der Gegenstand, sondern auch der Umfang und die Weitläuftigkeit des Prozesses maßgebend sein soll, wobei dann aber immer noch nicht die von ränkesüchtigen Partheien durch unnütze Weitläuftigkeiten und Winkelzüge verursachten Gerichtshandlungen, wofür die Kosten doch billig auf den Urheber fallen müssen, gehörig berücksichtigt werden könnten. Bei allen andern Verfahrungsarten und Geschäften möchte wol schwerlich, selbst in dieser Unvollkommenheit, der Grundsatz anzuwenden sein.

Die Trennung aber würde unabsehbare Verwickelungen, Collisionen, Hemmungen und Schwierigkeiten verursachen, welche im Voraus nicht zu erdenken sind und erst durch die Ausübung zum Vorschein kommen würden.

Wenn dagegen der Prozeß und die Gerichtsverfassung, wie vorhin schon angedeutet ist und unten bestimmter angegeben werden soll, geändert wird, so ist es ein leichtes, für die richterlichen Handlungen eine Taxe durch die Steuerbehörde erheben zu lassen, gleichwie es in den Rheinprovinzen mit dem Prozeßwerthstempel geschieht. Hinsichtlich der Extrajudicialgeschäfte regulirt sich das Gebührenwesen mit der damit zu treffenden Einrichtung ganz von selbst.

Zweite Abtheilung.

Gerichtsverfassung, Geschäftsbetrieb, Stellung der Gerichte zu einander und zu den Partheien.

---

1. Gerichtsorganisation.

Die Gerichts-Einrichtung beruhet in den Landestheilen, auf welche sich diese Angaben und Betrachtungen überhaupt beziehen, auf einem eximirten Gerichtsstande und auf der Patrimonialgerichtsbarkeit. Die ordentlichen Gerichte (die besondern Gerichte, **Fora specialia causae**, beachte ich hier nicht näher) fallen in zwei Klassen: in Untergerichte und Obergerichte, und besondere Organe der Letztern sind die Kreis-Justiz-Räthe und die Inquisitoriate. Zur Bedienung der Partheien sind die Justizcommissarien angestellt. Da es für meinen Zweck nicht auf einzelne Ausnahmen und auf Ausführlichkeit ankommt, so beschränke ich mich auf allgemeine Andeutungen nach der Reihefolge der Hauptsachen.

a) Eximirter Gerichtsstand.

Ueber die Zweckmäßigkeit oder Unzweckmäßigkeit desselben ist bekanntlich sehr viel gesprochen und geschrieben worden. Die französische Gesetzgebung hatte ihn in den Ländern, welche der französischen Herrschaft unterworfen worden waren, aufgehoben, und es kam nach der Wiederbesitznahme oder Erwerbung solcher Landestheile in Frage: ob derselbe wieder einzuführen. Der damalige Justizminister von Kircheisen war für die Wiedereinfuhrung und sagte: „Die bisherige fremde Justiz-Einrichtung kennt unser forum exemtum nicht, es beruhet aber auf guten Gründen; nicht deshalb, weil der Bauer weniger Anspruch auf Justiz hat, als der Edelmann, sondern weil die eximirte Klasse weit wichtigere Vermögensstücke und Geschäfte, als der non exemtus hat; er muß also auch vor einen stärker besetzten gelehrten Gerichtshof gestellt werden, als der gewöhnliche Bürger und Bauer. Vor allen andern Gründen greift aber, derjenige durch, daß der non exemtus seinen vollständigen Schutz gegen den exemtum und dessen sonstige Praeponderenz in der Würde und in dem Ansehen der höchsten Gerichtshöfe findet, vor welchen der exemtus Recht nehmen muß. Diese aus der Erfahrung genommene Ansicht macht es unbezweifelt, daß das forum exemtum in der Wirklichkeit kein Privilegium des exemti, sondern ein Privilegium zur Sicherheit des non exemti ist.“ [51]).

Diese Gründe durften wol wenig Gewicht haben.

Was die größere Wichtigkeit der Geschäfte und Sachen der Eximirten betrifft, so würde dieser Grund allenfalls

51) Starke Gerichtsverfassung, Bd. I. S. 20.

eine Exemtion der Sachen, je nach der Wichtigkeit, aber niemals einen eximirten persönlichen Gerichtsstand rechtfertigen, da doch wol z. B. die Geschäfte eines Danziger Rheders, der kein Exemtus ist, nicht für unbedeutender werden gelten sollen als die eines adligen Einliegers in einem westpreußischen Dorfe, der obwohl er von seiner Hände Arbeit lebt, einen eximirten Gerichtsstand hat. Der Grund fällt aber überhaupt ganz weg, sobald die Gerichte anders und zweckmäßiger organisirt werden, welches eben ein Bedürfniß der Zeit ist. Ueberdieß gibt es auch, namentlich in Schlesien, eine Anzahl Gerichte für Eximirte ohne Kollegium, nur aus Einzelrichtern bestehend, der Grund kann daher keine allgemeine Geltung haben.

Der andere Grund ist historisch. Wenn in frühern Zeiten Jemand z. B. den Herzog von Braunschweig verklagen wollte, so war es natürlich, daß er ihn bei keinem Herzoglich Braunschweigschen Richter, der gar keine Gewalt über seinen Herrn haben konnte, sondern bei dem Gerichte Desjenigen, unter dessen Botmäßigkeit der Herzog stand, also bei dem Kammergericht des Kaisers verklagen mußte. In gleicher Weise kann noch jetzt ein Privatgerichtsherr nicht bei seinem eignen Beamten, sondern er muß bei dem Gericht seines Oberherrn belangt werden. Dieß ist das Wahre an der als Grund hingestellten Behauptung, daß der non exemtus seinen vollständigen Schutz gegen den exemtum in der Würde und dem Ansehen der höchsten Gerichtshöfe finde, vor welchen der exemtus Recht nehmen muß. Die Würde und das Ansehen des Gerichtshofes aber trägt zu diesem

Schutz nichts bei, sonst würde es an diesem Schutze oftmals fehlen. Ein standesherrlicher Einzelrichter hat an sich nicht mehr Würde und Ansehen als ein anderer Einzelrichter, und doch wird nicht über Mangel an Schutz gegen diejenigen Eximirten geklagt, welche vor solchem Standesherrlichen oder Fürstenthumsgericht Recht nehmen müssen; der Schutz liegt vielmehr in der Macht und Gewalt des Gerichtsherrn. Hieraus folgt nun für die heutigen Zustände bloß soviel, daß ein Patrimonialgerichtsherr bei dem Gerichte seines unmittelbaren Oberherren, also diejenigen, welche keinem Andern als unmittelbar dem Könige unterworfen sind, bei dem nächsten Königlichen Gerichte Recht zu nehmen haben, aber durchaus gar nicht folgt daraus, daß dieses Gericht das höchste Gericht der Provinz sein müsse; im Gegentheil der Rechtsbedürftige, der das 10 — 20 oder noch mehr Meilen[51a]) entfernte Obergericht der Provinz gegen einen Eximirten anangehen muß, findet darin eine außerordentliche Erschwerniß, wie vom Staate selbst dadurch anerkannt wird, daß für die Rechtsgeschäfte, welche am Sitze des Obergerichts nicht ohne Erschwerniß für die Interessenten vorgenommen werden können, beständige Kommissarien, die Kreis-Justiz-Räthe, angestellt worden sind. Daß die Eximirten unter das Provinzial-Justiz-Collegium gekommen sind, hat ebenfalls einen historischen Grund darin, daß früher die Untergerichte bloße Patrimonialgerichte waren, und in der ganzen Provinz nur

50a) Schloppe z. B. ist über 30 Meilen von Marienwerder.

den Landes-Justiz-Collegien die unmittelbare landesherrliche Jurisdiction anvertraut war[51b]). Das ist seit 1807, nachdem die städtischen Jurisdictionen königlich geworden sind, Alles anders, jetzt braucht gegen einen Privatgerichtsherrn der Schutz nicht mehr bei dem Landes-Justiz-Kollegium gesucht zu werden.

Noch eine andere Klasse von Eximirten gibt es, in Beziehung auf welche überhaupt keiner der beiden angegebenen Gründe jemals gegolten hat, welche vielmehr ihre Entstehung ihrem eigenen Schutze zu verdanken haben: dieß sind die Beamten. Kein Gerichtsherr duldete, daß einer seiner Beamten vor ein fremdes Gericht gefordert wurde; nur sein eignes Gericht hatte seine Angehörigen zu richten. Das ist ganz in der Ordnung, weil die Ausübung der Gerichtsbarkeit eben eine Botmäßigkeit voraussetzt. Deswegen ist es auch heutzutage noch gerechtfertigt, daß Königliche Staatsdiener und Beamtere von der Patrimonialgerichtsbarkeit ihres Wohnorts eximirt sind; mehr aber ist nicht in der Sache begründet, sie können vor dem nächsten Königlichen Gerichte zu Recht stehen.

Der eximirte Gerichtsstand erscheint hiernach als eine geschichtliche Ruine, welche dem Aufbau neuer, dem Bedürfniß der Zeit entsprechenden Gebäude nur im Wege ist. Man entschied sich fur die Wiedereinfuhrung in den gedachten Landestheilen, mit Ausnahme der Provinz Posen; hier ist

51b) A. G.-O. Th. III, Tit. 1, §. 5.

jedoch in der neuern Zeit eine ähnliche Einrichtung nach der Wichtigkeit der Rechtssachen gemacht worden.

Ohne Aufhebung des eximirten Gerichtsstandes ist zu einer befriedigenden Gerichtsverfassung nicht zu gelangen.

b. Patrimonial-Gerichtsbarkeit.

Weder Dasjenige, was für die gänzliche Abschaffung, noch Dasjenige, was für die unbedingte Beibehaltung gesagt und geschrieben worden ist, und noch täglich in Broschüren und Zeitungsartikeln beigebracht wird, berührt nach meiner Grundansicht das Wesen der Sache; mir scheint die Patrimonialgerichtsbarkeit einer Gerichtseinrichtung wie sie das Bedürfniß verlangt, an sich nicht im Wege zu stehen, und insoweit sie einer solchen Einrichtung nicht hinderlich ist, fehlt jeder Grund, sie dem Berechtigten zu entziehen; aber, insofern das allgemeine Wohlbefinden eine Modification dieser Staatseinrichtung bedingt, müssen die Inhaber solcher Gerichtsbarkeit sich die Veränderung gefallen lassen, und wer die Zeit begreift, wird sich auch sicherlich nicht gegen die von der höchsten Staatsgewalt für nothwendig oder nützlich erkannten Aenderungen stemmen wollen, denn ich glaube fest, daß sich kein wahrer Preuße, der materiell oder geistig für das allgemeine Beste mitzuwirken Fonds hat, finden wird, der nicht nach Kräften zu helfen willig und bereit sein sollte.

Was mir aber als ein Hinderniß für die gewünschte Veränderung der Verfassung erscheint, das ist das Institut der Einzelrichter, wohlverstanden das Institut der Einzelrichter mit unbeschränkter Gerichtsbarkeit. Soweit also nur, als solche unbeschränkte Einzelrichter einer angemessenen Einrichtung entgegenstehen und beseitigt werden mussen, halte ich auch die einzelnen Patrimonialrichter für nachtheilig. Das hindert aber nicht die Beibehaltung der Privatgerichtsbarkeit; es ist nur erforderlich, daß diejenigen Gerichtsherren, welche kein formirtes Gericht halten können, sich mit andern Königlichen oder Privat-Gerichten verbinden.

c. Untergerichte.

In der Regel haben die Untergerichte eine unbeschränkte Competenz in allen vorhin aufgezählten Hauptgegenständen der Civil-Gerichts-Verwaltung, mit Ausnahme mancher Handlungen der freiwilligen Gerichtsbarkeit, z. B. der Adoptionen, der Familienstiftungen, und zwar über alle in ihrem Gerichtsbezirk befindlichen Personen und Grundstücke, in soweit solche nicht eximirt, oder einem besondern Gerichtsstande (forum speciale causae) unterworfen sind.

Die Criminalgerichtsbarkeit dagegen steht in der Regel den Untergerichten nicht zu, d. h. sie können, wenn sie auch die Untersuchung fuhren mögen, doch nicht selbstständig erkennen, ausgenommen bis zu einer Strafe von 4 Wochen Gefängniß oder 50 Thlr. Geldbusse[52]); fällt das Urtel auf eine

52) Criminal-Ordnung §§. 17 und 513.

höhere Strafe aus, so ist es ein bloßer Entwurf, welcher dem eigentlichen Criminalgerichte, das ist das Landes-Justiz-Kollegium des Departements, zur Prüfung und Bestätigung eingereicht werden muß, hier jedoch nicht weiter beachtet zu werden braucht. Die Bestimmung über die Grenze der Competenz ist so gefaßt, daß verschiedene Meinungen darüber sind: ob die im Strafgesetz angedrohte höchste Strafe, oder die von dem Richter in concreto erkannte Strafe maaßgebend sei [53]), so daß nach der zweiten Meinung ein Einzelrichter, z. B. gegen einen Raubmörder, wenn er i n vorläufig freigesprochen oder zu einer außerordentlichen Strafe auf höchstens 4 Wochen verurtheilt hätte, gültig erkannt haben würde. In neuerer Zeit ist die Competenz der kollegialisch formirten Untergerichte in der Regel auf Geldstrafe ohne Beschränkung, auf Freihitsstrafe bis auf drei Jahre erweitert, wobei jedoch wieder viele Arten von Verbrechen ausgenommen sind. Dabei finden sich vielerlei Ausnahmen, auf die hier nichts ankommt.

Die Zahl der Königlichen Untergerichte ist über 500, und die der Privatgerichte etwa 6500 [54]); von den erstern ist aber nur etwa der dritte Theil kollegialisch formirt [55]),

53) Rescript vom 11. Februar 1837 (Jur. Wochenschrift von 1837 S. 201), Rescript vom 30. Januar 1808, (Mathis Bd. VI., S. 108), Rescript vom 1. August 1825, (Jahrbucher Band XXVI., S. 223).

54) Starke a. a. O. S. 68.

55) Ebend. S. 76.

unter der großen Menge der Letztern waren vor einigen Jahren gar nur 14 Kollegien [56]).

Diese Gerichts-Einrichtung hindert

1) die Einführung eines mündlichen und öffentlichen Strafverfahrens so wie es oben als nothwendig angedeutet worden ist, einestheils weil die Anwendung der Strafgesetze nicht in die Hände der Einzelrichter gelegt werden kann, das mündliche Verfahren aber die Anwesenheit des Angeschuldigten und der Zeugen im Gerichte bedingt, wozu keine weite Reisen nothwendig werden müssen, anderntheils weil der eximirte Gerichtsstand hindert, alle Einwohner vor das Bezirks-Kriminalgericht zu stellen;

2) die Einführung eines gleichförmigen mündlichen Civilprozesses vor allen Gerichten erster Instanz, weil vor einem Einzelrichter das Verfahren anders sein muß als vor einem Kollegium;

3) die ordnungsmäßige Verwaltung einzelner Gegenstände der Rechtspflege, z. B. der Depositalverwaltung, wie oben näher angegeben ist;

4) das Vertrauen und die Rechtssicherheit der Partheien, welche ihre wichtigsten Rechtssachen einem Einzelnen anvertraut sehen;

5) die zweckmäßige Verhandlung mancher wichtiger Rechtssachen, z. B. der Ehesachen [57]).

56) Ebend. S. 113.

57) S. oben S. 31.

Das Zeitbedürfniß fordert die Einrichtung kollegialisch formirter Untergerichte (Gerichte erster Instanz) für alle wichtigern Rechtssachen, und Anstellung von Einzelrichter, mit beschränkter Competenz, für die minder wichtigen Sachen, namentlich für die Bagatellsachen, schleunige Miethst- und Possessorien-Sachen u. dergl.

d. Obergerichte.

In jeder Provinz sind unter dem Namen: Oberlandesgerichte, mehrere nur Königliche Obergerichte, gewöhnlich drei, in einigen nur zwei, deren Gerichtssprengel mit den Verwaltungsbezirken der Regierungen nicht übereinstimmen; nur bei dreien findet sich diese Uebereinstimmnng, nämlich in Cöslin, Münster und Minden[58]. Diese Oberlandesgerichte sind in der Regel:

1) die Gerichte erster Instanz für die eximirten Personen, Grundstücke und Sachen; die zweite Instanz dafur ist gewöhnlich bei einer zweiten Abtheilung;
2) das ordentliche Kriminalgericht für den ganzen Bezirk;
3) das Appellationsgericht für die vor die Untergerichte ihres Bezirks gehörigen Sachen;
4) die Behörde für einige Hoheitssachen, namentlich für die Huldigungs[59]- und Lehnssachen;

58) Starke a. a. O. S. 114.

59) Jeder, welcher ein Gut mit adligen Rechten erwirbt, muß einen besondern Huldigungseid leisten; es fehlt jedoch eine Bestimmung darüber: welche Folgen es hat, wenn der Eid nicht geleistet wird; die Berichtigung des Besitztitels ist dadurch nicht bedingt.

5) die Aufsichtsbehörde über die Untergerichte ihres Bezirks.

Diese Obergerichte sind sehr groß, einige kolossal; sie zerfallen in zwei oder noch mehrere Abtheilungen, das Oberlandesgericht zu Breslau besteht z. B. in vier Abtheilungen, welche sind: der zweite Senat, das Pupillen-Kollegium und Abtheilung für Nachlaß-Sachen, der Erste Senat und der Kriminal-Senat.

Als Gericht erster Instanz erschweren sie den Partheien die Rechtsverfolgung, theils durch ihre zu große Unbeweglichkeit, theils durch ihre Entfernung, und als Kriminalgericht sind sie der Einführung eines mündlichen Verfahrens im Wege, weil ihr Bezirk viel zu groß ist und dadurch die Herbeiführung der Angeschuldigten und Zeugen aus dem ganzen Departement unmöglich macht, nicht allein wegen der damit verbundenen großen Kosten, Weitläuftigkeiten und Gefahr beim Transport, sondern auch wegen Mangels an Anstalten zur Aufnahme der Personen. Mit der Aufhebung des eximirten Gerichtsstandes hört die Eigenschaft dieser Gerichte als Gerichte erster Instanz von selbst auf, und durch die Einrichtung ordentlicher Kreisgerichte, so wie Einführung eines mündlichen Strafverfahrens mit Geschwornen, d. h. mit Urtheilern, welche an keine Beweistheorie gebunden sind, fallen auch die Kriminal-Senate weg. Diese Obergerichte bleiben dann nur die Gerichte zweiter Instanz (Appellationsgerichte), und es könnte alsdann nicht blos die Zahl derselben für jede Provinz auf Eins, sondern auch die Zahl der Mitglieder bedeutend vermindert werden. Die

Huldigungs- und Lehnssachen gehören vor die Regierungsbehörden, und die Aufsichtssachen, welche immerhin bei ihnen bleiben möchten, würden sich auf Null reduziren, wenn erst das schädliche aber kostbare Revisions- und Beschwerdewesen durch Veränderung des Prozesses und der Verfassung ganz beseitigt wäre.

e. Kreis-Justiz-Räthe.

Dieses Zwitterinstitut ist hervorgegangen aus den großen Erschwernissen, welche die jetzt bestehende Organisation fur die Gerichtseingesessenen mit sich führt; denn sie sollen als beständige Organe der Obergerichte die Rechtsgeschäfte der Eximirten, welche am Sitze der Obergerichte entweder gar nicht, oder doch nicht ohne besondere Erschwerniß für die Interessenten vorgenommen werden können, besorgen, und die Untergerichte beaufsichtigen. Sie sind also ein Nothbehelf, ein Rad mehr in der schwerfälligen Maschine; sie vermehren daher die Reibung, und der Nutzen dieses eingesetzten Zwischenrades ist mir noch immer sehr zweifelhaft. Zweifellos aber ist es, daß eine Verfassung besser sein muß, welche eines solchen Mittels gar nicht bedarf. Ich selbst habe die Ehre, Kreis-Justiz-Rath zu sein, und genieße dadurch ein Paar Hundert Thaler Einkommen mehr als sonst der Fall sein würde [60]); ich wurde aber mit Freudigkeit dieses Amt aufgeben, wenn das Institut durch eine verbesserte Einrichtung zur Geschichte gemacht würde.

60) Die Kreis-Justizräthe haben bekanntlich kein Fixum, sondern genießen die Sporteln in kostenpflichtigen und zahlbaren Sachen.

f. Inquisitoriate.

Die Inquisitoriate sind nach ihrer Wesenheit Deputationen des Obergerichts als Kriminalgerichts, dazu bestimmt, für das Kriminalgericht die Untersuchungen zu führen; sie finden sich nicht in allen Provinzen und sind auch nicht gleichförmig eingerichtet. Das Institut ist bei der Veränderung des Kriminalverfahrens, wie sie gewünscht wird, nothwendiger als jetzt, da in jeder Sache ein Informationsverfahren vorausgehen muß, welches sehr zweckmäßig nur von solchen Richtern gefuhrt wird, die an dem eigentlichen Gericht nicht Theil zu nehmen haben, weil die Person, welche gegen den Inculpaten inquirirt, leicht für oder wider dessen Person eingenommen wird, was alle Mal einen schädlichen Einfluß hat.

g. Geheimes Obertribunal.

Dieser höchste Reichsgerichtshof hat erst in neuerer Zeit eine seiner Bestimmung entsprechende Kompetenz erhalten, indem ihm die Entscheidung in der Revisions-Instanz und über die Nichtigkeitsbeschwerde ausschließlich beigelegt worden ist[61]; früher war auch bei den Provinzial-Justiz-Kollegien in gewissen Sachen die Revisions-Instanz. Dieser Gerichtshof ist wirklich bloß Gericht, er hat nur mit Entscheidung der vor ihn gebrachten Rechtsstreitigkeiten zu thun; er gibt

61) Verordnung v. 14. December 1833 §. 26. (Ges.-Samml. für 1833, S. 302.)

jedoch, wie die übrigen Gerichte, nur auf schriftlich verhandelte Akten, die durch zwei Referenten vorgetragen werden, seine Bescheide, ohne daß die Partheien persönlich oder durch Stellvertreter ihre Rechtsgründe mündlich vortragen dürfen. Würde ein mündliches Verfahren eingeführt, so müßte um so viel mehr den Partheien der mündliche Vortrag auch in der letzten Instanz gestattet werden, als sodann keine vollständigen Gerichtsakten geführt werden, woraus, wie jetzt das Material für die Entscheidung geschöpft werden könnte.

h. Justizcommissarien und Notarien.

Der Advocatenstand ist so alt wie die Obrigkeit, eben so edel wie die Ritterlichkeit, und so nothwendig wie die Gerechtigkeit, sagt d'Auguessau[62]); und man kann hinzufügen: er ist der Bewahrer und Pfleger, der Weiser des lebenden Rechts. Dieser sein natürlicher Beruf war der Grund seines Ansehens im alten Römischen Reich, und ist noch jetzt der Grund seines Ansehens bei solchen civilisirten Nationen, bei welchen er nicht in unbegreiflicher Verblendung direct oder indirect durch künstliche oder gewaltsame Mittel ausgerottet oder verderbt worden ist. Die Advokaten sind es, welche in solchen Ländern, wie England, Nordamerika und Frankreich zeigen, den Richtern ein Licht und dem bedroheten Recht ein Schutz sind, ein Schutz sind vermöge der Aufhellung

62) Discours sur l'independence de l'avocat. Oeuvres I. p. 3.

des wahren lebendigen Rechtes vor dem blöden Auge des Richters, der entweder nur die eine Seitenansicht gewinnt oder, wenn er recht hoch steht, nur die Spitze sieht, die verschiedenen Seiten aber nicht wahrnimmt. Nur in Ländern, wo man auf den Glauben kam, daß obrigkeitliche Personen schon vermöge dieser Eigenschaft ganz von selbst gewordene und sich von selbst verstehende ausschließliche Rechtsverständige seien[63]), nur da kam es dahin, ihn für einen ganz nutz- und zwecklosen Stand, wenn nicht noch für etwas schlimmeres, zu halten, welcher im Staate nicht geduldet werden müsse. Deutschland gehört zu den Ländern, wo in Folge des aus dem Auslande eingeführten, durch die geheime Inquisition erzeugten, undeutschen Prozeßverfahrens, in welchem prinzipienmäßig das obrigkeitliche Amt herrschen und regieren, und die Parthei in ihrer Privatrechtssache, wo es ihr doch freistehen sollte, ob sie ihr Recht versäumen und fahren lassen, oder wahrnehmen und verfolgen will, folgsam sein muß, die Advokaten, diese wesentlichsten Räder in dem Getriebe der Rechtsverwaltung, ein lästiges, hemmendes Anhängsel zu sein schienen. In Preußen wurden sie durch das corpus juris Fridericianum ganz abgeschafft und die Advocatur, die doch in einem civilisirten Staate

63) Diese selbe aus dem Verfall der Kultur und Wissenschaft herrührende Vorstellung ist es, welche macht, daß man noch heutzutage in den Kabinetsschreiben mancher Regenten die Gerichte über das Recht belehren läßt. Man könnte mit demselben Rechte auch Mathematiker über mathematische Wahrheiten, und Aerzte über medicinische Fragen auf demselben Wege belehren lassen.

nicht zu entbehren ist, ging auf die Richter über: diese sollen in einer Person Richter und Advokaten für beide Partheien zugleich sein. Aus dieser unnatürlichen Stellung des Richters folgt denn das große Mißtrauen der Partheien gegen die Richter, welches sich oft bis zu persönlichen Beleidigungen steigert[64]). Zwar sah man sich bald genöthigt, davon Etwas nachzulassen, indem man durch die Verordnung vom 20. September 1783 den Partheien gestattete, sich der sogenannten Justizkommissarien, die nach ihrer ursprünglichen Bestimmung bloß in Extrajudicial-Angelegenheiten dienen sollten, auch zu Stellvertretern in Prozessen zu bedienen, und die spätere Allgemeine Gerichtsordnung hat diese Einrichtung beibehalten, indeß sind diese Justizbedienten für den Prozeßgang nicht nur nicht nöthig, sondern für den in der Allgemeinen Gerichtsordnung vorgeschriebenen Prozeß unpassend, ja hinderlich und hemmend, und das alte Prinzip, daß der Richter zugleich der Advokat beider Partheien sein soll, hat noch immer practische Geltung; die heutigen Justizkommissarien sind daher noch weit davon, wieder die hochachtbaren und nützlichen Advokaten zu sein. Man hat verschiedene Ursachen zu finden geglaubt, welche das Ansehen dieser Klasse der Justizbedienten vermindern sollen, und namentlich hat man hervorgehoben, daß Subjecte, welche man unter den Richtern nicht mehr hat leiden mögen, für den Justizkommissariats-Dienst noch gut genug gehalten worden sind. Es ist wahr, es gibt viele Beispiele dieser Art,

64) S. oben S. 8, Nr. 1.

und ich will aus meinen Erfahrungen von mehreren nur Eins aus neuerer Zeit mittheilen. Ein Mitglied eines über 6 Personen starken Richterkollegiums wurde wegen ihm zur Last gelegter vorsätzlicher Verletzung seiner Amtspflichten zur Kriminaluntersuchung gezogen und vom Amte suspendirt, aber zuletzt nur vorläufig freigesprochen. Als er nun wieder eintreten sollte, wollte ihn das Kollegium nicht wieder in sich aufnehmen, sämmtliche Mitglieder protestirten einstimmig gegen seine Wiedereinführung. Da wurde er als Justizkommissarius angestellt. Indeß kann ich mich nicht überzeugen, daß solche Einzelheiten der Standeswürde schaden; dergleichen Personen werden auch unter ihren neuen Standesgenossen verachtet und dadurch gewissermaßen ausgemerzt. Was das alte Ansehen dieses Standes ausschließt, ist eben der Mangel jener Ursache des Ansehens bei andern Nationen. Ganz vergeblich sucht man dieses Ansehen herzustellen durch Titel und Auszeichnungen, ein Advocat, ein wirklicher Advocat hat an sich mehr Ansehen und Geltung in der bürgerlichen Gesellschaft, als ein Titularrath. Soll der Gesellschaft der unentbehrliche Advocatenstand wiedergegeben werden, so muß man das Wesen der Advocatur dem damit belasteten, und obenein dadurch ebenso befangenen als den Partheien verdächtigten, Richter abnehmen und besondern Beamteten ausschließlich zuweisen; und soll das dem Advocatenstande an sich zustehende Ansehen wieder hergestellt werden: so ist nur Das nöthig, was ohnehin geschehen muß, daß nämlich die Magistratur die sich angeeignete Herrschaft über die Partheien wieder aufgibt und den

Partheien freie Disposition über ihre Privatrechte läßt. Dadurch wird der Advocatenstand der bürgerlichen Gesellschaft wieder einverleibt, und gehört wieder nothwendig zur Gliederung des Ganzen, welchem er jetzt als ein künstlich ausgelös'tes ehemaliges Glied nur als Bürde angehängt erscheint. Man besorge nicht, daß, wenn die Advocaten die Prozeßhandlungen selbstständig verrichten, und die Richter nicht mehr erinnern, treiben, befehlen und strafen können, nun gar kein Fortgang mehr zu erwirken sein würde, und die Partheien der Gewalt der Advocaten überliefert seien; im Gegentheil: dafür sorgt eine vernünftige Prozeßordnung und das eigene Interesse sowohl der Parthei als ihres Advocaten, wie die rheinische Verfassung unwiderleglich zeigt.

Zwei Fragen sind dabei noch zu berühren:

1) Soll die Prokuratur von der Advocatur getrennt, oder soll Beides vereinigt sein? In der Sache liegt kein Grund zur Trennung.

2) Sollen die Prokuratoren nur als Bevollmächtigte der Partheien auftreten dürfen, so daß sie sich, wie jetzt die Justizkommissarien, bei dem Richter durch Vollmacht legitimiren müssen, oder sollen sie vermöge ihres Amtes den Richtern den Vortrag aus den von ihnen gepflogenen Verhandlungen, ohne weiteren Ausweis zu halten befugt sein, so wie jetzt die Referenten zu den Richtern aus den Verhandlungen vortragen? Das letztere ist nach der rheinischen Verfassung der Fall und verdient allerdings auch den Vorzug vor dem Verfahren nach der andern Art.

Das Publikum befindet sich wohl dabei, man hat die Erfahrung für sich. Gegen möglichen Mißbrauch sichert die Mißbilligung (Désaveu) hinlänglich.

Das Notariat ist mit einer wirklichen Advocatur in einer Person unvereinbar. Nach der Preußischen Einrichtung aber hat eine solche Vereinigung nicht das mindeste Bedenken, und beide Beschäftigungen werden gewöhnlich, wenn nicht zugleich, doch eine nach der andern den Justizkommissarien übertragen. Vor einigen und dreißig Jahren dachte man an eine gänzliche Trennung der Notariatsgeschäfte von der Prozeßpraxis, man ging jedoch davon wieder ab, weil der Ausführung solcher Maaßregel verschiedene Bedenken im Wege standen und von mehreren Seiten her Vorstellungen eingegangen waren, daß die Prozeßpraxis allein ohne Notariat den Justizcommissarien kein hinlängliches Auskommen verschaffe[65]). Dieser nicht aus der Sache herkommende Grund würde die Vereinigung niemals rechtfertigen, wenn sie nicht an sich unschädlich wäre. Da sie dieses zu sein aber aufhört, wenn die Advocatur in der gedachten Bedeutung wieder hergestellt wird: so folgt, daß dann beide Funktionen nicht in einer Person vereinigt sein können, zumal wenn den Notarien auch noch Handlungen der freiwilligen Gerichtsbarkeit übertragen werden[66]).

65) Rescr. vom 20. October 1810. (Mathis Bd. IX, S. 427, und Rabe Sammlung, Bd. X, S. 435.)

66) Gewöhnlich spricht man von Handlungen der freiwilligen Gerichtsbarkeit und von Notariatsgeschäften unbestimmt, als wenn Beides

2. Geschäftsbetrieb.

Die in der ersten Abtheilung aufgezählten Hauptgegenstände der Rechtsverwaltung, die alle den Gerichten zugewiesen sind, und wozu noch für jedes Gericht die eigene Haushaltung tritt, zeigen die große Mannigfaltigkeit der den Richtern aufgelegten Geschäfte, unter deren Masse die den Namen gebenden richterlichen Geschäfte bis zur Unmerklichkeit verschwinden: ein Richter ist in Wahrheit ein Geschäftsmann, eine Art Commissionair für Vielerlei, und das Gerichtslokal ein Commissions-Büreau, wo die Geschäfte mündlich oder schriftlich bestellt und nach Bestellung besorgt, aber nicht, wie andere Commissionaire sich zu rühmen pflegen, gar prompt und billig, und selten zur Zufriedenheit der resp. Kunden, besorgt und ausgerichtet werden. Das Locale eines sehr großen Gerichts ist einer großen Fabrik oder Arbeitsanstalt auf's Haar ähnlich.

Den Richtern wird, wie allen übrigen Beamteten auch, eine körperlich ermüdende Arbeitslast aufgebürdet, die über die Billigkeit geht. Die Arbeitsmasse ist nicht allein an sich schon durch den Zusammenfluß so vielerlei Geschäfte groß, sondern sie wird auch theils durch unnöthige Weitläuftigkeiten, theils durch rücksichtslose Geschäftsführung weit über das Nützliche vermehrt. Ich nehme eine Sache wie sie gerade vorliegt; es ist eine Executionssache gegen einen Offi-

einerlei wäre. Reine Notariatsgeschäfte sind jedoch gar keine Actus der Gerichtsbarkeit, denn zur bloßen Urkundenverfertigung ist keine Jurisdiction erforderlich.

zier, wegen 7 Sgr. 6 Pf. Kosten. Das Gericht hat den gewöhnlichen Zahlungsbefehl erfolglos erlassen, und die Execution veranlaßt. Damit geht es nun so: Das Gericht bittet das Oberlandesgericht, die Execution zu vollstrecken. Das Oberlandesgericht ersucht darauf die Militairobern, die s. g. Paritionsordre zu erlassen; die Militairobern erlassen eine Ordre an jenen Offizir, worin ihm anbefohlen wird, sich die Execution gefallen zu lassen, und benachrichtigen davon das Oberlandesgericht. Dieses gibt nun dem Kreis-Justizrath den Auftrag zur Vollstreckung; darin ist aber vergessen zu bemerken, daß schon die Paritionsordre ergangen, und der Kreis-Justizrath frägt also erst an: ob solches, wie schon vorgekommen, vielleicht außer Acht gelassen worden sein möchte. Er erhält darauf den Bescheid, daß die Ordre schon erlassen sei. Nun ladet der Kreis-Justizrath den Offizier zu einem Termin vor, um ihn zu vernehmen: ob er auch abpfändbare Stücke habe; denn es ist streng vorschreiben: „Jedoch muß der Schuldner darüber: ob er dergleichen besitze, vorher vernommen werden" [67]). Es findet sich dabei: ja, es sind einige Juwelen da. Der Executor des Kreis-Justizraths erhält darauf den Befehl, die Excution in diese Gegenstände zu vollstrecken, und in Folge dessen bringt der Executor das Geld, womit, da das Oberlandesgericht keinen Bericht über die Ausführung dieses unbedeutenden Auftrags verlangt hat, die Sache als abgethan zu den Akten gelegt wird. Steht der Gegenstand von 7 Sgr. 6 Pf. mit diesem enormen Aufwand

67) Anhang zur A. G. O. §. 155.

von Zeit, Arbeitskraft und Umständen in Verhältniß? Mit diesen in der Einrichtung liegenden Weitläuftigkeiten ist aber die Sache noch nicht zu Ende; nun kommt erst das noch dazu, was vom Uebel ist. Nach langer Zeit geht eine Verfügung des Oberlandesgerichts ein, worin der Kreis-Justizrath erinnert wird, jener Verfügung binnen 8 Tagen zu genügen. Der Kreis-Justizrath sucht also mit Zeitverlust jene Schreiberei aus seinen Akten wieder hervor und findet, daß Alles gethan ist, was man von ihm verlangt hat; er frägt daher an: in welcher Beziehung er mit der Genügung im Rückstande sei, da er gethan habe, was ihm anbefohlen worden; und es wird ihm eröffnet: er habe noch keinen Bericht erstattet. Darauf zeigt er an: in dieser unbedeutenden Sache sei ihm kein Bericht abverlangt worden, weshalb er auch keinen erstattet habe, was er umsomehr unterlassen zu können geglaubt, als sonst immer die Berichterstattung ausdrücklich mit aufgegeben werde, und es bei vielen Gerichten Gebrauch sei, in dergleichen unbedeutenden Executionssachen der Parthei den Betrieb zu überlassen, um nicht unnöthige Schreiberei und Registraturarbeit zu verursachen[68]).

Die Richter, habe ich gesagt, werden bis zur körperlichen Ermüdung beladen und getrieben; ihnen muthet man zu, viel mehr täglich zu schreiben als ein Lohnschreiber zu schreiben hat. Der Geschäftsgang ist der, daß dem Richter die eingegangenen Anträge und Gesuche mit den Akten vorgelegt

68) In dergleichen Pedantereien sind manche Gerichte groß; sie meinen: darin gerade bestehe die rechte Ordnung.

werden, und daß er darauf den Bescheid oder die Verordnung, was geschehen soll, angibt. Bei formirten Kollegien sollen die Mitglieder die Sache in den Sitzungen, die gewöhnlich wöchentlich an zwei bestimmten Tagen gehalten werden, vortragen, dieß kann aber nur mit den Erkenntnißsachen, und mit andern in sofern sie zweifelhaft erscheinen, geschehen, sonst würde man nicht fertig. Außer diesen Decreten und Verordnungen ist die zweite Hauptart seiner Arbeit die Verfertigung der Parthei- oder Prozeßschriften und Urkunden (Termine). Am frühen Morgen beginnt er damit, die Akten, Decrete und Urtel zu schreiben, womit er am vorigen Tage nicht mehr hat fertig werden können. Um 10 Uhr oder noch früher geht er auf das Gericht, um Termine abzuhalten; er hat vielleicht 5, 6 ja manchmal bis 10 Termine, womit er bis spät in den Nachmittag zu thun hat, er muß dabei wenigstens ebensoviel, mitunter noch mehr Protokolle schreiben, von welchen manche weit über einen Bogen lang sind. Endlich ist er fertig und er geht sein Mittagbrot zu verzehren. Unterdessen bringt ihm der Aktenträger ein Paar Haufen Akten (Vortrags- und Spruchsachen), und er macht sich nach dem späten Mittagessen, oder wenn er sich ein Paar Stunden Ruhe gönnt, am Abend an diese Arbeit, lies't die Akten und schreibt wieder Decrete und Entwürfe und Referate. Macht er endlich Feierabend, so hat er viel mehr geschrieben als ein Lohnschreiber, der seine Tagarbeit mit acht Bogen vollendet hat; und er ist körperlich so abgemüdet wie ein Lastträger. Darin liegt die Ursache des Mangels alles Interesses an der

Literatur und Wissenschaft; denn wer nach solcher Tagearbeit noch Lust zur wissenschaftlichen Lectüre hat, der muß ungewöhnliche Körperkräfte haben. Und nun muß man die Art und Weise kennen, wie die Gesuche um Erleichterung durch Vermehrung der Arbeitskräfte zurückgewiesen werden! Es verletzt, wenn statt des Dankes für treue Pflichterfüllung schulmeisterlich gemäkelt und die Zumuthung ausgesprochen wird, daß man wol noch mehr thun könnte. Der Fehler liegt darin, daß der Tag nicht zweimal 24 Stunden hat, und machte dieses der liebe Gott auch, so würde man nach kurzer Zeit doch wieder banquerot sein', und noch immer von der Pedanterei geschulmeistert werden.

Den Subaltern-Beamteten geht es nicht besser. Diese Beamteten haben theils die richterlichen Arbeiten vorzubereiten, theils haben sie die Verordnungen des Richters auszuführen; sie haben namentlich die Akten aufzubewahren, in Ordnung zu halten, aufzusuchen und vorzulegen (Registraturgeschäfte), zu Expediren (Sekretairgeschäfte), die Reinschriften und Abschriften zu fertigen (Kanzleisachen), Executionen zu vollstrecken, Insinuationen zu verrichten und Bestellungen zu machen (Botendienste), u. dgl. Die Masse dieser Arbeiten wird bei einem unverständigen Getriebe ganz unverhältnißmäßig gehäuft. Ich werde beispielsweise die Zeit und die Kosten angeben, welche das oben erwähnte Executionsverfahren wegen 7 Sgr. 6 Pf. gemacht hat, wobei noch die Schreiberei bei der Militairbehörde ganz unberechnet bleibt. Die Sache hat bei der Justiz zwölfmal zur Verfügung vorgelegt werden müssen, und es sind zwölf Decrete, ebensoviel Expeditionen und Reinschriften an Mandaten und Berichten gemacht worden, ebensoviel Botenbestellungen, ein Termin, und ein Executionsbericht.

1) Der Registrator muß die Sache jedesmal in das Journal eintragen, controliren und die verschiedenen Colonnen des Journals nachtragen, er muß sie im Reproduktionskalender vermerken und an dem bestimmten Tage wieder aufsuchen, und er muß sie jedesmal zu den Akten bringen (heften). Dazu hat er jedesmal, im Durchschnitt, 5 Minuten nöthig, macht, ... 1 Stunde
und kostet bei einem Gehalte von 400 Rℓ., den Arbeitstag 8 Stunden gerechnet, ... 4 Sg. 2 ₰

2) der Secretair muß die Sache jedesmal lesen, um sich zu informiren, und das Decret expediren, er braucht dazu im Durchschnitt wenigstens 10 Minuten, zusammen . . . 2 „
und kostet bei einem Gehalt von 500 Rℓ. . . . . 10 „ 6 „

3) die Mandate und Berichte machen an Kanzlei-

Latus 3 Stunden 14 Sg. 8 ₰

Transport	3 Stund.	14 Sgr 8 ₰
arbeit 4 Stücke zu $^1/_8$, und 8 Stücke zu $\frac{1}{4}$ Bogen, zusammen $2\frac{1}{2}$ Bogen oder	$2\frac{1}{2}$ "	
welche, zu 20 Sgr der Tag, kosten		6 " 3 "
4) zu den 12 Decreten und zu den Revisionen der 12 Expeditionen soll nur .	$\frac{1}{2}$ "	
Zeit verlangt werden, was sehr wenig ist. Diese kostet bei einem Gehalt von 1000 Rthl.		10 " 5 "
5) der Termin kostet mit den dadurch verursachten Unterbrechungen durch Anmeldung oder Aufruf, dann Unterredung und Fertigung des Protokolls wenigstens	$\frac{1}{2}$ "	
welche, wenn ein besoldetes Mitglied eines Untergerichts, mit einem Durchschnittsgehalt von 700 Rthl. gearbeitet hat, etwas über		3 " 6 "
kostet.		
6) der Executor und Bote		
Latus	$6\frac{1}{2}$ Stund.	1 Rthl. 3 Sgr 10 ₰

Transport 6½ Stund. 1 Rℓ. 3 Sgr. 10 ₰

lat zu den Siegelungen der Briefe, den Bestellungen, der Execution und dem Executionsbericht, auf das Geringste gerechnet . 1 „

nöthig, welche, den Tag zu 12 Sgr. gerechnet . . . . – „ 1 „ 6 „

austragen.

Macht zusammen ——— 7½ Stunde,

d. i. fast ein ganzer Arbeitstag einer Person und kostet . . . . 1 „ 6 „ 4 „

wozu noch an Auslagen für Papier, Oblaten 2c. kommen . . . . – „ 1 „ 8 „

so daß das ganze Exekutionsverfahren . 1 Rℓ. 8 Sgr. – ₰

kostet, die Schreiberei bei dem Militair noch ungerechnet.

Es ist hiernach leicht zu ermessen, daß der Dienst unverhältnißmäßig kostspielig ist, und, wenn für das Bedurfniß vollständig gesorgt wäre, noch viel kostspieliger sein wurde als er in der Wirklichkeit ist. Man hilft sich aber einestheils damit, daß man den Beamteten zumuthet, länger und mehr zu arbeiten als billig ist, worin denn eben die wohlbegrundete Klage über üble Behandlung und Härte liegt, anderntheils aber damit, daß man Vieles, wie man sagt, ubers Knie bricht und laufen läßt, wenn nur das Journal die vorgeschriebenen Linien hat, denn das ist eine Hauptsache.

Diese Arbeitsmasse wird durch sich selbst nun noch in der Art vermehrt, daß besondere Anstalten, Register, Bucher,

Controlen, Revisionen und dergleichen, erforderlich sind, um sie zu beherrschen, da das menschliche Gedächtniß dazu natürlich unzureichend ist. Dadurch wird der Subalternen-Dienst und zum Theil auch der Richterdienst rein mechanisch, und darin liegt der Grund für viele Erscheinungen, welche den Partheien unerklärlich sind, z. B., wenn eine Parthei wieder und immer wieder erinnert oder Etwas zu thun aufgefordert wird, was sie schon gethan hat oder was sie nichts angeht. Die Registratur legt die Stücke nach dem Register mechanisch ad monendum und dergleichen vor, der Decernent sieht in den starken Akten bloß das Blatt an, welches in dem Vorlegeblatt in Bezug genommen ist, verfügt darauf ohne Weiteres sein „Fiat", oder sein „Excitetur" und dergleichen, und nun wird das ruhig in seinem Gange expedirt, mundirt, unterschrieben und in die Welt geschickt, wo es nicht paßt, wol aber Verdruß macht.

Der Subalternen-Dienst ist zu einer Kunst geworden welche viel Studium und Uebung erfordert; und es ist, weil man damit nicht mehr aufkommen kann, zur Preisaufgabe geworden, einen vereinfachten, weniger verwickelten und weitläuftigen Geschäftsgang zu ersinnen.

Bisher war derselbe nach den Vorschriften des allgemeinen Registratur- und Kanzlei-Reglements vom 20. November 1782[69]) geregelt, wonach die Geschäfte nach der Art der Arbeiten getheilt und gesondert waren; seit Jahr und Tag ist jedoch ein neues Geschäfts-Reglement für die

69) Abgedruckt hinter der Allgem. Gerichts-Ordn.

Subaltern=Büreaus der Königlichen Gerichte, vom 3. August 1841[69a]) in einigen Departements eingeführt, welches die Subaltern=Geschäfte nach den Hauptgegenständen oder Zweigen der Gerichtsverwaltung theilt und für jeden derselben ein für sich bestehendes Subalternen=Bureau errichtet, in welchem die Geschäfte aller Art verrichtet werden, so daß in jedem Büreau die Geschäfte der Expeditions=Beamten (Sekretäre), Registratur=Bedienten, Kanzleibeamteten und Boten unter der Leitung eines s. g. Büreau=Vorstehers, der für Alle, da sie nur seine Gehülfen sind, verantwortlich sein soll, zu verrichten sind, während früher die verschiedenen Beamteten nach ihrer Beschäftigung, die Expedienten im Sekretariate, die Registraturbedienten in der Registratur, die Kanzleibeamteten in der Kanzlei, die Boten in der Botenmeisterei zusammen waren, und ihre gleichartigen Geschäfte unter sich vertheilten. Diese neue Einrichtung hat bewirkt, daß man mit den bisherigen Kräften gar nicht mehr hat auskommen können, und um Vermehrung des Personals dringend supplicirt. Diese Erscheinung hat die besondere Aufmerksamkeit des Königs auf den Gegenstand gezogen; Seine Majestät hat dem Justiz=Minister eine genaue Erörterung der Vortheile, sowie der möglichen Nachtheile, welche die, nach dem Reglement vom 3. August 1841 eingeführte Büreau=Einrichtung mit sich führet, anzuordnen, und darüber die gutachtlichen Aeußerungen der Oberlandesgerichts=Präsidenten, in deren Depar=

69a) Als Beilage zum Ministerialblatt Nr. 40, vom Jahre 1841, und auch besonders abgedruckt. Berlin bei Heinemann.

tement die Büreau-Einrichtung eingeführt ist, einzuholen befohlen. Die Bemerkungen des Königs dabei sind scharfsinnig und durchdringend. Wenn, sagt der König, die Bureau-Einrichtung bei den Gerichten hauptsächlich den Zweck habe, den Geschäftsgang zu vereinfachen und abzukürzen, so müsse auch anscheinend das bisher mit dem Subalterndienst beschäftigte Gesammt-Personale bei der neuen Einrichtung ausreichen oder sogar vermindert werden können, und daher das Personal auch mit den bisher dazu bestimmten Fonds im Ganzen eben so auskömmlich wie früher, oder noch auskömmlicher remunerirt werden können, was aber nach den bisherigen Erfahrungen nicht der Fall zu sein scheine. Dieses lasse also auf eine Vermehrung des Schreibwerks, der Control-Maaßregeln und des gesammten Subaltern-Dienstes schließen. Bei der Zahl der diätarisch oder probeweise unentgeldlich arbeitenden Gehilfen in Vergleich zu den Büreau-Vorstehern entstehe das fernere Bedenken: ob diesen Gehülfen nicht auch solche Geschäfte übertragen würden, die eigentlich nur den wirklichen Beamteten mit einer gesicherten Subsistenz anvertraut werden dürfen, und ob eine derartige Beschäftigung der Gehülfen nicht entweder eine sehr sorgfältige, die Hauptvortheile der Büreau-Einrichtung vereitelnde Beaufsichtigung nothwendig machen, oder sonst Mißbräuche und Unregelmäßigkeiten herbeiführen können. In diesem Falle würde zwar wohl durch eine Vermehrung der Bureaux und Büreau-Vorsteher solches verhindert, die neue Einrichtung alsdann aber bedeutend kostbarer werden.

das Abschreiben den Kanzleibedienten, das Kostenausschreibungs- (Liquidations-) und Einziehungswesen den Kassenbeamteten, das Abfertigungswesen dem Botenmeister mit seinen Boten zufiel. Gewöhnlich waren für diese verschiedenen Verrichtungen auch verschiedene Lokalitäten bestimmt, doch war dieß nicht wesentlich. Trat jedoch dieser Fall ein, so wurde der Geschäftsgang mehr oder weniger unbequem und weitläuftig, je nachdem die Lokalitäten mehr oder weniger von einander abgesondert und entfernt waren. Das Unbequeme dabei bestand hauptsächlich in dem Durchziehen so vieler Lokalitäten mit den Actenstücken und dem Nachjagen nach einzelnen Sachen, welche aus ihrem Laufe zurückgenommen werden sollten; wobei sich denn natürlich noch ein Uebelstand bemerklich machte, der nämlich, daß man nicht gleich auf der Stelle mußte ersehen können, in wessen Händen sich in dem Augenblicke die gesuchte Sache befand. Dagegen ist mit Unrecht die bei vielen Gerichten eingewurzelte Langsamkeit auf die Rechnung dieser Geschäftseinrichtung gesetzt worden, dazu wirken ganz andere Gründe: wo diese vorhanden sind, ist der Geschäftsgang auch bei der neuen Einrichtung langsam. Jene Uebelstände hatten fast überall besondere, der Lokalität und auch wol den Persönlichkeiten angepaßte Modificationen, die jedoch das Wesen, nämlich die Theilung der Arbeit nach den Arten unverändert ließen, veranlaßt, und es mag wol kaum Ein Gericht gegeben haben, bei welchem ganz genau nach jenen Geschäfts-Reglements verfahren und controlirt worden wäre. Je paßlicher diese Modificationen für die Lokalitäten und Individualitäten waren das Abschreiben den Kanzleibedienten, das Kostenausschreibungs- (Liquidations-) und Einziehungswesen den Kassenbeamteten, das Abfertigungswesen dem Botenmeister mit seinen Boten zufiel. Gewöhnlich waren für diese verschiedenen Verrichtungen auch verschiedene Lokalitäten bestimmt, doch war dieß nicht wesentlich. Trat jedoch dieser Fall ein, so wurde der Geschäftsgang mehr oder weniger unbequem und weitläuftig, je nachdem die Lokalitäten mehr oder weniger von einander abgesondert und entfernt waren. Das Unbequeme dabei bestand hauptsächlich in dem Durchziehen so vieler Lokalitäten mit den Actenstücken und dem Nachjagen nach einzelnen Sachen, welche aus ihrem Laufe zurückgenommen werden sollten; wobei sich denn natürlich noch ein Uebelstand bemerklich machte, der nämlich, daß man nicht gleich auf der Stelle mußte ersehen können, in wessen Händen sich in dem Augenblicke die gesuchte Sache befand. Dagegen ist mit Unrecht die bei vielen Gerichten eingewurzelte Langsamkeit auf die Rechnung dieser Geschäftseinrichtung gesetzt worden, dazu wirken ganz andere Gründe: wo diese vorhanden sind, ist der Geschäftsgang auch bei der neuen Einrichtung langsam. Jene Uebelstände hatten fast überall besondere, der Lokalität und auch wol den Persönlichkeiten angepaßte Modificationen, die jedoch das Wesen, nämlich die Theilung der Arbeit nach den Arten unverändert ließen, veranlaßt, und es mag wol kaum Ein Gericht gegeben haben, bei welchem ganz genau nach jenen Geschäfts-Reglements verfahren und controlirt worden wäre. Je paßlicher diese Modificationen für die Lokalitäten und Individualitäten waren je prompter und übersichtlicher und zugleich leichter und rascher war der Geschäftsgang. Hier bestand eine solche modificirte Einrichtung, wesentlich auf der Theilung der Arbeiten nach den Arten beruhend. Die Hauptmodification bestand darin, daß die Sekretaire nicht beisammen in einem abgesonderten Gemach, sondern in den Registraturen einzeln placirt waren, wodurch das Herumtragen der Akten zur Expedition vermieden, und der Ersatz der zeitversplitternden Führung langweiliger Controlregister und Expeditionsbücher durch kurze, eine leichte Uebersicht gewährende, Notizen möglich wurde. Dazu kamen einige andere, von der Erfahrung an die Hand gegebene, nach und nach eingeführte Abkürzungen im Journal- und Controlwesen, und im Geschäftsgange, so daß ein ebenso rascher als übersichtlicher, und dabei für die einzelnen Arbeiter angemessener, nicht belästigender Geschäftsgang, und eine gleichmäßige ungestörte Beschäftigung der Beamteten erzielt war.

Das neue Geschäftsreglement verläßt jenes Theilungsprinzip und vertheilt die Arbeiten nach den Gegenständen der Gerichtsverwaltung oder, wie es heißt, nach den Dienstzweigen, dergestalt, daß für jeden Verwaltungszweig ein besonderes Büreau organisirt ist, aus welchem eine Sache, in der Regel, nicht herausgehen soll um bearbeitet zu werden. Wäre der Theilungsgrund consequent durchgeführt, so müßte auch das Kollegium zerstückelt und jedem Büreau müßten ein Paar Mitglieder für die richterlichen Geschäfte zugewiesen sein; ferner müßten die Boten und Executoren eben so vertheilt sein. In dieser Consequenz würde dann jedes Gericht in eine Anzahl selbstständiger Abtheilungen zerfallen, was an sich zweckmäßig sein könnte; aber ohne Zweifel würde man dann bei jeder Abtheilung wieder auf die Theilung der Arbeit nach ihren Arten und nach der Qualification der Arbeiter zurückkommen. Das neue Geschäftsreglement führt jedoch diese Abtheilung nur stückweise aus und durchkreuzt sich solchergestalt mit der Theilung der Arbeit nach dem alten Prinzip. Dadurch soll nun ein schleuniger Geschäftsgang und eine leichtere Uebersicht des Geschäftsbetriebes erreicht werden. Die Erfahrung hat hier gezeigt, daß diese Erfolge nicht eingetreten sind, denn die Schnelligkeit des Geschäftsganges hat im Allgemeinen eher abgenommen, weil eine Ueberladung Einzelner eingetreten ist: und die Uebersicht ist auch nicht erleichtert, weil die Ausnahme, daß nämlich die größern Schreibstücke in der alten Kanzlei geschrieben werden sollen, die Regel bildet. Dagegen hat nun der gar keine Vortheile gewährende Umstand, daß die kleinen Schreibstücke in dem sogenannten Büreau geschrieben werden, folgende Nachtheile herbeigeführt:

1) Der Sekretair kann mit seinem alten Pensum kaum noch aufkommen. Das liegt einestheils in der Versplitterung der Zeit, welche durch den fortwährenden Wechsel in den ganz verschiedenartigen Beschäftigungen und durch den oft wiederkehrenden Uebergang von der Einen zur Andern bewirkt wird; theils in der oft eintretenden Unterbrechung in der begonnenen Arbeit wegen der vielerlei und oft wiederkehrenden Störungen von Seiten der Kanzleigehilfen, oder durch nothwendige Beaufsichtigung und Zurechtweisung;

theils in der Beschäftigung mit Dingen, wie z. B. Abschätzen der Points für die Lohnschreiber und Vertheilung des im Büreau zu fertigenden Schreibwerks, dem Verkehr mit dem Stempeldistributor und dergleichen, wodurch auf der andern Seite gar nichts zu gute kommt, indem der Kanzlei-Inspector doch auch, jetzt wie früher, beschäftigt ist und wegen des Abgangs der kleinen Schriftstücke nicht mit andern Dingen beschäftigt werden kann. Dazu kommt hier der Umstand, daß die Kanzlisten die Copialien beziehen und dafür das ganze Schreibwerk schaffen müssen, so daß die Anordnung, wonach der Büreau-Vorsteher kleine Schriftstücke, z. B. Adressen und Couverts u. s. w. selbst machen soll, ganz unpassend ist.

2) Der Secretair, der hiernach mit dem alten Pensum nur mit höchster Mühe aufkommen kann, ist nicht im Stande, noch die ihm zugelegten Kosten-Liquidationen anzufertigen, welches Geschäft vorher gründlich in der Kasse von dem darauf eingeübten Kassen-Assistenten verrichtet wurde. Durch die Abnahme desselben ist in der Kasse keine besondere Erleichterung verschafft werden, denn nun ist die eingeführte neue Arbeit der Sportelrevision zu besorgen, die dem damit beauftragten Beamteten fast dieselbe Zeit kostet, welche zur Zusammenstellung der Liquidation selbst erforderlich ist. Die Folge ist gewesen, daß in diesem Jahre in den Vormundschafts-, Fideicommiß-, Concurs- und andern über ein Jahr currenten Sachen die Kosten nicht liquidirt worden sind. Daher sind in diesem Jahre weit weniger Kosten zum Soll gebracht worden als sonst, wenn nach der frühern

Einrichtung die Geschäfte betrieben worden wären, ausgeschrieben worden sein würden, woher es auch kommt, daß in diesem Jahre 1626 Kassenverfügungen weniger als im vorigen Jahre erlassen sind, wiewohl die Masse der Arbeit im Uebrigen größer gewesen ist. Ich habe zwar versucht, durch Heranziehung der Kassenbeamteten das Liquidiren in den gedachten Sachen nachzubringen; aber es ist nicht ausführbar gewesen.

3) Die Kanzleibeamteten können nicht gleichmäßig beschäftigt werden. Es kommt öfterer vor, daß die in den Büreaux placirten Schreibbeamteten keine volle Tagesarbeit haben, was sich jedoch des Morgens, wo der Kanzlei-Inspector die größern Stücke in der Kanzlei distribuirt, noch nicht übersehen läßt. So ereignet es sich nicht selten, daß in den Büreaux einzelne oder auch mehrere Schreibbeamteten müßig sind, während die in der Kanzlei Befindlichen an diesem Tage mit ihrem Pensum vielleicht nicht fertig werden können.

4) Die Menge der ausführlichen Controlen und die vorgeschriebenen vielfachen Revisionen und Recherchen vermehrt die Arbeit und entzieht der eigentlichen Hauptbeschäftigung soviel Zeit und Arbeitskraft, daß der Verlust mit dem dadurch bezweckten Vortheil nicht mehr in Verhältniß steht. Die mit der Führung dieser Controlen beauftragten und mit der Verantwortlichkeit für andere belasteten Beamteten sind schon ermüdet, ehe sie noch mit ihrer Haupbeschäftigung anfangen können.

5) Der Büreau-Vorsteher soll für Alles verantwortlich sein und für seine Gehilfen einstehen. Das will an sich nichts

sagen, da Niemand für die Versehen eines Andern zur Ordnung gewiesen oder bestraft werden kann; wenn er aber dafür, daß er dem Versehen nicht zuvor gekommen ist oder dasselbe nicht gebessert hat, angesehen werden soll: so liegt darin eben eine Anforderung, welche Niemand erfüllen kann. Hingegen hat es die Folge, daß ein gewissenhafter oder ängstlicher Büreau-Vorsteher seine Gehilfen unaufhörlich beaufsichtigen, controliren, revidiren und belehren und das von ihnen Gethane prüfen wird, soweit er dazu im Stande ist. Das Ergebniß davon ist, daß er selbst materiell wenig oder nichts thut, und daß das von den Gehilfen Gethane aller darauf verwendeten Aufsicht ungeachtet den Anforderungen der Gesetze und der Partheien durchaus nicht entspricht.

Hiernach bin ich nun im Allgemeinen der gutachtlichen Meinung:

> daß das nach dem neuen Geschäftsreglement vom 3. August 1841 eingeführte Büreau-System zweckwidrig und fur den Geschäftsbetrieb nachtheilig ist.

Das zweckmäßigste Geschäfts-Reglement für solche Gerichte, welche ein großes Personale beschäftigen, wird dasjenige sein, welches auf folgenden Grundsätzen beruht:

1) Die Arbeiten müssen nach ihren verschiedenen Arten getheilt sein, und jede Art muß von besonderen, dafur qualifizirten und darauf eingeubten Personen verrichtet werden.

2) Der Transport der Akten und Schriftstücke aus einem Lokal in das Andere ist so viel wie möglich zu vermeiden; wenn dabei jedoch die Gleichmäßig-

keit, oder auch nur die Uebersichtlichkeit der Vertheilung einer Art der Arbeit unter die dazu bestimmten Personen beeinträchtigt wird, so ist diese Rücksicht überwiegend, und diese Art von Arbeit muß in eine Lokalität zusammengebracht werden.

Hieraus folgt, daß die Kanzleiarbeiten, die Botenmeister- und Botengeschäfte, die Kosten- und Kassen-Angelegenheiten nicht versplittert werden können.

3) Kein Beamteter muß für Diensthandlungen und Unterlassungen eines Andern verantwortlich sein sollen, jeder muß unmittelbar für sich selbst haften.

4) Die Geschäftscontrole muß ganz einfach und übersichtlich sein und nie mehr Zeit- und Kraftaufwand in Anspruch nehmen sollen als sie nach ihrem Zwecke werth ist.

Hinsichtlich des hiesigen Gerichts bin ich der Meinung, daß wenn das jetzige Personale nicht vermehrt und doch ein durchaus regelmäßiger und schneller Geschäftsgang erhalten werden soll,

1) die Geschäftseinrichtung, wie sie im vorigen Jahre 1841 bestand, mit Ausnahme des Kassenreglements, wieder hergestellt werden muß;

2) die Posener Instruction für die Kassenverwaltung beizuhalten ist, jedoch mit der Modification, daß das Liquidiren der Kosten, wie vorher, in der Kasse zu verrichten; und

3) der Dirigent in der Benutzung einzelner Kräfte nach deren Individualität oder in sonstigen, der Lokalität angemessenen Anordnungen uneingeschränkt sein muß.

In Beziehung auf den letzten Punkt scheint es mir überhaupt zweckwidrig, daß die Dirigenten großer Gerichte darin nicht selbstständiger sind. Geht man davon aus, daß die Direction solcher Gerichte verständigen Männern anvertraut wird, so ist es so lange, als sich kein Unverstand zeigt, widersprechend, daß Mitglieder des entfernten Oberlandesgerichts, die weder mit den Personen noch mit der Lokalität bekannt sind, auf Zweckmäßigkeit einzelner Anordnungen im Geschäftsbetriebe sich besser verstehen sollen als der an Ort und Stelle befindliche Dirigent. Wenn die entfernten Oberlandesgerichte die größern Untergerichte im Einzelnen des Geschäftsbetriebes unmittelbar dirigiren, so sind die Dirigenten an Ort und Stelle überflussig und der Staat kann die Ausgaben für sie ersparen.

Nach dieser Betrachtung der Büreau-Einrichtung überhaupt komme ich auf die spezielle Berücksichtigung der von Sr. Majestät hervorgehobenen Punkte, namentlich:

I. der Frage über die Nothwendigkeit der Vermehrung des Personals und die dadurch herbeigeführte Kostenvermehrung, über die anscheinende Vermehrung des Schreibwerks, der Controlen und des gesammten Subalternen-Dienstes, sowie darüber: wie dagegen Abhilfe geschafft werden kann.

1) Aus meinem Vortrage erhellet bereits, daß bei dem Büreau-System das Personale nothwendig vermehrt werden

muß. Die Nothwendigkeit liegt nicht sowohl in einer Vermehrung des Schreibwerks als vielmehr in der Zeitverplitterung; in der zweckwidrigen Vertheilung oder vielmehr Zusammenwerfung verschiedenartiger Verrichtungen; in der Hervorbringung einer theilweisen materiellen Dienstunthätigkeit der Hauptarbeiter, nämlich der Secretaire, die als Büreau-Vorsteher in eben so viel Aufseher und Lehrmeister verwandelt werden und beständigen Störungen ausgesetzt sind; und in der viel zu großen Wichtigkeit, welche dem Controlen-Wesen beigelegt ist; so wie endlich in der durch die ganze Einrichtung bedingten viel größern leeren Geschäftigkeit der Beamteten.

2) In wiefern durch die Vermehrung des Personals auch die Kosten vermehrt werden, hängt davon ab, wie das Personal besoldet werden soll, was sich wieder danach bestimmen wird, was für Personen zu Gehilfen des Büreau-Vorstehers genommen werden sollen. Will man dazu gehörig qualificirte und zuverlässige Personen nehmen, wie es die Würde und Wichtigkeit des Staatsdienstes und insbesondere des Justizdienstes fordert, so scheint mir eine Kostenvermehrung unvermeidlich zu sein.

3) Wie dagegen Abhilfe geschafft werden könne, habe ich vorhin schon angedeutet: man muß das Bureau-System in seiner jetzigen Gestalt aufgeben und eine andere Geschäftseinrichtung nach den oben angegebenen Grundsätzen treffen.

II. Des Bedenkens gegen die Uebertragung der wichtigeren Geschäfte an bloße Gehilfen ohne gesicherte Subsistenz.

Ich habe schon gesagt, daß es eine übertriebene und daher nicht zu erfüllende, auch dem Gerechtigkeitsprinzip widerstreitende Forderung an den Büreau-Vorsteher sei, daß er für die Gehilfen verantwortlich sein solle: er kann das nicht; es kommt also von selbst dahin, daß die Gehilfen verantwortlich sein müssen. Was aber soll mit Leuten angefangen werden, welche ihre Sache so gut oder so schlecht machen wie sie es verstehen? Man wird Personen, welche für das Expeditions- und Registraturfach im Justizdienst völlig qualificirt sind, um einen Preis, der die Subsistenz des Arbeiters nicht sichert, nicht haben, mithin wird man sich mit Lehrlingen oder andern unfähigen Personen begnügen müssen; und diese können weder fur Versehen und die daraus entstehenden Nachtheile aufkommen, noch können sie für Ungeschicklichkeiten, die sie mit allem guten Willen nicht vermeiden können, veranwortlich gemacht werden. Die Partheien und das Publikum leiden darunter Schaden und Nachtheil, es wird gegründeter Anlaß zum Mißvergnügen und zu gerechten Beschwerden gegeben, auch die Justiz herabgewürdigt."

Man wird hieraus die Schwerfälligkeit des Geschäftsganges bei großen Gerichten erkennen und sich nicht mehr wundern, wenn die Bescheide wochenlang auf sich warten lassen. Denn Langsamkeit folgt aus der Schwerfälligkeit und ist mithin der naturgemäße Zustand der Geschäftsverwaltung; Schnelligkeit ist eine Abnormität, denn sie beruhet lediglich auf einer außergewöhnlichen, durch Reitzmittel hervorgebrachten Aufregung, die nur so lange ausdauert, als das Triebmittel wirkt. Gelänge es aber auch, ein beweglicheres Getriebe zu erfinden, so wäre damit die Aufgabe auch noch nicht gelöst; denn der Geschäftsgang ist vermöge seiner, aus der Concurrenz so vieler Personen hervorgehenden, Beschaffenheit auch schädlich für die Partheien. Daß Documente, welche von den Partheien eingereicht werden müssen, verloren gehen, ohne daß sich ermitteln läßt, wer eigentlich Schuld daran hat, ist gar nicht so unerhört. Erst vor drei Jahren bin ich selbst als Interessent von einem solchen Falle berührt worden. Ein Gutsbesitzer, welcher Kredit suchte, aber den Hypothekenzustand seines Guts dadurch sehr in Unordnung hatte kommen lassen, daß er für die Löschung mehrerer theils durch Zahlung theils auf andere Art getilgter Posten nicht gesorgt hatte, suchte, da er ohne die Reinigung seiner Hypothek keine Mittel fand, die Instrumente über jene Posten zusammen, und reichte sie dem Gerichte zur Löschung ein. Er erhielt in langer Zeit gar keinen Bescheid, endlich erfährt er auf seine Erkundigung, daß die Instrumente, ehe sie noch hätten gelöscht werden können, verloren gegangen seien. Die darüber erhobenen Beschwerden konnten natürlich keinen andern Erfolg haben, als daß das Gericht veranlaßt wurde, die Amortisation bewirken zu lassen. Der gedrängte Gutsbesitzer mußte nun das langwierige Aufgebot der bei dem Gerichte verloren gegangenen Instrumente abwarten und noch überdieß in dem Verfahren den Manifestationseid schwören. Endlich, nachdem alles durchgemacht, das Aufgebotsverfahren beendigt und auf

Grund des rechtskräftigen Amortisations-Erkenntnisses die Löschung glücklich erreicht worden, siehe, da werden die amortisirten Instrumente bei dem Gerichte, wohlverwahrt an einem Orte, wo man sie nicht gesucht hatte, wieder aufgefunden. Der Gutsbesitzer hatte ein Paar Jahre warten und unterdessen mancherlei Drangsale und Verluste erleiden müssen, ohne daß er eine bestimmte Person kannte, an die er sich halten konnte. Und wenn endlich auch ein armer Büreau-Gehilfe, der von seinen geringen Diäten oder Remunerationen kümmerlich sein Leben fristet, als der Schuldige ermittelt wird, so ist dem Beschädigten damit auch nicht geholfen, nicht allein wegen Mangels der Mittel zur Entschädigung, sondern auch weil der Beschädigte ja gar nicht im Stande ist, seinen erlittenen Schaden vollständig nachzuweisen. Die Unsicherheit liegt also wieder in der Einrichtung[70]. Müßten die Interessenten nicht den Gerichten die Geschäftsverrichtung überlassen, so könnten sie selbst für ihre Sicherheit besser sorgen und die Gerichte hörten auf, große monopolisirte Geschäfts-Büreaux zu sein. Dieses tritt von selbst ein, sobald die Richter von den ihrem Beruf fremden Geschäften und Verrichtungen befreiet werden, und damit ist dann auch die Frage nach der Erfindung eines neuen Geschäftsgetriebes erledigt, welche bei Fortdauer des jetzigen Zustandes niemals vollkommen gelöst werden wird.

70) Vergl. oben S. 41 u. folg. die traurigen Folgen davon in Strafsachen.

3. Stellung der Gerichte zu einander.

Das Verhältniß der Obergerichte zu den Untergerichten seines Departements ist von dem der Untergerichte unter sich, sowie dem der Gerichte verschiedener Departements zu einander verschieden.

I. In Beziehung auf das erstgedachte Verhältniß ist verordnet:

„Jedes Untergericht ist dem ihm vorgesetzten Landesjustizkollegio Gehorsam und Subordination schuldig. Es muß Befehle von demselben annehmen; seinen Anweisungen in Justizsachen prompte Folge leisten; ihm von seinem Verhalten auf Erfordern Rechenschaft geben, und seine Akten zur Einsicht und Prüfung unweigerlich vorlegen; übrigens aber sich in diesen Amtsgeschäften nach keinen andern Vorschriften und Verordnungen achten, als die ihm entweder von diesem vorgesetzten Obergerichte, oder auch unmittelbar vom Hofe aus zukommen [71].“

Das Obergericht ist danach in seinem Departement einem General- oder Haupt-Geschäfts-Büreau nicht unähnlich, von welchem die Untergerichte als eben soviele Commanditen abhängig sind und in der Verrichtung oder Ausführung der ihnen zur Besorgung angewiesenen Geschäfte beaufsichtigt und geleitet werden; denn jede einzelne Sache muß so angefaßt und ausgeführt werden, wie es von dem Haupt-Comtoir vorgeschrieben wird, gleichwohl aber doch im eige-

71) A. G.-O. Th. III., Tit. 8, §. 14.

nen Namen des Untergerichts. Da nun aber der menschliche Geist sich dagegen sträubt, auf äußere Veranlassung Handlungen und Verrichtungen, die er für verkehrt oder fehlerhaft hält, im eigenen Namen zu thun und für die Seinigen auszugeben; so führt des Verhältniß öfter zu unangenehmen, der Justizverwaltung nicht eben vortheilhaften Erörterungen und Reibungen, besonders zwischen den größern Untergerichten (von welchen viele ebenso zahlreich und ebenso intelligent sind als das Obergericht) und dem Obergerichte, welche ganz wegfallen würden, wenn die Obergerichte bloß eine zweite Instanz bildeten, wo die Verordnung oder Handlung des Untergerichts abgeändert und durch eine andere ersetzt würde, wobei das Gericht erster Instanz weiter nicht mitzuwirken hätte. Allein nach der bestehenden Einrichtung ist eine Beschwerde keine Berufung an einen höhern Richter, sondern eine Klage bei dem Herrn über den Diener, daß dieser seinen Dienst schlecht verrichtet habe; und der Herr befiehlt denn dem Diener, die Sache noch einmal und besser zu machen. Dabei ist es natürlich, daß die Vorstellung von einer eigenen Jurisdiktion der Untergerichte verwischt und von Manchen die Sache so gedacht wird, als wenn die Untergerichte nur vermöge Auftrags des Obergerichts die Justiz administrirten, so daß wenn sie, die Mandanten, selbst wirksam sein wollen, die Untergerichte als bloße Mandatarien sich jeder Handlung zu enthalten haben. Die hier nachfolgende Correspondenz gibt davon einen Beweis.

Bei diesem Verhältniß der Obergerichte zu den Untergerichten ist es jedoch in der Praxis noch nicht geblieben. Das

Gesetz zwar ist darin ganz bestimmt, daß nur das Landes-Justiz-Kollegium die Person sei, welche solchergestalt über die Untergerichte zu verfügen berechtigt ist; und da dieß wesentlich ein Attribut des Kollegiums, also von ihm unzertrennlich ist, so folgt, daß dasselbe nicht willkührlich auf eine einzelne Person übertragen werden kann. Das geschieht aber doch, und zwar mit einer, für die größern Untergeichts-Kollegien höchst verletzenden Auswahl der Person, indem den Kommissarien zur Verhandlung und Entscheidung der Bagatell-Sachen dieses Attribut ohne gesetzliche Autorität übertragen worden ist, so daß es sich ereignen kann und auch wirklich ereignet, daß ein soeben aus dem Examen gekommener und nun mit den Bagatellsachen beauftragter Assessor einem großen Kollegium alter und gewiegter Richter verkehrte Rechtsbelehrungen und Nasen gibt. Wenn das in der Ordnung und für das gemeine Beste heilsam ist, so gibt es kein Verkehrtes mehr. Ich theile zum Belage folgenden Fall und die dadurch veranlaßte Correspondenz mit.

Ein aus einem großen Kollegium bestehendes Untergericht, welchem auch die Gerichtsbarkeit über gewisse Crimirte seines Bezirks zusteht, erhielt von einem Assessor als Kommissarius für Bagatellsachen bei dem Obergerichte den Auftrag, eine Citation auf eine Bagatellklage gegen einen Dr. N., welcher zur Jurisdiktion dieses Untergerichts gehörte, zu insinuiren, ohne daß einer der Gründe, aus welchen eine Rechtssache dem ordentlichen Richter abgenommen werden kann[72],

72) A. G. O. Th. 1 Tit. 2 §. 131 flg.

angegeben wurde. Hierauf antwortete das Kollegium dieses Gerichts Folgendes:

„Auf den geehrten Auftrag in Sachen ꝛc. vom 21. November werden wir mit der Insinuation der uns übersandten Verfügungen so lange Anstand nehmen, bis uns die Gründe mitgetheilt worden sind, aus welchen die Sache unserer Kompetenz entzogen werden soll, da bekanntlich die Eximirten, mit alleiniger Ausnahme der Königlichen Beamteten, ihren persönlichen Gerichtsstand bei uns haben."

Darauf ging folgende Antwort des gedachten Kommissarius ein:

„In Sachen ꝛc. wird dem ꝛc. Gericht auf den Bericht vom 30. v. M. eröffnet, daß, wenn auch Demselben unbezweifelt die Jurisdiction über die Eximirten seines Sprengels mit Ausnahme der Königlichen Offizianten beigelegt ist, dem hiesigen Obergericht doch immer concurrente Jurisdiktions-Befugniß zusteht, und Dasselbe in allen Fällen, in denen der Kläger sich hierher wendet, die Sache vor sich zu ziehen berechtigt ist. Um indeß, da der auf den 24. d. M. anberaumte Klagebeantwortungstermin jedenfalls cessiren muß, keinen längern Aufenthalt zu veranlassen, und weil es zur Erleichterung des dort domizilirenden Verklagten gereicht, wenn der Prozeß dort eingeleitet und entschieden wird, werden dem ꝛc. Gericht die Klage des ꝛc. L. und deren Anlagen zu jenem Behuf hierneben zugefertigt. Als unangemessen muß es jedoch gerügt werden, wenn das ꝛc. Gericht dem Auftrage des Kommissarius, welcher bei der Instruction und

Entscheidung[73]) der Bagatell-Prozesse das Kollegium vertritt, anstatt bei Erledigung desselben seine Bedenken vorzutragen, nachzukommen Anstand genommen hat."

Nun schrieb das Kollegium an den Präsidenten was folgt:

„Der Kommissar des Königlichen Oberlandesgerichts für Bagatellsachen hat uns beauftragt, dem Dr. N. eine Vorladung auf eine Klage des Schneiders L. zu insinuiren, wir haben zuvor gebeten, uns die Gründe für seine Competenz in der Sache mitzutheilen, da bekanntlich nur Königliche Beamtete in unserem Bezirke von unserer Gerichtsbarkeit eximirt sind. Darauf haben wir die Antwort erhalten, welche wir in Abschrift beifügen. Der Inhalt ist von der Art, daß wir uns im Wege einer dienstlichen Beschwerde an Ein hohes Präsidium wenden müssen.

Zuvörderst dürfen wir gehorsamst bitten, die Ansicht des Kommissars von einem sogenannten konkurrenten Gerichtsstand zu berichtigen. Ohne Zweifel hat das vorgesetzte Obergericht die Befugniß, in gewissen, bestimmt vorgesehenen Fällen einen außerordentlichen Gerichtsstand zu bestellen und selbst in dem Falle, wo die Jurisdiction zwischen ihm und einem Untergerichte streitig ist, die Sache vor sich selbst zu ziehen. Das besagt der §. 132, Tit. 2 der Prozeßordnung. Aber der Kommissar hat nicht das Recht, beliebig Klagen gegen Personen anzunehmen, die unbestritten unter unsere Gerichtsbarkeit gehören.

73) Aber nur bei der Instruktion und Entscheidung; außerdem nicht.

Wir finden uns aber auch durch den Ton verletzt, mit dem das Schreiben schließt. Der Kommissar scheint keinen richtigen Begriff von seiner Stellung zu haben. Derselbe mag befugt sein, in Sachen seines Ressorts im Auftrags-Styl an uns zu schreiben. Aber die weiteren Befugnisse des Obergerichts, namentlich das Aufsichtsrecht und die Disciplinargewalt sind auf seine Person nicht übertragen, folglich kann er, selbst wenn er in der Sache durchaus Recht hätte, keine Rüge und Verweise geben. Deßhalb ist es völlig unpassend, daß ein junger Mann in dem Ton der Rüge an ein Kollegium rescribirt, dessen Mitglieder ihm an Rang und Dienstalter überlegen sind.

Ein hohes Präsidium bitten wir gehorsamst:

dem Assessor N. diese Anmaßung zu verweisen."

Der Präsident gab dem Gerichte nach 4 Wochen diese Antwort:

„Dem ꝛc. Gericht wird auf die Beschwerde vom 31. v. M. in der Bagatell-Prozeßsache des ꝛc. eröffnet, daß der bei unserm Kollegio ernannte Kommissarius für Bagatell-Prozeß-Sachen der Ansicht gewesen, daß die gegen den Dr. N. bei dem Oberlandesgericht hier angestellte Klage hier einzuleiten und zu instruiren wäre, weil dadurch die Sache sehr beschleunigt würde und weil das Oberlandesgericht jede Sache vor sich ziehen könne, daher sein Auftrag zur Insinuation der dießfälligen Vorladung erlassen worden. Derselbe ist, da er das Oberlandesgericht vertritt, nicht allein befugt, im Rescripten-Styl zu schreiben, (Rescript vom 19. Oktober 1835, cf. Ergänzungen der preuß. Rechtsbücher,

Th. III., S. 656,) sondern auch Strafbefehle und ebenso auch Verweise zu erlassen; nur muß er im Falle der Beschwerde dem Kollegio Vortrag halten[74]). (Rescript vom 12. Juni 1837. ibid. 657.)

Das ꝛc. Gericht erwiederte unterm 30. November v. J., ohne zu insinuiren, daß bei demselben der ꝛc. N. seinen Gerichtsstand habe. Der Kommissar hat die Sache dem Kollegio vorgetragen und die Majorität entschied, daß ein Grund, dem ꝛc. Gerichte diese Sache abzunehmen und solche vor das Oberlandesgericht zu ziehen, nicht vorhanden sei. Es wurde jedoch dem Kommissar, indem er das Oberlandesgericht vertritt, die Vorbescheidung überlassen.

Hierauf erging nun dessen Verfügung vom 14. v. M., worin er seine Befugniß keineswegs überschritten.

Wenn nun auch seine Ansicht, in der Beschleunigung einen Grund zu finden, die Sache vor das Oberlandesgericht zu ziehen, nicht richtig war, soverkennt gegentheils das ꝛc. Gericht in dieser Beschwerde an das Präsidium ganz seine Stellung als Untergericht, insbesondere ist der angeführte Vorwurf des jugendlichen Alters ganz unerheblich,

74) Also soll das von dem Assessor-Kommissarius bestrafte Untergerichtskollegium sich bei demselben Assessor über dessen Strafverfügung beschweren mussen?! So muß es doch der Präsident meinen, wenn er sagt: der Kommissarius soll dann Vortrag halten; sonst könnte derselbe die Beschwerde zum Zweck des Vortrags nicht in die Hände bekommen. Das also noch obenein! Der kann vortragen was und wie er will, wenn es bloß darauf ankommt, daß er selbst Vortrag halten soll; nachher ist nicht mehr festzustellen: wie der Vortrag gehalten worden ist. Da hört das Recht auf.

unpassend und ungesetzlich, da abgesehen von der obwaltenden vorzüglichen Qualification und des Umstandes, daß früher einer der ältesten Räthe dieses Amt verwaltet hat, die Jugend niemals auf die Rechte und Pflichten eines Mitgliedes des Oberlandesgerichts einen Einfluß haben kann[75]).

Es wird daher dem rc. Gericht seine Schreibart hierdurch verwiesen[76])."

Das Gericht wendete sich an den Justiz-Minister mit folgender Vorstellung:

„Wenn wir uns erlauben, Ew. Excellenz ein Zerwürfniß vorzutragen, in welches wir mit dem Kommissarius des Oberlandesgerichts für die Bagatell-Sachen, und mit dem Präsidium des Oberlandesgerichts, wie wir glauben durch ein nicht angemessenes Benehmen des Kommissarius, gerathen sind, so geschieht dieß — wie wir ausdrücklich bevor-

75) Die Sache an sich ist ganz dieselbe: ob der Einzelne ein alter Rath oder ein junger Assessor ist; in dem letztern Falle wird sie nur mehr lächerlich, wenn ein eben aus dem Examen gekommener Assessor dadurch, daß er zufällig Bagatellsachen zu entscheiden beauftragt wird, berufen ist, einem zahlreichen Kollegium alter Räthe von gereifter Erfahrung Rechtsbelehrungen und Eröffnungen über Rechtsfragen zu machen. Folgt dieser Beruf und solche Befugniß wirklich, wie behauptet wird, daraus, weil der Kommissarius das Kollegium vertritt, so kann ein Referendarius oder Auscultator, der das Kommissorium erhalten hat, einen Prozeß zu instruiren oder eine Untersuchung zu führen, ganz dasselbe thun, und ein Auscultator kann mit gleichem Rechte wie der Assessor einem solchen Richterkollegium Belehrungen und Verweise geben.

76) Einem Präsidenten ist nirgend Disciplinar- und Strafgewalt über die Untergerichte gesetzlich beigelegt, nur die Landes-Justiz-Kollegien haben diese Gewalt über die Untergerichte ihres Sprengels.

worten — nicht in der Absicht, um zu versuchen, uns der gesetzmäßigen Disciplinar-Gewalt des Oberlandesgerichts zu entziehen, sondern weil wir es unsern Gerichtseingesessenen, zu welchen der Adel, die Ritterschaft und die Städte des rc. gehören, schuldig zu sein glauben, eine mit dem Ansehen eines solchen Gerichtshofes unverträgliche Nichtachtung nicht demüthig hinzunehmen und weil die Verletzung des Ehrgefühls der Mitglieder unsers Collegii eine Verdrossenheit zur Folge haben muß, welche dem Dienste unzuträglich wird.'

Der Kommissarius für die Bagatell-Sachen bei dem Oberlandesgericht, Assessor N., hatte eine Klage des Schneidermeisters L. zu B. wider den unter unserer Gerichtsbarkeit stehenden Dr. N. hierselbst angenommen und fertigte uns die Vorladung an den Beklagten zur Insinuation zu, ohne zu bemerken: warum er diese Sache vor sich gezogen habe. Wir vermutheten ein bloßes Versehen, wie es schon oft vorgekommen; um jedoch nicht diese Vermuthung anzudeuten, wurde in dem abschriftlich beiliegenden Berichte vom 30. November vor der Insinuation um die Gründe angefragt, aus welchen die Sache unserer Kompetenz entzogen werden solle. Darauf erging der abschriftlich beigefügte Bescheid des Kommissarius, Assessor N., vom 14. Dezember, worin er

1) uns belehrend behauptete, das Oberlandesgericht habe eine concurrente Jurisdiction, und könne in allen Fällen ohne weitern Grund die Sache vor sich ziehen, wobei er jedoch die Sache „zur Erleichterung des hier wohnenden Verklagten" abgab, und

2) verweisend rügte, daß wir vor der Insinuation Anfrage gethan hätten.

Von einer schlechthin concurrenten Jurisdiction des Oberlandesgerichts ist uns nichts bekannt; die Allgemeine Gerichts-Ordnung Theil I., Titel 2, §. 131 und folgende, kennt nur einen außerordentlichen Gerichtsstand vor dem Obergericht aus gewissen, gesetzlich bestimmten Gründen, unter andern auch wegen streitiger Jurisdiction. Die Gerichtsordnung a. a. O. §. 132 erkennt ausdrücklich an, daß der Streit auch zwischen einem Untergerichte und dem ihm vorgesetzten Obergerichte obwalten könne, folglich muß es etwas Erlaubtes sein, auf einen durchaus nicht motivirten wahrscheinlich unbewußten Eingriff aufmerksam zu machen.

Wir recurrirten sowohl wegen des ausgesprochenen Grundsatzes als wegen des von dem Assessor N. unserem Kollegio gegebenen Verweises an das Präsidium des Oberlandes-Gerichts. Wir legen den deßfalsigen Bericht vom 31. Dezember pr. ehrerbietig bei. Aus dem uns darauf ertheilten ebenfalls beigelegten Bescheide vom 23. Januar cr. entnehmen wir:

1) daß der Assessor N. in der Sache Unrecht hat, d. h. darin irrt, wenn er meinet, daß er willkührlich und ohne Grund jede Sache vor sich ziehen könne, wobei nun aber nachträglich als Grund angegeben wird: „weil dadurch die Sache sehr beschleunigt werde," ein Grund, welcher thatsächlich gar nicht existirt, da im Gegentheil der Geschäftsgang hier bei weitem schneller ist;

2) daß wir dessen ungeachtet von ihm richtig behandelt worden sind, und

3) daß uns unsere Schreibart verwiesen werde.

Worauf sich dieser Verweis beziehen soll, ist uns zwar nicht einleuchtend, da die Schreibart nur in Beziehung auf die Person, an welche geschrieben wird, in Betracht kommt, und unser Bericht an das Präsidium in ehrerbietigen Ausdrücken gegen dasselbe gefaßt ist; indeß übergehen wir diesen Punkt aus pflichtschuldigem Respekt. Dagegen können wir uns dabei nicht beruhigen, daß der Assessor N., als Kommissarius für die Bagatell-Sachen, uns soll in seinem Namen Belehrungen und Verweise geben können, selbst in Fällen, wo er, wie in der vorliegenden Sache, sich entweder versehen oder doch geirrt hat. Ew. Excellenz wollen das Ehrgefühl als ein mächtiges Motiv zu treuer Pflichterfüllung, beleben und nähren; Ew. Excellenz billigen daher, wir sind dessen gewiß, kein Verhältniß oder Verfahren, welches das Ehrgefühl verletzt oder unterdrückt. Wir gestehen freimüthig, daß wir uns in unserer Würde verletzt fuhlen, unser Ansehn in den Augen unserer Gerichtseingesessenen bedroht finden, unser Dienstverhältniß für wenig ehrenvoll halten, und den sonst eximirten Theil unserer Gerichtseingessenen, der hier ebenso befähigte Richter zu haben vermeint, wie der Adel und die Städte in den übrigen Theilen der Monarchie, indirect herabgesetzt sehen, wenn wir Belehrungen und Zurechtweisungen von einem einzelnen, zumal so jungen Mitgliede des Oberlandesgerichts annehmen sollen.

Euer Excellenz bitten wir ehrfurchtsvoll:

den Kommissarius des Oberlandesgerichts anweisen zu lassen, in seinem Namen keine belehrende und zurechtweisende Verfügungen an uns zu erlassen, vielmehr gnädigst zu verordnen, daß dergleichen Verfügungen dem Kollegium des Oberlandesgerichts vorbehalten bleiben.

Dieß haben Ew. Excellenz auch schon in dem, von dem Präsidium für sich allegirten Rescr. vom 12. Juni 1837, wenn wir dasselbe richtig verstehen, im Allgemeinen zu bestimmen geruhet."

Der Bescheid lautete:

„In der auf die Beschwerde des rc. Gerichts über den Kommissarius für Bagatell-Sachen bei dem Königl. Oberlandesgericht ergangenen Verfügung vom 23. Januar d. J. hat das Präsidium des Königlichen Oberlandesgerichts bereits anerkannt, daß der Kommissarius unrichtiger Ansicht gewesen ist, wenn er sich für befugt gehalten hat, die Verhandlung des Prozesses L. wider R. vor sich zu ziehen. In soweit hat die Remonstration des rc. Gerichts also bereits ihre Rechtfertigung gefunden. Es läßt sich auch dagegen nichts erinnern, daß das rc. Gericht Anstand genommen hat, die Insinuation der ihm vom gedachten Kommissarius übersendeten Verfügung auf die Klage zu bewirken; die Art und Weise, wie die Insinuation abgelehnt wurde, entspricht aber nicht der Stellung des rc. Gerichts zu dem Kommissarius des Oberlandesgerichts, welcher in seiner amtlichen Funktion das Oberlandesgericht vertritt[77]). Das 2c. Gericht hätte seine Ansicht, daß die Sache vor sein Forum gehöre, dem Oberlandesgericht anzeigen und um weitere Bestimmung ersuchen sollen; statt dessen erklärte dasselbe dem Kommissarius:

> es werde mit der Insinuation so lange Anstand nehmen, bis ihm die Gründe mitgetheilt sein würden, aus welchen die Sache seiner Kompetenz entzogen werden solle.

Diese Sprachweise entbehrt der erforderlichen Achtung gegen die vorgesetzte Behörde[78]). Der Kommissarius war daher befugt, dieß zu rügen. Es steht ihm überhaupt, wie bereits in der vom 2c. Gericht selbst bezogenen Verfügung vom 12. Juni 1837 ausgesprochen ist, die Befugniß zu[79]), im Namen des Oberlandesgerichts Straf- und Rechtfertigungs-Befehle an die Untergerichte des Departements zu erlassen, und erst, wenn dagegen Beschwerden und Remon-

77) Es ist schon bemerkt, daß ganz das nämliche auch von einem Auscultator, der zum Deputirten in einer Sache ernannt ist, gelten müßte, denn dieser vertritt in seiner Function eben so gut das Oberlandesgericht; ja dieß läßt sich selbst von einem Executor und Boten sagen.

78) Der Bagatell-Kommissarius ist kein gesetzmäßiger Vorgesetzter, so wenig wie ein, eine Untersuchung führender Auscultator.

79) Diese Befugniß beizulegen, gestattet kein Gesetz; nur das Landes-Justiz-Kollegium hat diese, durchaus an eben diese juristische (moralische) Person geknüpfte, Befugniß. Es würde eine Entwürdigung der Gerichte sein, sie ohne gesetzliche Anordnung zu zwingen, sich vor einem einzelnen Kommissarius zu neigen, zumal wenn der Einzelne zufällig eine Person wäre, die bei dem Kollegium, das sie Weisheit lehren will, noch in die Schule gehen könnte.

strationen erhoben werden, hat sich das Kollegium des Oberlandesgerichts der Prüfung und Remedur zu unterziehen.

Die von dem ꝛc. Gericht am Schlusse des Berichts vom 8. dieses Monats in Antrag gebrachte Anweisung an den Kommissarius des Königlichen Oberlandesgerichts kann daher nicht erlassen werden.

Der vom Präsidium dem ꝛc. Gericht wegen der unangemessenen Anführungen in dem Berichte vom 31. Dezember v. J. ertheilte Verweis ist daher wohl verdient und kann deßhalb nicht aufgehoben werden [80]."

Der auf diesen Bescheid gefaßte Beschluß des Kollegiums lautet wie folgt:

„Das Kollegium hat auf den Vortrag die Meinung ausgesprochen,

1) daß die Anordnung des Justiz-Ministeriums

a. ungerechtfertigt zu sein scheine, indem ausdrücklich nur das Landes-Justiz-Kollegium zum Vorgesetzten der Untergerichte bestellt worden, nicht aber einzelne Deputirte desselben die Vorgesetzten sind, und der Justizminister nicht die Macht habe, einzelne Deputirte des Kollegiums an Stelle des Letztern zu Vorgesetzten zu machen; und

b. auch gemeinschädlich, weil durch jene unzulässige Anordnung die Untergerichts-Kollegien herabge-

80) Um die Aufhebung dieses Verweises ist in der Vorstellung nicht gebeten worden, vielleicht weil der Verweis wegen mangelnder Strafbefugniß als nicht ertheilt angesehen wurde.

setzt, in ihrer Würde verletzt und dadurch verdrießlich und dienstunwillig gemacht würden, und

2) daß aus diesen Gründen die Sache Sr. Majestät dem Könige vorgetragen werden solle; indeß hat dasselbe auf den Vorschlag des Dirigenten die Sache vorläufig ausgesetzt, daher ad acta bis auf Weiteres."

Dergleichen persönliche Reibungen sind es, welche durch die bestehenden Einrichtungen veranlaßt werden. Mag das wirkliche Recht oder Unrecht dabei liegen, auf welcher Seite es will: für das öffentliche Interesse, für das gemeine Wesen, ist der Erfolg immer derselbe, die Reibungen wirken im Allgemeinen für die Rechtspflege nachtheilig. Deshalb ist eine Einrichtung, bei welcher sie an sich unmöglich sind, unter allen Umständen vorzuziehen.

Dem Unbefangenen entgeht es auch nicht, daß in der Einrichtung, welche der eigentliche Gegenstand der vorstehenden Correspondenz ist, für die bei den Untergerichten angestellten Richter in der That etwas Verletzendes liegt. Aber nicht allein die bei Untergerichten angestellten richterlichen Personen, sondern selbst die Kommissarien der Oberlandesgerichte in den Provinzen werden durch die Bagatell-Kommissarien bei den Oberlandesgerichten durch die eingeführte Schreibart persönlich verletzt. Die Kreis-Justiz-Räthe nämlich sind beständige Kommissarien des Oberlandesgerichts in den ihnen angewiesenen Bezirken; sie vertreten in allen ihren amtlichen Verrichtungen ebenfalls die Oberlandesgerichte, und sind mithin den Kommissarien für die Bagatellsachen bei den Oberlandesgerichten qualitativ gleich, dem persönlichen Range nach aber oft vorgehend, indem die Kreis-Justiz-Räthe den Rang der Oberlandesgerichts-Räthe haben, und zu Kommissarien für die Bagatellsachen gewöhnlich Assessoren genommen werden. Dieser wenigstens gleichen Stellung beider Kommissarien ungeachtet maßen sich Assessoren als Kommissarien für die Bagatellsachen bei den Oberlandesgerichten an, den Kreis-Justizräthen im Rescriptenstyl zu schreiben und von ihnen Bericht und Anzeige zu fordern. Welcher Kreis-Justizrath von Ehrgefühl wird sich eine solche Behandlung gefallen lassen wollen?

Hierbei ist auch der Schreibart vieler, vielleicht der meisten Oberlandesgerichte an die Kreis-Justizräthe zu gedenken; einige Oberlandesgerichte, z. B. das zu Frankfurt, machen eine ehrenwerthe Ausnahme, indem dieses seine Aufträge in einer dem Verhältnisse und dem Range der Kreis-Justizräthe entsprechenden Sprachweise gibt; dagegen ist die Schreibart vieler Andern herabwürdigend, verletzend, aufreizend; bei ihnen ist zwischen einem Kreis-Justizrath und einem gemeinen Boten gar kein Unterschied; ich selbst habe erfahren, daß zuweilen nicht einmal das Prädikat „Herr" gegeben worden ist[81]). Warum sollen in den mehrsten Provinzen die Kreis-Justizräthe sich so unwürdig und grob be-

81) Um mir nicht den Vorwurf persönlicher Anzüglichkeiten zuzuziehen, vermeide ich sorgfältig, Sachen und Personen namhaft zu machen; wer aber berufen ist amtlich Nachfrage zu halten, dem werde ich die Namen auf Verlangen angeben, ich sage nichts, was nicht aktenmäßig ist.

handeln lassen? Verdienen sie vielleicht nicht überall dieselbe Achtung und Begegnung, womit ihnen in einigen wenigen Departements entgegen gekommen wird, und welche den Kreis-Landräthen von den Regierungen in der ganzen Monarchie zu Theil wird?

Von dem Styl der Obergerichte gegen die Untergerichte, und umgekehrt ließe sich ebenfalls vielerlei sagen. Der sogenannte Rescriptenstyl, worunter man die Schreibart versteht, in welcher Obergerichte an die ihnen untergeordneten Untergerichte schreiben, wird jedoch vielmals ganz unnöthig übertrieben. Wozu dient es, sich des Ausdrucks „Befehl" „befohlen", „dem ꝛc. wird anbefohlen," und dergleichen Redensarten zu bedienen? Jedermann weiß ohnedieß, daß der Vorgesetzte von dem Untergebenen nichts zu erbitten hat; was man will, läßt sich so ausdrücken, daß weder der Vorgesetzte sich wegwirft noch der Untergebene unangenehm berührt wird. Man richtet dadurch weit mehr aus, als wenn man Leuten von Ehrgefühl und gutem Willen immer den Stock sehen läßt. Wirklich ins Lächerliche geht die Pedanterie mancher Obergerichte — viele machen auch hierin eine ehrenwerthe Ausnahme, indem sie bloß schreiben, daß die Sache schleunig oder so bald wie möglich gemacht werden solle — in der Bestimmung der Fristen. Von solchen Gerichten wird nie ein Auftrag zu Gesichte kommen, worin es nicht genau nach dem Schema hieße: binnen 4 Wochen, oder binnen 14 Tagen, oder binnen 8 Tagen, oder auch wol binnen 3 Tagen. Es versteht sich, daß solche Vorschrift für gar nichts ist; denn weder wird die Erledigung 4 Wochen oder

14 Tagen aufgehalten, wenn sie in kürzerer Zeit ausführbar ist, noch wird sie in 8 oder 3 Tagen bewirkt, wenn es nicht angeht; aber gewiß ist es, daß wenn besondere Umsicht oder Anstrengung eine größere Beschleunigung möglich machen kann, diese sicher eintritt, wenn gesagt wird, es möge so schleunig wie möglich gemacht werden; wogegen die Sache ihren Gang geht, wenn man die Vollendung in einer unpassenden Frist expreß anbefiehlt.

Der Berichtsstyl, d. i. der Styl, in welchem die Untergerichte an das ihnen vorgesetzte Obergericht zu schreiben haben, muß seiner Natur nach den Vortrag nicht in Ausdrücken einleiten, welche sich nur für den Vorgesetzten oder den Gleichgestellten passen, man wird sich also bei Mittheilungen der Worte: berichten, anzeigen; und bei Anträgen der Worte: bitten, anheimstellen, u. dergl. bedienen. Mehr aber ist nicht nöthig, und die Anforderung von der einen Seite, sich wer weiß wie oft der Unterwürfigkeitsausdrücke: „hohe" (Verfügung), „unterthänigst", „gehorsamst", „unterthänig-gehorsamst", „ehrfurchtsvoll", „ehrerbietigst", auch wol mit den Verstärkungen „ganz" und „aller" zu bedienen, ist eben so kleinlich, eitel und selbstsüchtig, als die kriechende Sprachweise, in welcher manche, zur Ehre der Gerichte aber doch wol nur wenige, Richter an das Obergericht schreiben, widrig ist. Ein Obergericht antwortete auf einen Bericht, der ganz in den vorgeschriebenen Formen und in den angemessenen Geschäftsausdrücken abgefaßt war, worin jedoch die Worte: gehorsamst, ehrerbietigst, ehrfurchtsvoll, unterthänigst ꝛc. nicht vorkamen: die Fassung des

Berichts werde gemißbilligt [82]). Es fehlt aber noch eine Vorschrift darüber, daß und wie oft diese Ausdrücke in einem Berichte gebraucht werden müssen, damit einerseits der Eitelkeit Genüge geschehen, und andererseits das Schreibwerk und die Zeit zum Lesen abgekürzt werden könnte; denn manche Berichte von jenen Wenigen sind mit dergleichen Ausdrücken so durchspickt, daß wenn man sie alle hintereinander voranstellte oder nachfolgen ließe, sie reichlich die Hälfte des ganzen Berichts ausmachen würden. Ueberdieß ist der Ausdruck „unterthänig" mit seinen Steigerungen ganz ungeziemend, da man nur dem König, sonst aber keinem Menschen unterthänig ist; der Vorgesetzte hat nur auf Gehorsam Anspruch.

Alle diese Unannehmlichkeiten und Verdrießlichkeiten würden mit der Aufhebung der Büreau-Einrichtung und Geschäftsführung für die Privaten von selbst wegfallen; die Gerichte hätten bloß mit dem Richteramte zu thun und die Obergerichte wären nur Appellationsgerichte.

II. Die gleichstehenden Gerichte verhalten sich zu einander wie die einzelnen Kommanditen eines und desselben Geschäftsmannes. Sie nehmen auch von den Einwohnern ihres Orts Aufträge zur Besorgung durch ein anderes Gericht an einen fremden Ort an, und schicken sie dahin. Wenn Je-

82) Ein junger, mit den verschiedenen Arten des Geschäftsstyls noch nicht recht vertrauter Richter kam viel schlimmer an. Er meinte es recht höflich zu machen, indem er auf einem gebrochenen Bogen schrieb: das Obergericht werde „ganz ergebenst ersucht", und er fiel wie aus den Wolken, als er darauf einen Verweis erhielt, daß er sich einer so unschicklichen Schreibart bedient habe.

mand z. B. in Leobschütz eine Hypothekenschuld an Einen in Neisse schuldig ist, und ihn bezahlt, so wäre der ge= natürliche Geschäftsgang zwischen diesen beiden Privatper= sonen der, daß der Gläubiger zu Neisse bei dem dortigen Gerichte oder bei einem Notar die Quittung ausstellte und seinem gewesenen Schuldner übersendete. Diese Geschäfts= besorgung übernimmt nun aber das Gericht des Schuldners. Macht nämlich dieser seinen Antrag bei den Hypotheken= Akten, die Post zu löschen, mit der Anzeige, daß der Gläu= biger in Neisse wohne und auf Verlangen quittiren werde, so schreibt jenes Gericht an das Gericht nach Neisse um Aufnahme der Quittung. Dieser Requisition muß natürlich genügt werden und das Geschäft ist für den Besteller besorgt.

Diese Bestellungen haben jedoch vielerlei Streitigkeiten und ganz nutzlose Schreibereien zur Folge, die vornehmlich aus einer neueren, Vereinfachung des Kosteneinziehungswe= sens bezweckenden, Bestimmung entstehen. Nach derselben sollen nämlich in Requisitionssachen die Protokolle im Origi= nal an das requirirende Gericht gesendet und die Kosten, wenn beide Gerichte Königlich sind, nicht bei dem requirir= ten (Hülfs=) Gericht, sondern bei dem Haupt=Gericht (dem Gericht, vor welchem das Verfahren schwebt) eingezogen werden. Dabei ist ein förmliches, bei dem zuständigen Ge= richte anhängiges Rechtsverfahren vorausgesetzt, in welchem die Hilfe eines andern Gerichts nothwendig wird, z. B. ein Prozeß, in welchem auswärtige Zeugen durch ihren Rich= ter vernommen werden sollen; nicht aber eine dergleichen

Bestellung auf Verfertigung einer öffentlichen Urkunde (Notariatsakt), denn diese muß nothwendig das Gericht, welches das Konzept dazu (das Protokoll) macht, auch ausfertigen. Allein darüber werden nun weitschichtige, nicht immer von der Weisheit und Würde dictirte Korrespondenzen geführt, wovon ich hier eine Probe mittheile:

1) Anschreiben des Gerichts zu ** an das Gericht zu N. vom 15. Januar 1842:

„Auf der sub Nr. 145 zu K. belegenen sogenannten Kirchenmühle haftet ex decreto vom 25. Januar 1825 für den verstorbenen Vorbesitzer Franz T. ein Natural-Auszug im jährlichen Werthe von 20 Rthlr. Behufs der Löschung desselben ist die Quittung der Erben des genannten Franz T. erforderlich, und da als solcher der dortige Tischlermeister Ignaz T. konkurrirt, so ersuchen wir ergebenst:

> von demselben eine löschungsfähige Quittung über den gedachten Auszug aufzunehmen und uns die Verhandlung orig. unter Einziehung der Kosten von der Post gefälligst zugehen zu lassen.

2) Schreiben des Gerichts zu N. an das Gericht zu ** vom 10. Februar 1842, womit die ausgefertigte Urkunde unter Einziehung der Kosten übersendet wird.

3) Abermaliges Schreiben des Gerichts zu ** an das Gericht zu N. vom 16. Februar 1842:

„In unserm Requisitions-Schreiben vom 15. v. M. wegen Vernehmung des dortigen Bürgers und Tischlers Ignaz T. in der Grundsache Nr. 145 zu K. haben wir um Mittheilung der Original-Verhandlung ersucht, statt derselben erhalten wir eine Ausfertigung mittelst geehrten Rückschreibens vom 10. d. M. Wir senden diese Ausfertigung zurück, bitten um Mittheilung der Original-Verhandlung und Restitution der zuviel verursachten Kosten."

4) Antwortschreiben darauf, vom 24. Februar 1842.

„Einem ꝛc. erwiedern wir auf das geehrte Schreiben vom 16. d. M. zur Grundsache Nr. 145 zu K., unter Rücksendung der Ausfertigung der Verhandlung vom 8. d. M. ergebenst, daß weil Letztere einen Akt der freiwilligen Gerichtsbarkeit enthält, den Ein ꝛc. bloß im Namen des Extrahenten bestellt hat, die Ausfertigung nach §. 49, Tit. 2, Th. II. der Allgemeinen Gerichtsordnung für die Partheien hat geschehen müssen, daher jeder Grund zur Erstattung der Ausfertigungskosten fehlt.

Die Sache ist keine s. g. Requisitionssache. Die Original-Verhandlung über einen vor uns aufgenommenen Akt der freiwilligen Gerichtsbarkeit muß bei unsern Akten aufbewahrt bleiben."

5) Darauf neues Schreiben jenes Gerichts zu ** an das Gericht zu N. vom 5. März 1842:

„Die in dem geehrten Rückschreiben vom 24. v. M. zurückgestellte Ausfertigung der Verhandlung vom 8. Februar cr. senden wir abermals zurück, weil uns die mitgetheilten Gründe nicht bestimmen können, sie zu behalten, und erbitten uns die Original-Verhandlung unserer Requisition vom 15. Januar cr. gemäß und um Erstattung der Kosten.

Denn ob die Requisition einen Akt der freiwilligen Gerichtsbarkeit betrifft oder nicht, darin macht das Rescript vom 22. Februar 1837 v. K. 49 pag. 229, Nr. 4, und vom 14. November 1839 M. Bl. 1839 pag. 291, Nr. 6, keinen Unterschied und es hängt gar nicht vom requirirten Gericht ab, gegen den Inhalt der Requisition zu verfahren.

Ob wir als vormundschaftliches Gericht im Interesse unserer Pflegebefohlenen, oder in Folge Gesuchs anderer Interessenten, oder aus welcher Veranlassung sonst eine Requisition erlassen, darnach zu forschen steht dem requirirten Gericht gar nicht zu, ebensowenig die Befugniß, daß eine einen Akt der freiwilligen Gerichtsbarkeit enthaltende Verhandlung bei seinen Akten aufbewahrt werden und eine Ausfertigung davon ertheilt werden müsse, damit die Original-Urkunde nicht verloren gehe.

Die fragliche Verhandlung bleibt bei unsern Grundakten und wenn wir den Interessenten eine Ausfertigung ertheilten, so würde von den mehreren auswärtigen die Eines Königlichen rc. Gerichts die einzige sein, die das ausgefertigte unter die auszufertigen sich befände [83]).

Daß wir auch den Parteien nicht unnöthige Kosten aufbürden, lehrt uns ein vorliegendes Beispiel.

Wir wiederholen deßhalb unsere Requisition vom 16. v. M.,,

6) Antwortschreiben des Gerichts zu N. vom 14. März 1842:

„Da Ein rc. nach dem geehrten Schreiben vom 5. d. M. in der dortigen Grundsache K. Nr. 145, die uns aber-

83) Diese ganz unverständliche Periode ist ganz wortlich so im Original.

mals zurückgesandte Quittungsurkunde des hiesigen Bürgers Ignaz T. nicht behalten will, so haben wir dieselbe ebenfalls ad acta genommen, wovon wir Wohldasselbe unter Bezugnahme auf unser Schreiben vom 24. v. M. benachrichtigen."

7) Beschwerde des Gerichts zu ** an das Oberlandesgericht, über das Gericht zu N., vom 30. März 1842:

„Auf der Mühle Nr. 145 zu K. haftet ein Altentheil für den Vorbesitzer Müller T., auf dessen Löschung angetragen wurde. Die Quittung wurde von einigen seiner Erben aufgenommen, und das ꝛc. Gericht zu N. und das Oberlandesgericht zu † um Aufnahme der Quittungen von den unter ihrer Jurisdiktion wohnenden Miterben und Einsendung der Original-Verhandlungen ersucht. Das Oberlandesgericht hat sie uns gesendet, das Gericht zu N. aber für gut befunden, statt der urschriftlichen Verhandlungen, gegen den klaren Inhalt unserer Requisition, eine Ausfertigung derselben zu schicken und dadurch 1 Thlr. 12 Sgr. 6 Pf. Mehrkosten zu verursachen. Wir haben ihm die Ausfertigung zurückgeschickt und um die Original-Verhandlung sowie um Erstattung der zur Ungebühr verursachten Kosten ersucht, jedoch die in Abschrift beifolgende Antwort erhalten, wir haben dagegen remonstrirt, jedoch ohne Erfolg, denn das Gericht zu N. benachrichtiget uns, daß es, da wir die fragliche Ausfertigung nicht behalten wollen, es dieselbe ad acta genommen hat.

Gestützt auf die allegirten Vorschriften und den Inhalt des Rescripts vom 11. November 1841, Ministerialblatt pag. 346 bitten wir, dem Gericht die Herausgabe der Originalverhandlung, sowie die Erstattung der dafür veranlaßten Kosten anzubefehlen."

8) Verfügung des Oberlandesgerichts darauf an das Gericht zu N. vom 29. April 1842:

„Die Beschwerde des Land- und Stadtgerichts zu * * vom 30. März c. wird dem Königlichen rc. Gericht anliegend in Abschrift mit der Anweisung zugefertigt, die auf Requisition des gedachten Gerichts in der Grundsache Nr. 145 zu K. aufgenommene Original-Verhandlung vom 8. Februar c. demselben sofort zu übersenden und die durch die zur Ungebühr erfolgte Ausfertigung der gedachten Verhandlung entstandenen Mehrkosten per 1 Thlr. 12 Sgr. 6 Pf. zu erstatten. Dadurch, daß diese Quittungsverhandlung auf Requisition des Königlichen Land- und Gerichts zu * * aufgenommen worden, ist diese eine Requisitionssache geworden, und daher originaliter zu übersenden gewesen."

9) Hierauf Bericht des Gerichts zu N. an den Justiz-Minister, vom 12. Mai 1842:

„Ew. Excellenz haben in Folge allerhöchster Kabinets-Ordre vom 31. October v. J. unterm 11. November v. J. (Ministerialblatt von 1841, Seite 346) das Verfahren in Requisitions- und Auftragssachen zu regeln geruhet. Was darunter für Sachen zu verstehen, darüber ist eine Meinungsverschiedenheit zwischen dem Oberlandesgericht zu — und uns entstanden. Wir verstehen darunter Akte, die in einem, bei einem andern Gerichte als competenten Foro anhängigen, Rechtsverfahren, im Auftrage und in Vertretung dieses competenten Gerichts, von einem fremden Richter vollzogen werden, weil das Hauptgericht (das eigentliche, competente Gericht) wegen besonderer Umstände nicht Selbst den zu diesem Verfahren erforderlichen Akt vollziehen kann, wie z. B., außer dem Falle gewöhnlicher Prozesse, in Vormundschaftssachen, die Verpflichtung oder Vernehmung des Vormundes, in Majorennitäts-Erklärungs-Sachen die Untersuchung der Erfordernisse; wir meinen dagegen, daß reine Akte der freiwilligen Gerichtsbarkeit, als z. B. Cessionen, Löschungsbewilligungen, welche nicht etwa noch von einem andern Gerichte geprüft und approbirt werden müssen, nicht dazu gehören. Wenn mithin z. B. ein Grundeigner eine Hypothekenschuld an seinen auswärtigen Gläubiger bezahlt hat und gerichtliche Quittung verlangt, und der Richter des Schuldners den Antrag desselben um Aufnahme der gerichtlichen Quittung an den Richter des Gläubigers zur Aufnahme des Akts sendet, so halten wir dieses für keine Requisitions-Sache in dem in Rede stehenden Sinne, mithin das Gericht, welches das Gesuch um Aufnahme der Quittung dem Richter des quittiren sollenden Gläubigers zusendet, nicht für das Hauptgericht im Verhältniß zu dem instrumentirenden Gerichte, vielmehr sind wir der Meinung, daß dasjenige Gerichte, welches keineswegs als beauftragtes Gericht im Namen eines andern competenten Richters, sondern aus eigener Zuständigkeit einen solchen isolirten und keiner causae cognitio irgend eines Gerichts unterworfenen Akt der freiwilligen Gerichtsbarkeit aufnimmt, denselben nach §. 49, Tit. 2, Th. II. der A. G.-O. auch ausfertigen muß. Ein solcher Fall ist bei uns vorgekommen; wir haben auf Veranlassung des Land und Stadtgerichts zu ** unterm 8. Februar d. J. von dem Ignatz T. hierselbst eine Quittung und Löschungsbewilligung über einen, auf der Kirchenmühle zu K. eingetragenen Auszug aufgenommen, und in Ausfertigung an dasselbe übersendet. Der ordentliche Geschäftsgang würde der gewesen sein, daß der Besitzer des belasteten Grundstücks sich selbst die erforderlichen Consense eingeholt und beim Hypothekenbuche zur Löschung vorgelegt hätte; statt dessen hatte das Land- und Stadtgericht zu ** die Bestellung übernommen, und wir haben auch, wie bemerkt, den verlangten Akt sogleich aufgenommen und übersendet. Das Land- und Stadtgericht zu ** sandte uns aber die Ausfertigung zurück, verlangte die Zurücknahme derselben, und Uebersendung des Original-Protokolls, behauptend, daß Es das Hauptgericht sei und die Ausfertigung ertheilen müsse. Wir lehnten solches ab, und mußten es schon deßwegen ablehnen, weil das Protokoll unseren Akten mittelst Beschreiben des leer gebliebenen Blattes durch die Expedition so einverleibt war, daß das Protokoll allein daraus nicht mehr entnommen werden konnte. Darüber führte dasselbe Beschwerde bei dem Oberlandesgerichte zu —, und dieses befiehlt in der abschriftlich beigefügten Verfügung vom 29. April die Uebersendung des Original-Protokolls und Niederschlagung der Ausfertigungskosten, weil dadurch, daß diese Quittungsverhandlung auf Veranlassung des Land- und Stadtgerichts zu ** aufgenommen worden, dieselbe eine Requisitions-Sache geworden sei. Ew. Excellenz bitten wir ehrerbietigst:

uns über die Richtigkeit oder Unrichtigkeit der von uns angegebenen Voraussetzungen einer Requisitions-Sache gnädigst belehren zu wollen.

Wenn wir über den Begriff einer Requisitions-Sache auch im Irrthum sein, und also ein jeder von dem Richter der verlautbarenden Partei aufgenommener Akt der freiwilligen Gerichtsbarkeit, wenn er auf Dazwischenkunft eines fremden Gerichts aufgenommen worden, als Requisitions-Sache anzusehen und von diesem fremden Gerichte auszufertigen sein sollte, so ist die Verfügung des Oberlandesgerichts nach unserer unvorgreiflichen Meinung doch nicht gerechtfertigt. Denn die von uns ertheilte Ausfertigung ist zur Löschung genügend, und es fehlt jeder Grund, das Protokoll aus unsern Akten jetzt stückweise herauszutrennen, um dem Willen des Land- und Stadtgerichts zu * * zu genügen; alles was gefordert werden könnte, wäre die Niederschlagung der Ausfertigungskosten. Aber auch darin ist die Verfügung des Oberlandesgerichts nicht völlig gerechtfertigt. Denn unter den 1 Thlr. 12 Sgr. 6 Pf. Kosten ist der Stempel von 15 Sgr. begriffen; dieser muß unter allen Umständen, entweder zum Protokoll oder zur Ausfertigung, verwendet werden. Müßte also dieser Befehl ausgeführt werden, so müßten diese 15 Sgr. hier von der Steuerbehörde wieder eingezogen und in * * von neuem bezahlt werden — ein Verfahren und Umständlichkeiten, wozu jeder Grund fehlt. Fur den Fall also, daß Ew. Excellenz unsern Begriff von Requisitionssachen nicht für richtig erkennen, bitten wir ehrfurchtsvoll:

> gnädigst zu verordnen, daß es bei der geschehenen Ausfertigung zu belassen, und, wenn dafür überhaupt keine Gerichtsgebühren erhoben werden sollen, daß die dafür angesetzten 1 Rthlr. 12 Sgr. 6 Pf. nur mit Ausnahme des in jedem Falle erforderlichen 15 Sgr. Stempels niederzuschlagen."

10) Verfügung des Justiz-Ministers an das Oberlandesgericht zu —, vom 8. Juni 1842, wovon dem Gerichte zu N. eine Abschrift zur Na richt anstatt Bescheides zugefertigt wurde:

„Das Königl. Oberlandesgericht erhält anliegend

1) eine Anfrage des rc. Gerichts zu N. vom 12. v. M. darüber:

   > was unter Requisitions-Sachen im Sinne des Rescripts vom 11. November v. J. (Justiz-Ministerial-Blatt Seite 346) zu verstehen sei?

   mit den dazu gehörigen Beilagen, und

2) eine Abschrift der auf eine ähnliche Anfrage an das Oberlandesgericht zu Halberstadt erlassenen Verfügung vom 20. v. M.,

mit dem Eröffnen zugefertigt, daß der Justiz-Minister nach den in der ebenerwähnten Verfügung aufgestellten Grundsätzen die von dem Land- und Stadtgericht zu ** über das Gericht zu N., nach Inhalt dessen Berichts, geführte Beschwerde nicht begründet findet. Das Königl. Oberlandesgericht hat das genannte Land- und Stadtgericht hiernach anderweit zu bescheiden.

Das ꝛc. Gericht zu N. ist von dieser Verfügung in Kenntniß gesetzt worden".

11) Hierauf anderweiter Bescheid des Oberlandesgerichts zu — an das Gericht zu **.

12) Neues Schreiben des Gerichts zu ** an das Gericht zu N. vom 29. Juli 1842:

„Ein ꝛc. Gericht ersuchen wir mit Bezug auf unsere Requisitionen vom 15. Januar, 16. Februar und 5. März d. J. ergebenst um gefällige Zusendung der Ausfertigung der Verhandlung über die Einwilligung des Tischlers Ignaz T. in Löschung des auf der Mühle Nr. 145 zu K. haftenden Auszugs."

13) Rückschreiben des Gerichts zu N. vom 8. August 1842, womit die Ausfertigung übersendet wird.

Diese Korrespondenz theile ich zu dem Zweck ausführlich mit, um es anschaulich zu machen, in welcher Art die Gerichte sich untereinander über fremde Sachen streiten. Man erhebt und führt den Streit zuweilen um weiter Nichts als aus Rechthaberei und um das letzte Wort. Ich gebe noch eine Probe, es ist der neueste mir vorgekommene Fall aus der sehr umfangreichen, völlig überflüssigen Korrespondenz.

1) Anschreiben des Gerichts zu A. an das Gericht zu N. vom 2. Februar 1843.

„Der Besitzer des sub. Nr. 8 unter pfarrtheilicher Jurisdiction hieselbst belegenen Bauergutes, August B., hat von diesem Bauergut 75 Ruthen durch Vertrag vom 1. d. M.

an die hiesige Stadtpfarrkirche — für 130 Rthlr. verkauft. Auf diesem Bauergut haften **Rubr III.** Nr. 9. 12. 15. 16—110 Rthlr., 200 Rthlr. und 300 Rthlr. für den Major W. daselbst. Ein ꝛc. Gericht ersuchen wir ergebenst, von demselben die Exneuationserklärung in Bezug auf die gedachten 75 Ruthen aufzunehmen und uns Ausfertigung derselben nebst Instrument und Kostennote zu übersenden."

2) Willfahrendes Rückschreiben des Gerichts zu N. vom 3. März 1843, worauf die Kosten durch Postvorschuß erhoben werden.

3) Abermaliges Schreiben des Gerichts zu A. an das Gericht zu N. vom 15 März 1843.

„In Grundsachen des hiesigen pfarrtheilichen Bauerguts Nr. 8 erwiedern wir auf das geehrte Schreiben v. 3. d. M. ergebenst, daß unserer Ansicht nach die durch Postvorschuß erhobenen Kosten im Betrage 2 Rthlr. 19 Sgr. 2 Pf. unserer Salarienkasse gebühren; denn bei uns schwebt die Dismembration der Parzele, über deren Exneuation der Major W. vernommen worden ist. Wir sind diejenige Behörde, die das in der Hypotheken-Ordnung Tit. **II.** §. 91 vorgeschriebene Regulativ mit den Realgläubigern zu treffen haben, dessen einer Theil die Vernehmung des Majors W. über die Exneuation war. Diese Vernehmung kann unseres Erachtens nicht als ein besonderes fur sich abgeschlossenes Geschäft betrachtet werden. Nach der allgemeinen Verfügung vom 11. November 1841 (Min.-Bl. Seite 345) und dem Rescript vom 20. April 1842 (Min.-Bl. 1843 Seite 53) sind wir demnach berechtigt, auch die Kosten für die Vernehmung des Major W. einzuziehen und ersuchen demnach ergebenst, uns den Postvorschuß unter portofreiem Rubro zu restituiren."

4) Antwort des Gerichts zu N. vom 24. März 1843:

„Einem 2c. erwiedern wir auf das geehrte Schreiben vom 15. d. M. zur dortigen Grundsache Nr. 8 ergebenst, daß wir unterm 2. v. M. um die Aufnahme einer Exnexuationserklärung und um Ausfertigung derselben, mithin um Aufnahme eines Akts der freiwilligen Gerichtsbarkeit requirirt worden sind. Daß Ein 2c., nach Vorschrift der allgemeinen Ministerial-Verfugung über das Verfahren in Dismembrations-Sachen, zur Vermittelung eines Regulativs mit den Realgläubigern zu verfahren beabsichtiget hat, ist aus jenem Schreiben nicht zu ersehen, auch nach der Fassung nicht anzunehmen gewesen, weil sonst keine Ausfertigung des Akts, sondern das Originalprotokoll verlangt, überhaupt aber auch eine Vorladung unter der vorgeschriebenen Verwarnung zu einem Termin von dort aus erlassen, oder wir um Erlaß einer solchen Citation ersucht werden mußten. Wenn daher die Sache hier als ein bloßer Akt der freiwilligen Gerichtsbarkeit angesehen worden ist, so liegt dabei ein durch die Fassung der Requisition veranlaßter Irrthum zu Grunde; und da einmal die Kosten zu unserer Salarien-Kasse eingezogen worden, und beide Kassen Königlich sind, so ersuchen wir ergebenst: es dabei bewenden zu lassen."

5) Nochmaliges Schreiben des Gerichts zu A. an das Gericht zu N. vom 5. April 1843:

„Einem ꝛc. erwiedern wir auf das geehrte Schreiben vom 24. v. M. in Grundsachen u. s. w. ergebenst: in unserm Schreiben vom 8. Februar d. J. haben wir mitgetheilt: daß eine Dismembration bei dem gedachten Bauergute im Werke ist und daß die Exnexuationserklärung des Realgläubigers, Majors W. verlangt werde. Daraus geht nach unserer Ansicht genügend hervor, daß wir das vorschriftsmäßige Regulativ zu treffen gemeint waren. Den Major W. haben wir nicht hierher eingeladen, weil mit Gewißheit vorauszusehen war, daß er die Reise hierher scheuen würde, die überdem den Interessenten der Dismembration namhafte Kosten verursacht hätte, die wir vermeiden wollten Dieß hat uns veranlaßt, Ein ꝛc. Gericht um die Aufnahme der Erklärung des Major W. zu ersuchen. Indem wir dieß thaten, setzten wir voraus, daß Ein ꝛc. Gericht in seiner Vorladung an den Major W. die vorgeschriebene Verwarnung stellen würde. Eine Ausfertigung der Exnexuationserklärung haben wir gewünscht, weil eine solche dem Instrumente des Major W. anzuheften gewesen, und wir eine von einer andern Behörde aufgenommene Verhandlung auszufertigen uns nicht fur befugt achten. Wir glauben daher keine Veranlassung zu einem Irrthum gegeben zu haben, wollen indeß von unserm Verlangen auf Restituirung der durch Postvorschuß eingezogenen Kosten nach dem Wunsche Eines ꝛc. Gerichts abstrahiren, da der Fiskus gar keinen und unsere Salarienkasse nur einen unbedeutenden Schaden [84]) dadurch erlitten hat, und haben unsere Ansicht nur

84) Fiskus und Kasse sind Eins, oder vielmehr die Kasse ist das Be-

darum ausführlicher dargelegt, um künftigen Differenzien, so weit dieß bei uns steht, vorzubeugen."

Hierauf sollte nach dem Vorschlage wieder geschrieben werden, daß weder die Nothwendigkeit einer Ausfertigung und der Anheftung der letztern an die Instrumente in solchem Verfahren vorhanden sei, noch auch durch die letzte Darlegung künftige Differenzien vermieden werden könnten, dieses vielmehr nur durch eine bestimmte Fassung der Requisitionen zu erreichen sei. Wäre dieß geschehen, so würde die Korrespondenz wahrscheinlich noch lange nicht beendigt gewesen sein; der Beschluß aber fiel dahin aus, daß dazu stillzuschweigen und dadurch der Sache ein Ende zu machen sei.

Diese nicht blos ganz nutzlose, sondern sogar schädliche Art von Arbeit macht zusammen sehr viel aus und wird kostbar; sie wird aber nur dadurch ein Ende nehmen, daß den Gerichten die Führung der Geschäfte fur Privatpersonen mittelst Aenderung der Verfassung ganz abgenommen wird.

4. Stellung der Gerichte zu den Partheien.

Dieselben Reibungen finden sich zwischen oen Gerichten einerseits und den Partheien andererseits wieder; ja man müßte sich wundern, wenn dergleichen in diesem Verhältnisse nicht vorkämen, da die Partheien Auftraggeber sind und ihnen nicht gewehrt werden kann, sich bei schlechter oder

hältniß des Fiskus, hat der Fiskus keinen Schaden, so kann auch die Kasse keinen haben.

langsamer Besorgung des aufgetragenen Geschäfts mißvergnügt zu äußern. Dieser dem Richteramte ganz fremde Geschäftsverkehr hat überdieß die natürliche Folge, daß die schriftlichen Erlasse der Gerichte nicht als richterliche Befehle, sondern als Korrespondenz aus einem Geschäfts-Büreau angesehen werden, an welche man den Anspruch der Höflichkeit und Bescheidenheit gegen die Kunden macht. Das Publikum unterscheidet nicht.

In einer ganz kürzlich bei dem Justizminister eingereichten Beschwerde wird z. B. von Jemanden darüber Beschwerde geführt: daß ein an ihn erlassener, der Execution vorangehender, richterlicher Zahlungsbefehl ein Befehl genannt worden ist. Es heißt in dieser Beziehung in der Beschwerdeschrift:

„Die Form, in welcher mir das rc. Gericht die Kostennote zugesendet hat, ist für mich verletzend gewesen, und ich habe deshalb bei dem Oberlandesgericht Beschwerde geführt, bin aber abgewiesen worden. Ich erlaube mir daher an Ew. Excellenz hohe Entscheidung zu recurriren. Das rc. Gericht bedient sich nach gebräuchlicher Art bei Zusendung der Kostennote eines lithographirten Formulars, in welchem sich die Stelle befindet:

Umstehende Kostennote wird Ihnen mit d
zugefertigt —

In dem mir zugesandten Exemplare war die leere Stelle des Formulars mit den Worten: „dem Befehle“ ausgefüllt. Obwohl mir sehr gut bekannt ist, daß dem rc. Gerichte über Eximirte und auch mich executivische Gewalt zusteht, so mußte es mir doch auffallen, daß der leere Raum, der offenbar keinen andern Zweck hat, als je nach dem Stande des Adressaten, einen mehr oder minder gefälligen Ausdruck zu wählen, gerade bei mir mit einem Worte ausgefüllt war, das sich härter nicht gut wählen läßt, und in ähnlichen Verfügungen der Landes-Justiz-Kollegien [85]) an mich nie von mir wahrgenommen worden ist. Ich habe mich vergebens hiergegen beschwert, indem das rc. Gericht sich auf die deutsche Uebersetzung von Mandat beruft und das Königl. Oberlandesgericht ihm beistimmt, wiewohl dann die Bezeichnung Mandat auch im Druckformulare hätte aufgenommen werden sollen."

In der Breslauer Zeitung vom 24. Dezember v. J. Nr. 301 las man unter dem Titel: „Brief-Adressen im juristischen Geschäftsleben", folgenden Artikel:

„Es sind schon öfter Klagen über die Animosität, mit welcher einzelne Direktoren von Untergerichten die bei dergleichen Behörden in Rechtsangelegenheiten Betheiligten behandeln, erhoben worden, ohne daß dadurch irgend eine Beseitigung dieser Mängel herbeigeführt worden wäre; obzwar vor einiger Zeit selbst ein hochgestellter Justizbeamteter sich öffentlich sehr mißbilligend darüber aussprach, und Beschwerde dieserhalb höchsten Orts anzubringen drohte.

Am meisten tritt diese Geringschätzigkeit bei den Adressen ihrer gerichtlichen Erlasse hervor, wo man bei Ansicht der-

85) Vorher sagt er selbst, daß nicht ein Landes-Justiz-Kollegium, sondern eben das Gericht, über welches er sich beschwert, sein persönlicher Richter ist, er weiß also noch nicht, daß nur der competente Richter von Rechtswegen Befehle erlassen kann.

selben oft zu glauben versucht wird: die Ausfertiger hätten niemals in ihrem Leben einen Briefsteller in Händen gehabt, weil ihnen die Titel: Herr, Frau, Fräulein u. s. w., auf die heut zu Tage selbst im niedern Bürger- und höhern Bauernstande Anspruch gemacht wird, unbekannt zu sein scheinen — denn wenn auch im Geschäftsleben das frühere weitläuftige Titulaturwesen abgeschafft, wenigstens bedeutend beschränkt worden ist, so kann dies doch keinesweges auf alle Kreise der bürgerlichen Gesellschaft ausgedehnt oder als usuell betrachtet werden. Unter den vielen bereits namhaft gemachten Fällen der Art mag folgender hier einem Platz finden.

Die unverheirathete Tochter eines fast 50 Jahre im aktiven Dienste gestandenen Offiziers, bürgerlichen Standes, von vorwurfsfreier Führung und in einer achtungswerthen Stellung sich befindend, erhielt auf mehreren von einem Land- und Stadtgericht an sie erlassenen Schreiben folgendes Adressat: „An die unverehelichte N. zu N. — Wie würde die Adresse an eine gemeine Dienstmagd lauten müssen? — —

Es ist solches unhöfliches Gebahren um so auffälliger, da auf den Adressen von Briefen, welche hohe Staatsbehörden von Berlin an eben jene Offiziers-Tochter nicht privatim sondern in amtlicher Beziehung gerichtet, niemals der Titel Fräulein und Wohlgeboren fehlt; ein Beweis zugleich, daß von oben her das beste Beispiel gegeben, und jeder Staatsunterthan mit der ihm gebührenden Achtung behandelt wird.

Nicht wider den ganzen Stand der Juristen ist diese Anklage gerichtet, denn der bei weitem größere Theil derselben besteht aus achtungswerthen Männern, die im Sinne echter Humanität die Gesetze handhaben; sie soll nur die Wenigen treffen, deren Anmaßungen in Amtsgeschäften, dem gegenwärtigen Stande der Gesittung nicht entspricht, und das Gefühl der Schicklichkeit und des Anstandes vielfach verletzen."

Der Correspondent weiß zwar nichts von der Verfassung und von dem Geschäftsgange, da er die Gerichts-Directoren die Brief-Adressen machen läßt und es der Animosität dieser Adressenmacher zuschreibt, wenn einmal die eine oder die andere Adresse nicht zur Zufriedenheit des Adressaten ausfällt; allein die Sache ist nicht wegzuleugnen, und auch nicht zu verhindern.

Andere beschweren sich darüber, daß in Zahlungsbefehlen immer stehe: „bei Vermeidung der Execution"; und es ist auch nicht zu verkennen, daß es verletzend ist, wenn es z. B. in einem Kostenzahlungsbefehl an einen vornehmen Mann heißt, es werde ihm aufgegeben, 1 Thlr. 2 Sgr. 1 Pf. binnen 8 Tagen bei Vermeidung der Execution zu bezahlen. Das liegt aber in der Pedanterie mancher Gerichte, welche die Vorschrift der Executionsordnung [86]) recht genau erfüllen wollen.

86) A. G.-O. Th. I. Tit. 24 §. 31.

Alles dieses beweiset, daß der Richter zum größten Nachtheil mit der Führung der gar nicht zu seinem Amte gehörigen Geschäfte beladen ist: der Richter als solcher verschwindet, das Publikum sieht in ihm nur einen Geschäftsmann. Der Richter muß mit den Partheien in gar keinen Verkehr kommen.

Dritte Abtheilung.

Gebräuchliche Mittel zur Sicherung einer prompten, gründlichen und unpartheiischen Rechtspflege.

Die seit etwa hundert Jahren gebräuchlichen Mittel, eine gründliche und prompte Rechtspflege zu sichern, sind Justizvisitationen, Beschwerden, Beaufsichtigung, und Belohnungen.

1. Justizvisitationen.

Die Landes-Justizkollegia sollen, damit sie, wie es heißt, die ihnen anvertraute Macht und Gewalt nicht mißbrauchen, „unter beständiger ununterbrochener Aufsicht gehalten, und es soll durch oftmalige Justizvisitationen von ihrem Betragen bei Verrichtung ihres Amts zuverlässige Kenntniß eingezogen werden[87].“ Dergleichen oftmalige Justizvisitationen sind nie in Uebung gekommen, und mir sind aus meiner Zeit nicht mehr als Zwei, jede bei einem andern Oberlandesgerichte zu verschiedenen Zeiten, bekannt geworden.

87) A. G. O. Th. III., Tit. 1, §. 11.

Bei den Untergerichten sollen die Landesjustizkollegia von Zeit zu Zeit Justizvisitationen veranlassen; wozu bei Untergerichten der ersten Klasse jedesmal ein wirklicher Rath des Landeskollegii deputirt werden muß, wogegen bei Untergerichten zweiter Klasse (Einzelrichtern) auch einem andern Justizbedienten oder Referendario von vorzüglicher Geschicklichkeit und Erfahrung, und von geprüfter Rechtschaffenheit der Auftrag gegeben werden kann[88]).

Die Allgemeine Gerichtsordnung unterscheidet zwischen ordentlichen und außerordentlichen Justizvisitationen[89]). Die ersteren sind nicht in Gang gekommen und die Praxis kennt nur förmliche Justiz-Visitationen, und summarische Geschäfts-Revisionen[90]).

Die förmlichen Justizvisitationen gewähren den Nutzen nicht, welchen man sich von ihnen verspricht; es ist sogar zweifelhaft: ob die sichern Nachtheile von dem geringen Nutzen völlig aufgewogen werden. Unvermeidlich ist die große Kostbarkeit, die Geschäftsstörung und Herabsetzung oft Vernichtung des richterlichen Ansehens vor den Gerichtseingesessenen. Nicht immer aber doch oft tritt eine persönliche Verletzung würdiger Richter, theils durch rücksichtslose Wahl der Person des Visitators, theils durch rücksichtsloses, inhumanes Benehmen desselben ein, was nicht selten bei jüngern Per-

88) Ebend. Tit. 8, §§. 16 und 17.

89) Ebend. §§. 18 flg.

90) Instruction für die Commissarien zu Justizvisitationen u. s. w., im Schles. Arch. Bd. III., S. 1 u. flg.

sonen, denen zuweilen eine dünkelhafte Büchergelahrtheit die gereifte Erfahrung und praktische Weisheit ersetzen soll, und die an dem Visitatus zum Ritter werden möchten, unangenehm hervortritt. Suchen wir auf der andern Seite die Vortheile, so finden wir vor Allem eine Anzahl sogenannter Revisionsverfügungen und einige starke Bände Akten als das Ergebniß eines vielwöchentlichen Aufenthalts zweier Visitations-Commissarien an dem Orte des Gerichts, worin oft Dinge unter einer langen Zahlenreihe als Versehen oder Fehler aufgezählt werden, die der Beachtung ganz unwerth sind [91]; und nachgehends erscheint ein voluminöser Visitationsbescheid. Das ganze kolossale Opus hat weiter keinen Nutzen, als daß allenfalls in den dem Kommissarius in die Hände gekommenen Sachen die Notaten erledigt werden, was ohne Schaden mit Vielen auch ganz unterbleiben könnte; aber ein bleibender Nutzen ist nicht zu finden: es ist und bleibt nach der Visitation so wie es vorher gewesen, wenn nicht das Personale weggebracht wird, was nicht immer angeht und am Ende doch auch keine Gewähr dafür gibt, daß die Nachfolger es besser machen werden.

91) Ich habe Visitationsakten gelesen, worin in der Regel jede Revisionsverfügung folgende stehende Notate hatte:

1) Die Akten sind nicht bis zu Ende foliirt,
2) der Rotulus ist nicht vollständig nachgetragen,
3) das und das Protokoll hat kein Präsentatum.

Eine materielle Kritik des Verfahrens nie; nur einzelne Notaten über formelle Dinge, die nicht einmal immer gegründet waren.

Die Geschäftsrevisionen sind, besonders bei Einzelrichtern, sehr nützlich und sollten jährlich wiederholt werden; indeß würden dadurch zuviel Kosten entstehen.

Das ganze Mittel ist jedoch an sich unzureichend und eine Einrichtung, bei der es einer Visitation und Revision gar nicht bedarf, ist jedenfalls vorzuziehen; denn das Institut der Visitationen beruhet wieder bloß auf Persönlichkeit.

2. Beschwerden und Beaufsichtigung.

Die Beschwerden über die Landes-Justizcollegia werden bei dem Justizministerium, und die über die Untergerichte bei den Landes-Justizkollegien angebracht [92]). Ich wiederhole nicht, was ich bereits über das Nachtheilige dieser Angriffe auf die Person der Richter, und über die Veranlassung zu Reibungen zwischen den Gerichten untereinander gesagt habe; Geist, Verstand und Wissenschaft lassen sich nicht durch äußere Autoritäten beherrschen, sie sind unabhängig oder vielmehr, sie haben ein ganz anderes Forum, und eine nach den Gesetzen und Regeln der Wissenschaft lächerlich erscheinende Belehrung eines Obern geht weit vorbei. In Sachen der Wissenschaft gibt es überhaupt keine Obern und Niedern, daher ist nichts lächerlicher, als wenn ein nach der bürgerlichen Ordnung Vorgesetzter einem Untergeordneten,

92) A. G.-O. Th. III., Tit. 1, §. 22; Tit. 8, §§. 11 und 15; Tit. III., §. 47.

vermöge seiner äußeren, bürgerlichen Autorität, in geistigen Dingen Eröffnungen (Offenbarungen) zu machen sich berufen findet. Als wenn Geist, Verstand und Wissenschaft ein Monopol der höheren Amtsstellen wäre!

Die Beaufsichtigung soll hauptsächlich durch das Tabellenwesen geschehen. In statistischer Hinsicht mag es seinen Werth haben, für diesen Zweck ist es aber viel zu kostbar, denn die dadurch absorbirte Zeit und Arbeitskraft ist sehr bedeutend. Als Beaufsichtigungsmittel hingegen verfehlt es ganz seinen Zweck: kein Richter von richtigem Ehr- und Pflichtgefühl wird dadurch bewogen, auch nur einen Strich mehr oder weniger zu thun als er thut, nicht weniger, weil dieß seiner Ehre und seiner Pflicht zuwider wäre, nicht mehr, weil ein Ehrenmann ohne äußeren Zwang aus Pflicht seine Schuldigkeit thut und eine Anforderung in solcher Form, noch mehr als seine Schuldigkeit zu thun, als eine persönliche Kränkung zurückweist. Richter ohne Ehr- und Pflichtgefühl hingegen müssen nicht gelitten werden, die Disciplin muß aber in dieser Hinsicht bei den Standesgenossen sein; es ist anscheinend verfehlt, daß ein Richter, der von Standesgenossen und im Publikum wegen seines unehrenhaften Betragens verachtet wird, nur auf dem Wege des schriftlichen Kriminal-Prozesses soll können entfernt werden, auf welchem dem weit entfernten und mit der Persönlichkeit ganz unbekannten Richterpersonale keine Anschauung verschafft werden kann. Das Ehrengericht der Genossen ist die sicherste Schutzwehr gegen schlechte, versunkene Subjecte, die dem Stande Schande bringen und dem Publikum schädlich werden, ohne daß die Kriminal-Justiz Etwas gegen sie ausrichten kann. Jenes Mitglied eines ziemlich zahlreichen Richterkollegiums, gegen dessen Wiedereintritt alle seine Kollegen einstimmig protestirten, als es von der Anschuldigung, seine Pflichten vorsätzlich verletzt zu haben, nur vorläufig freigesprochen worden war[93]), wurde durch diesen auf dem inneren Bewußtsein der Standesgenossen beruhenden Ausspruch gewiß gerechter gerichtet als durch das vorläufig freisprechende Erkenntniß des Kriminal-Gerichtshofes.

3. Remunerationen und Gratificationen.

Die Grundlage dieses Mittels sind die geheimen Konduitenlisten. „Die Präsidenten und Dirigenten müssen von dem ihrer besondern Aufmerksamkeit empfohlenen Betragen ihrer subordinirten Justizbedienten, sowohl in als außer ihren Amtsgeschäften, akkurate, vollständige und gewissenhafte Konduitenlisten halten und dieselben zu Ende jeden Jahres einsenden. Auf den Grund dieser Konduitenlisten sollen denjenigen Räthen des Kollegii, welche sich durch geschickte, fleißige und ordentliche Instruktionen in mehreren wichtigen und weitläufigen Sachen vorzüglich vor den Andern ausgezeichnet haben, verhältnißmäßige Prämien und Douceurs bestimmt und angewiesen werden“ [94]). Dieses Mittel ist

93) Siehe oben Seite 153.

94) A. G.-O. Th. III., Tit. 2, §§. 13 und 14.

eben so zweckwidrig als die Grundlage unzuverlässig ist. Oftmals erhalten höchst mittelmäßige Beamtete dergleichen Remunerationen, während sehr tüchtige, praktisch brauchbare und pflichtgetreue Staatsdiener, die vielleicht der Eitelkeit nicht gehörig zu schmeicheln verstehen, oder wer weiß aus welchem Grunde sonst noch, übergangen und dadurch, daß man anerkannt untüchtigere Leute beschenkt, vor den Kopf gestossen werden. Das Gratifikationswesen ist daher nichts weniger als dem wahren Besten förderlich; denn die beschenkten Mittelmäßigen und Untüchtigen werden dadurch nicht fähiger, aber die übergangenen, zurückgestoßenen Tüchtigen und Diensteifrigen werden gleichgültig und verdrossen.

Manchmal scheint bloße Laune, wenn nicht etwas Unschuldigeres, Remunerationen zu bewilligen. Ein sehr wenig brauchbarer Unterbamteter war mehrere Wochen krank gewesen und Arztlohn wie Medizinkosten schuldig geworden. Er schrieb an das Obergericht und erbat sich wegen seiner Krankheit und Schuld eine Remuneration. Dem Vorgesetzten wurde Bericht über die Dienstführung desselben abgefordert, der Bericht lautete, daß der Bittsteller sehr wenig brauchbar sei, indem er öfter durch Strafen zur Thätigkeit und Aufmerksamkeit angehalten werden müsse und überdieß dasjenige, was er verrichte, noch verkehrt mache, doch sei er wirklich krank gewesen und auch hilfsbedürftig; er habe daher zwar keine Remuneration verdient, aber eine Unterstützung sei ihm wohl zu gönnen. Darauf wurde ihm eine Remuneration angewiesen. Hätte man einen Unterstützungsfonds für mittellose hilfsbedürftige Beamtete, so wäre das löblich; allein neben dem genossenen Dienstgehalt noch ausdrücklich eine Remuneration, d. h. eine Belohnung für Dienstunthätigkeit zahlen, das sieht einer Satyre doch gar zu ähnlich. Die Kollegen jenes Unterbeamten verlangten darauf auch eine Remuneration, sagend, daß wenn Der für das Nichtsthun noch außerordentlich belohnt werde, sie, die unterdessen seinen Dienst hätten mit verrichten müssen, mit noch viel besserem Rechte eine gleiche Belohnung fordern könnten; und als sie nichts erhielten, fanden sie sich sehr verletzt und wurden verdrossen.

Mit der neuen Büreau-Verfassung ist ein förmliches Tentieme- und Gratifikations-System für die Subalternen eingeführt. Der König hat jedoch auch hierauf sein Augenmerk gerichtet und gleichzeitig mit der Untersuchung der Zweckmäßigkeit dieser Verfassung [95]) auch das Gratifikations-System einer genauen Prufung zu unterwerfen befohlen, und namentlich: ob nicht vielmehr den gering remunerirten diätarischen Gehilfen ihr bestimmtes Einkommen in regelmäßigen festen Raten zukommen zu lassen sei, worauf sie im Voraus Rechnung machen könnten, und der Gratifikationsfonds für Gehilfen und Subalternen eher zur Erhöhung der Diätensätze zu benutzen, indem die verschiedenartige Abstufung der Diätensätze und die Möglichkeit der gänzlichen Entlassung genugende Mittel an die Hand gäben, einerseits die Folgen schlechter Dienstführung empfinden zu lassen, und

95) Siehe oben Seite 165.

andererseits Fleiß und gutes Betragen zu belohnen. Selbst hiervon abgesehen frage es sich: ob nicht das Gratifikations- und Tentiemen-System überhaupt einen nachtheiligen Einfluß auf den Geist der Beamteten und auf ihre Stellung den Gerichtseingesessenen gegenuber ausuben könne, und nicht eine Beschränkung und Vereinfachung wünschenswerth sein durfte. In Folge dieses Königlichen Befehls ist gleichfalls gutachtlicher Bericht hinsichtlich der Frage über die Zweckmäßigkeit des Tentieme- und Gratifikations-Systems eingefordert worden. Um daruber zu urtheilen, mussen die einzelnen Arten dieser Belohnungen, namentlich Tentieme, Remuneration und Gratifikation besonders betrachtet werden.

1) Tentieme ist eine unfixirte, ausdrucklich versprochene, nur auf Steuer- (Kassen-) Beamtete anwendbare Besoldung, von der im Allgemeinen Alles gilt, was von unfixirten Emolumenten überhaupt. In einzelnen Fällen, namentlich bei kleinen oder Nebenämtern, kann diese Art der Besoldung wol zweckmäßig sein, wenn es, wie bei der Tentieme als einer Quote des Ganzen zu sein pflegt, nicht in der Willkuhr des Berechtigten liegt, dabei zu excediren. In der Regel aber und besonders als Hauptbesoldung erscheint die Tentieme in mehreren Beziehungen nicht angemessen.

2) Remuneration ist wirkliche, nur nicht im Voraus bestimmt versprochene, aber von dem Dienstleistenden erwartete Belohnung, auf welche der Dienstleistende in sofern einen wirklichen Anspruch hat oder doch zu haben glaubt, als ihm dazu Hoffnung gemacht worden ist und er sich in Erwartung derselben der Dienstleistung unterzogen hat. Diese

Art der Belohnung ist die allerschlechteste und sollte höchstens nur in ganz besondern Fällen vorkommen.

3) Gratifikation, Prämie, Douceur[96]) ist eine reine Gnadenbewilligung des Dienstherrn, mit Beziehung auf gut geleistete, aber schuldig gewesene Dienste, wofür der Dienstleistende schon belohnt ist und folglich weiter gar nichts zu fordern hat. Es ist eine Art Anerkennung oder Auszeichnung für treue Pflichterfullung. Wo sie in ein System gebracht ist und in eine Art von Ergänzung des zu dürftigen Einkommens umschlägt, oder wo sie nicht mit großer Vorsicht angewendet wird, da verdirbt sie den Geist der Beamteten und wird schädlich. Da nicht Alle bedacht werden können, so werden die Uebergangenen, in dem Bewußtsein, ebenso gut und noch besser als die Beschenkten ihre Schuldigkeit gethan zu haben, verdrießlich und fur ihren Beruf gleichgültig, sie erkalten in ihrem Diensteifer, gegen die Bedachten werden sie neidisch, und gegen die Vorgesetzten, in welchen sie die Veranlassung zu der wirklich oder vermeintlich erlittenen Zurucksetzung zu sehen glauben, werden sie grollig; die Bedachten hingegen sind sehr oft unbefriedigt und werden in Folge der ihnen zugetheilten Gratifikation aus Mißvergnügen schwieriger als sie gewesen sein würden, wenn sie gar nichts erhalten hätten. Auf solche Weise wirkt das Gratifikationswesen nach allen Seiten hin nachtheilig. Die Bemerkung des Königs trifft auch hier das Rechte: als Ergänzung des zu durftigen Einkommens muß die Gra-

96) A. L. R. Th. III. Tit. 2. §. 11.

tifikation ganz wegfallen und die zu Beamteten angenommenen Personen mussen ihr bestimmtes Einkommen in regelmäßigen festen Raten erhalten, worauf sie in Voraus Rechnung machen können; zur Belohnung des Diensteifers, der pflichtmäßigen Dienstfuhrung und des guten Betragens sind die zuläßigen Verbesserungen im Diensteinkommen und die Beförderungen zu benutzen; nachläßige, faule, ungeschickte, unordentliche und widerspenstige Beamtete hingegen mussen ohne Weitläufigkeiten entlassen werden können.

Vierte Abtheilung.

Neuere Versuche zur Erleichterung und Verbesserung der Rechtspflege, und ihre Unzulänglichkeit.

Die Zustände in der Gerichtsverwaltung waren in Folge der durch die Allgemeine Gerichtsordnung herbeigeführten unüberwindlichen Schreibereien dahin gekommen, daß vor etwa zehn Jahren ein Stillstand, ein Banquerutt bevorstand und nothwendig Etwas geschehen mußte, um sowohl den Richtern als den Partheien die Möglichkeit einer Rechtsverwaltung zu verschaffen. Man errichtete das Institut der Schiedsmänner, gab eine neue Prozeßordnung für gewisse Arten von Prozessen, nämlich für Mandats-, Bagatell- und summarische Prozesse, und in neuester Zeit ist noch für gewisse Vergehen eine Art von summarischem Strafverfahren eingeführt worden.

1. Institut der Schiedsmänner.

Die **Schiedsmänner** sind bloße Vergleichsvermittler. Sie werden von den Einwohnern des Bezirks gewählt und brauchen weder Rechtskenntnisse noch überhaupt eine wissenschaftliche Bildung zu haben, nur sollen sie, wie es heißt, in den Geschäften des bürgerlichen Lebens erfahren[97]) und fähig sein, einen schriftlichen Aufsatz deutlich zu fassen. Die gewählten Schiedsmänner werden durch das Obergericht bestätigt und vereidet, und stehen unter dessen Aufsicht. Ihr Beruf ist, die Rechtssachen derjenigen, welche sich freiwillig an sie wenden, und unter sich einverstanden sind, in soweit kosten- und stempelfrei urkundlich zu machen. Die daruber aufgesetzte Urkunde, die von den Partheien und dem Schiedsmann unterschrieben sein muß, ist exekutorisch und die ordentlichen Gerichte müssen auf Grund derselben die Exekution vollstrecken. Gewisse Sachen sind der Kompetenz der Schiedsmänner entzogen.

Das Institut wurde zu allererst im Jahre 1827 in der Provinz Preußen, auf Antrag der Stände, versuchsweise eingeführt, und ist später, auf den Antrag der Stände anderer Provinzen, nach und nach auch in den Provinzen Brandenburg, Schlesien, Sachsen und Pommern eingeführt worden[98]).

Die Idee ist nicht neu. Bekanntlich bestehen in den Rheinprovinzen und in Frankreich, nach Vorschrift der französischen Prozeßordnung, besondere Vergleichs-Bureaux[99]), und in Dänemark, zufolge einer Verordnung vom 10. Juli 1795,

97) Darin besteht gerade die Rechtsgelahrtheit: wer die Geschäfte des bürgerlichen Lebens genau kennt, der ist ein Rechtsverstandiger.

98) Starke Gerichts-Verfassung, I. S. 411.

99) Code de procedure civile. Art. 48 seq.

Vergleichs-Kommissionen [100]), die sich von dem Preußischen Institute der Schiedsmänner nur darin unterscheiden, daß dazu Personen genommen werden müssen, welche sich auf Dasjenige, was man von ihnen verlangt, auch wirklich verstehen, nämlich Rechts- und Geschäftskundige; denn nach der französischen Einrichtung sind die Friedensrichter die Vergleichs-Kommissarien, und in Dänemark sind, und zwar in Kopenhagen ein Assessor im Königlichen Landes-, Ober- sammt Hof- und Stadtgericht, und auf dem Lande die Amtleute zu Vorstehern der Vergleichs-Kommissionen berufen.

Der Beruf oder die Kompetenz der Preußischen Schiedsmänner ist in der neuern Zeit noch darin erweitert, daß die Schiedsmänner auch über verabredete Rechtsgeschäfte, welche zu ihrer formellen Gültigkeit die schriftliche, notarielle oder gerichtliche Form erfordern, die Urkunden mit derselben Wirkung verfertigen können, nur sind gewisse Sachen, welche zu ihrer Gültigkeit die Vornahme vor Gericht absolut erfordern, oder der gerichtlichen Bestätigung bedürfen, ausgenommen.

Von den Behörden, vornehmlich von den Verwaltungsbehörden, wird nun das Institut der Schiedsmänner für etwas außerordentlich wohlthätiges und zweckmäßiges gehalten und dem Publikum anempfohlen. Man macht die Namen der Schiedsmänner und die Zahl der von ihnen erledigten Sachen öffentlich bekannt, preiset den dadurch verschafften Segen und erinnert das Publikum, von diesem

100) v. Kamptz Jahrb. Bd. XXXVIII., S. 3 flg.

vortrefflichen Institut Gebrauch zu machen. In den Berliner Zeitungen vom März d. J. las man eine Bekanntmachung des Magistrats zu Berlin, vom 7. März 1843, worin der Magistrat sein Bedauern aussprach, daß ungeachtet der anerkannten Vortrefflichkeit des Instituts, dasselbe doch so wenig benutzt werde; er glaubt den Grund hiervon darin zu finden, daß dasselbe zu wenig bekannt sei, und macht deßhalb das Publikum darauf aufmerksam. Allein alles dessen ungeachtet findet dasselbe keinen allgemeinen Anklang; das Publikum hat dazu kein Vertrauen und mag sich in ernsten Sachen den Schiedsmännern nicht gern überlassen.

Worin hat das seinen Grund? In der Untauglichkeit der Schiedsmänner; sie schaden mehr als sie nutzen.

Den Nutzen, welchen sie nach der Zahl der abgemachten Sachen, mit welchen in allen öffenlichen Blättern geprunkt wird, schaffen, ist nur nominell; die Zahl der vor den Gerichten anhängigen Rechtssachen hat seit der Errichtung dieses Instituts nicht abgenommen, im Gegentheil, die Geschäfte sind gewachsen und wachsen von Jahr zu Jahr. Was also die Zahlen der vor den Schiedsmännern erledigten Sachen ausmacht, sind meistentheils solche Sachen, die unter den Partheien auch ohne die Schiedsmänner ihre Erledigung gefunden haben würden.

Dagegen ist der Schade, welchen sie durch ihre Unkenntniß anrichten, oft unwiederbringlich. Denn die Wenigsten haben so viel Geschäftskenntniß, daß sie die an sich unerlaubten Rechtsgeschäfte von erlaubten unterscheiden können, und daß sie den Grund eines Anspruchs, was man die causa zu nennen pflegt, verstehen und unterscheiden können. Daher kommt es, daß eine große Menge, wenn nicht die meisten, schiedsamtlichen Vergleiche den Grund der Forderung nicht enthalten, indem es z. B. bloß heißt: der A. machte an den B. einen Anspruch, und der B. versprach dem A. in 4 Wochen so und so viel zu bezahlen. Nun ist es aber vorgekommen, daß der Anspruch auf Wucher, oder auf strafbares Spiel, oder verbotene Mäklergebühren und dergl. gegründet gewesen ist, und daß der Angesprochene als ein einfältiger Landmann sich hat ubertölpeln und zum Schiedsmann fuhren lassen, wo der Ansprecher erklärt hat, daß er dem Andern mit der Bezahlung einer Forderung von so und so viel auf so und so lange Frist gebe, und der Andere darin noch eine Wohlthat fur sich zu finden geglaubt hat, bis er nachher, aber zu spät, zu sich gekommen ist. Daraus ist dann erst recht ein Prozeß entstanden, zu welchem es, ohne den unwissenden Schiedsmann, niemals hätte kommen können.

Die Gerichte und Rechtsverständigen sind mit sich noch nicht einig darüber: für was ein solcher schiedsmännischer Vergleich, welcher keinen Rechtsgrund oder Geschäft angibt, gehalten werden soll. Hat er die Kraft eines executorischen Titels, so ist das Institut höchst gefährlich, und es ist damit eine neue Entstehungsart für Verbindlichkeiten, nämlich eine Art von Literalcontrakt geschaffen; gilt er fur nichts, so ist eine große Anzahl Vergleiche umsonst gemacht und eine neue Quelle unnützer Prozesse geschaffen. Bei der ersten Alternative kann es vorkommen, daß Jemand eine Schuld zweimal bezahlen muß; und dieser Fall ist in der That schon richtig eingetreten. Jemand war ein Darlehn schuldig und hatte bloß mündlich Zinsen versprochen. Nach einiger Zeit führt ihn der Gläubiger zum Schiedsmann, der Gläubiger rechnet Kapital und die aufgelaufenen Zinsen zusammen, und gibt die Summe als die Schuld des Schuldners an. Dieser erkennt die Summe an und verspricht, nach Ablauf einer gewissen Zeit das Ganze mit Fünf Prozent Zinsen zu bezahlen. Das Rechtsgeschäft, aus welchem die Schuld entstanden, war vom Schiedsmann nicht erfragt worden, und folglich auch im Vergleich nicht angegeben. Nachdem der Gläubiger verstorben war, wurde der Schuldner von dessen Erben auf Bezahlung des Darlehns verklagt, und auch die Forderung aus dem schiedsmännischen Vergleich von ihm eingezogen; er machte vergeblich den Einwand des Vergleichs und der Identität beider Forderungen, denn der schiedsmännische Vergleich ergab keinen Beweis dafür, daß derselbe sich gerade auf das fragliche Darlehn bezöge, ja nicht einmal eine Vermuthung, da die in dem Vergleich ausgedrückte Kapitalssumme wegen der hinzu gerechneten Zinsen eine ganz andere war als die des Darlehns. Er mußte den Eid deferiren, den die Erben de ignorantia schworen, und der arme Schuldner, der als ein rechtschaffener ehrlicher Mann bekannt war, und an dessen Unschuld niemand zweifelte, mußte nun doppelt bezahlen. Dieses könnte ohne die unfähigen Schiedsmänner nicht vorkommen.

Durch die Erweiterung der Befugnisse dieser Schiedsmänner sind wir um zweihundert Jahre zurückgestoßen; denn die unwissenden und unfähigen Notare, von welchen man sich vor so langer Zeit mit aller Anstrengung zu befreien suchte und nicht ohne Kampf frei wurde[101]), sind in den Schiedsmännern wieder hergestellt; sie nehmen alle Arten von Verträgen auf, Erbverträge, Verträge über künftige Alimente, Eheseparationsvergleiche u. dergl. nicht ausgenommen; und dabei ist die Fassung so verworren und unverständlich, daß Niemand daraus klug werden kann. Sie können die Verträge und Rechtsgeschäfte, welche sie gültig aufzunehmen befugt sind, von andern ihnen nicht zuständigen Geschäften nicht unterscheiden. Nach Verlauf einer Reihe von Jahren wird, wenn diese Art Praxis der Schiedsmänner sich ausdehnen sollte, diese Einrichtung eine reichlich fließende Quelle von Prozessen und Zerwürfnissen in den Familien sein. Medicinische Pfuscher werden verfolgt, und Rechtsunwissende werden zur Schlichtung der Rechtshändel und zur Abfassung von Urkunden über Rechtsgeschäfte von der Gesetzgebung autorisirt. Diese Erscheinung zur heutigen Zeit würde unbegreiflich sein, wenn man nicht auf die Entstehungsursache sehen wollte, durch welche sie freilich klar und verständlich wird: diese Entstehungsursach ist eben das Drückende in der bestehenden Rechtsverfassung und das dringende Bedürfniß einer einfachen mündlichen Justizpflege. Die jetzigen Schiedsmänner sind durchaus nicht das, was man zu erlangen beabsichtigte,

101) Vergl. oben S. 114. Der Kaiser wollte es nicht leiden, daß man die durch seine Pfalzgrafen ernannten Notare nicht wollte instrumentiren lassen.

als die Idee ins Leben trat: man wollte unbesoldete Schiedsrichter zur Schlichtung von Rechtshändeln haben, gewählt von den Einwohnern aus ihrer Mitte. Die Wahl ist zugestanden worden, nicht aber das Richteramt. In seiner weitern Entwickelung wurde das Institut, wenn es nach der ursprünglichen Idee eingerichtet worden wäre, auf geradem Wege zu Volksgerichten, zusammengesetzt aus gewählten Repräsentanten des Volks, und zur mundlichen Verhandlung vor demselben geführt haben.

In seiner jetzigen Gestalt aber ist das Institut schädlich, und wird auch überflussig, wenn die Gerichtsverfassung nach den Zeitbedürfnissen geändert und auf ihre natürliche Einfachheit zurückgefuhrt wird.

Wenn ich sage, dieses Institut werde überflüsig, so halte ich damit ein Institut zur gütlichen Vermittelung der Rechtshändel durchaus nicht fur überflussig, im Gegentheil halte ich es für nothwendig; die Vermittler aber müßen rechtsverständig und fähig sein, die verschiedenen Rechtsgeschäfte zu unterscheiden; sie müßen bloß zur Aufnahme der vermittelten Vergleiche berufen sein, nicht aber das Notariat ausüben durfen.

Zu diesen Vermittlern sind die Einzelrichter, welche, nach Art der Französischen Friedensrichter, in jedem Bezirke eines Kreisgerichts für die unbedeutendern Sachen vorhanden sein mussen, am besten geeignet, wenn man nicht besondere Vergleichs-Kommissionen, nach Art der Dänischen, aus gewählten angesehenen Männern zusammengesetzt, unter der Direction eines Rechtsverständigen, dem die Abfassung des

Vergleichs obliegen müßte, einrichten will. Nur insofern gewählte Männer ein größeres Vertrauen genießen mögen, würden dergleichen Kommissionen den Vorzug vor den Richtern haben.

2. Special-Prozeß-Ordnung für Mandats-, Bagatell- und summarische Prozesse.

Die Verordnung vom 1. Juni 1833 [102]) hat ein besonderes Verfahren für den Mandats-, summarischen und Bagatell-Prozeß eingeführt, welches die Prozesse über minder wichtige oder einfache Rechtsstreitigkeiten vereinfachen soll, und günstig beurtheilt worden ist [103]).

I. Der Mandatsprozeß besteht in Erlaß eines bedingten Mandats (mandatum cum clausula). Werden Einwendungen dagegen erhoben, so entsteht ein contradictorisches Verfahren im summarischen oder Bagatell-Prozesse, je nach dem Gegenstande, und es wird bloß entweder auf Zurücknahme, oder auf Vollstreckung des Mandats erkannt; über die Sache selbst kann noch in einem besondern Prozeß gestritten werden.

Der Mandatsprozeß findet in folgenden Fällen statt:

1) wegen aller Verbindlichkeiten aus einseitigen Geschäften, wenn eine darüber errichtete öffentliche Urkunde vorgelegt wird;

102) Ges.-Samml. v. 1833 S. 33 flg.

103) Vergl. die Allg. Preuß. Staats Zeitung von 1838, Nr. 180, Art. Prozeß-Gesetzgebung.

2) wegen aller Forderungen aus zweiseitigen Geschäften, welche in die Hypothekenbücher eingetragen sind;

3) wegen Ansprüche aus einem die Execution nicht mehr zulassenden Erkenntnisse, seit dessen Rechtskraft noch nicht funf Jahre verflossen sind;

4) wegen Forderungen der Geistlichkeit, gerichtlichen Anwälte und Notare, der Feldmesser und Konducteure für ihre Gebuhren und Auslagen, wenn diese durch die vorgesetzte Behörde festgesetzt worden sind und das Festsetzungsdecret mit der Klage zugleich überreicht wird [104]).

Wegen der drei ersten Klassen findet nach manchen andern Prozeßordnungen, z. B. der französischen, kein Prozeß mehr statt, vielmehr kann nach Erlassung des **Commandement** mit der Execution verfahren werden. Dieses Verfahren verdient den Vorzug, wenn man die Opposition gestattet. Denn die Erfahrung lehrt, daß sehr selten gegen derartige klare Forderungen Einwendungen gemacht werden, so daß die Prozeßkosten und der Zeitverlust ganz umsonst entstehen mussen; und für die wenigen Fälle, wo wirklich gegründete Einwendungen zu machen sind, gibt die Opposition hinlängliche Sicherheit. Die Forderungen der vierten Klasse könnte man ohne alle Gefahr auf dieselbe Weise behandeln, so daß der Mandatsprozeß ganz entbehrlich wurde,

104) §. 1 der gedachten Verordnung.

und eine große Menge ganz unnöthiger, bloß um der Form willen verhandelter aber sehr kostbarer Gerichts-Akten für immer aufhörte, hingegen eine um so viel schnellere Rechtshilfe geschaffen wäre.

II. Der Bagatellprozeß hat jetzt fast die Form des Mandatsprozesses angenommen, indem die Citation zum Klagebeantwortungstermin für den Fall des Ausbleibens das Mandat, den Kläger zu befriedigen, enthalten muß. Es würde viel zweckmäßiger sein, geradezu die Form des Mandatsprozesses anzuwenden, und erst auf den eingegangenen Widerspruch des Beklagten beide Theile zum mündlichen Verfahren zu bestellen: dadurch würden eine Menge nutzloser Termine mit ihren Kontumacial- und Agnitions-Protokollen wegfallen, unnöthige Wiederholungen der Klagen, die jetzt, wenn der Kläger sich versäumt hat, vorkommen, aufhören, und ebenso unnöthige Versäumnisse der Parteien nebst Reise- und Zehrungskosten vermieden werden.

III. der summarische Prozeß findet statt:

1) in allen Fällen, in denen nach den früheren Vorschriften der Executiv-Prozeß eintrat;
2) aus öffentlichen Urkunden über zweiseitge Geschäfte;
3) aus Privaturkunden über Darlehns-, Verwahrungs- und Leihverträge, über Tausch-, Kauf-, Lieferungs- und Miethsverträge, über versprochene Pensionen, Besoldungen, Alimente, Renten und alle zu bestimmten Zeiten wiederkehrende Leistungen;
4) wegen Forderungen der Fabrikunternehmer, Kaufleute, Krämer, Künstler und Handwerker für Arbeiten und

gelieferte Waaren, sowie für Vorschüsse an ihre Arbeiter; der Medizinalpersonen für ihre Besuche, Operationen und Arzneimittel; der Schul- und Erziehungsanstalten für den Unterhalt, den Unterricht und die Erziehung; der Lehrer hinsichtlich des Honorars; der Lehrherren hinsichtlich des Lehrgeldes; der Haus- und Wirthschafts-Offizianten und des Gesindes an Gehalt und Lohn; der Tagelöhner und anderer gemeiner Handarbeiter hinsichtlich ihres Lohnes; der Fuhrleute und Schiffer hinsichtlich des Fuhr- und Frachtgeldes; der Gast- und Speisewirthe für die von ihnen gegebene Wohnung und den gelieferten Unterhalt;

5) wegen Injurien, in soweit sie sich nicht znm Untersuchungsverfahren eignen;

6) alle andere Klagesachen, die auf den übereinstimmenden Antrag der Partheien in dieses Verfahren gebracht werden[105]. Diese Bestimmung legt man so aus, daß dem Richter freistehe, jede Klagesache im summarischen Prozesse einzuleiten, und wenn die Partheien dazu stillschweigen oder auf Befragen nicht widersprechen, die Genehmigung angenommen wird[106]. Dadurch kommen die rechtsunkundigen Partheien nicht

105) Ebendaselbst §§. 6 und 7.

106) Rescr. vom 9. September 1833. (v. Kamptz Jahrb. Bd. XLIII. S. 404.) — Rescr. vom 3. April 1837. (Ergänzungen der Rechtsb. zur A. G.-O. Th. I., Tit. 28. Verordn. v. 1. Juni 1833 §. 7. Zus. 4.)

selten in Nachtheile; denn der Prozeß nach dieser Verordnung beruhet auf der Eventualmaxime und zieht den Verlust des Rechtsmittels der Appellation zu, wenn die Rechtfertigung ausbleibt, wogegen nach der Allg. Gerichtsordnung nach Lage der Akten in zweiter Instanz erkannt werden muß. Werden nun gesetzlich nicht zu diesem Verfahren verwiesene Prozesse, z. B. die Schwängerungsprozesse, im summarischen Prozesse eingeleitet, so kann man wol schwerlich sagen, daß einfältige Landleute solches durch ihr Stillschweigen genehmigen; wären sie sich des Unterschiedes zwischen beiden Prozeßarten und der Folgen des summarischen Prozesses bewußt, so würden die Meisten schwerlich stillschweigen; denn nicht selten wird bloß nach Lage der Akten erster Instanz das erste Urtel von dem Appellationsrichter abgeändert.

Dieses Verfahren hat vor dem durch die Allgemeine Gerichtsordnung vorgeschiebenen Prozeß den Vortheil:

1) daß die Partheien bei dem Vortrage der Sache gegenwärtig sein und den Vortrag controliren können;
2) daß die Eventual-Maxime wiederhergestellt ist;
3) daß wenn die Partheien sich durch Justizcommissarien vertreten lassen, was jedoch nicht nothwendig ist, der Richter für solche Parthei nicht mehr die Prozeßschriften verfertigen, vielmehr der Justizcommissarius selbst seinen Schriftsatz machen und einreichen muß.

Dagegen hat das Verfahren alle übrigen Nachtheile des Prozesses nach der Allgemeinen Gerichtsordnung, insbesondere daß nicht die Partheien Herr ihres Rechtshandels sind; daß der Richter die Partheischriften für beide Theile machen muß [107]), wenn die Partheien sich nicht durch Justizcommissarien vertreten lassen; daß das Verfahren wesentlich schriftlich ist und in Gerichtsakten verhandelt werden muß. Das sogenannte mündliche Verfahren ist nichts weiter als ein Instructionstermin, welcher, wenn das Gericht ein Kollegium ist, mit der Vorlesung einer schriftlichen Relation durch Einen der Richter eröffnet wird, worauf denn alles Dasjenige, was die Partheien zu sagen für gut befinden, von dem Einen der Richter zu Protokoll genommen werden muß. Da nun keine schriftliche Replik vorhergegangen ist, so erfolgt diese bei der Gelegenheit, und der Gegner, wenn er persönlich anwesend ist und Information hat, duplicirt, so daß dieses Protokoll öfter Bogen lang wird, während dessen Abfassung die andern Richter stillsitzen und Langweile haben.

Ueberdieß aber hat das Verfahren noch folgende Nachtheile vor dem Prozesse nach der Allgemeinen Gerichtsordnung voraus:

1) Es ist sehr viel kostbarer als das Verfahren nach der Allgemeinen Gerichtsordnung. Folgende Vergleichung beweiset dieß:

107) Der Satz, daß der Richter ex officio die Wahrheit untersuchen solle, ist zwar nicht wiederholt, gilt jedoch gleichwohl im Wesentlichen auch im summarischen Prozeß, denn seine Anwendung beruhet darin, daß der Richter zum Besten beider Partheien von selbst den Rechtspunkt wahrnimmt; und dieß kommt zur Ausführung, wenn der Richter für die rechtsunkundigen Partheien die Prozeßschriften (Klage und Antwort) macht, wobei das Inquiriren oder Ausfragen von selbst eintritt.

Ein ganz einfacher auf einer öffentlichen Urkunde beruhender Prozeß, in welchem es sich bloß um eine Rechtsfrage handelt, kostet bei einem Gegenstande von 51 Rthlr. bei einem kollegialisch formirten Untergerichte:

A. nach der Allgemeinen Gebührentaxe für sämmtliche Untergerichte, vom 23. August 1815, Abschnitt II.

1)	für die Aufnahme der Klage zu Protokoll	7 Sgr. 6 Pf.
2)	für 2 Citationen, Taxen und Siegel	11 „ 3 „
	für die Reinschriften	5 „ – „
	für die Abschrift der Klage	2 „ – „
	für zwei Behändigungs-Scheine . . .	4 „ – „
	für die Insinuationen	2 „ 6 „
3)	Gebühren für das Heften der Akten .	2 „ 6 „
4)	Instruktionsgebühren (da nur ein Termin nöthig gewesen)	20 „ – „
5)	für das Erkenntniß	20 „ – „
6)	für zweimalige Ausfertigung des Erkenntnisses	15 „ – „
	Siegelgelder	1 „ 3 „
	Reinschriften	5 „ – „
7)	für die Insinuation	2 „ 6 „
8)	für zwei Behändigungsscheine . . .	4 „ – „
9)	für den Zahlungsbefehl	2 „ 6 „
		3 Rtl. 15 Sgr. – Pf.
10)	Kassenquote	4 „ 5 „
	Zusammen	3 Rtl. 19 Sgr. 5 Pf.

B. nach der Gebühren-Taxe in dem summarischen Prozesse vom 9. Oktober 1833:

		Rthlr.	Sgr.	Pf.
1)	für die Aufnahme der Klage zu Protokoll	–	15	–
2)	für zwei Vorladungen	–	15	–
	= die Reinschriften	–	5	–
	= die Abschrift der Klage . . .	–	2	6
	= zwei Behändigungsscheine .	–	5	–
3)	= das Aktenheften	–	2	6
4)	= den Klagebeantwortungs-Termin	–	15	–
5)	= zwei Vorladungen zur mündlichen Verhandlung	–	15	–
	für die Reinschriften	–	5	–
	= die Behändigungsscheine . . .	–	5	–
	= die Abschrift des Klagebeantwortungsprotokolls	–	2	6
6)	für die mündliche Verhandlung .	1	–	–
7)	= das Erkenntniß	1	–	–
8)	= die zweimalige Ausfertigung	–	25	–
	für die Reinschriften	–	5	–
9)	für zwei Behändigungsscheine . .	–	5	–
10)	= den Zahlungsbefehl	–	2	6
	Zusammen	5	25	–

Derselbige Prozeß über 51 Rthlr. bei demselben Gerichte kostet mithin nach dem neuen Verfahren 2 Rthlr. 5 Sgr. 7 Pf. mehr als nach dem alten Verfahren.

Auch nach der höhern Gebühren-Taxen für die Gerichte in großen Städten betragen die Kosten nicht so viel. Denn derselbe Prozeß kostet

C. nach der Gebühren-Taxe für Stadt- auch Land- und Stadtgerichte in großen Städten, Abschnitt **II**:

		Rℓ.	Sgr.	₰
1)	für die Aufnahme der Klage zu Protokoll	—	10	—
2)	für zwei Vorladungen	—	20	—
	= Siegelgelder	—	2	6
	= Reinschriften	—	5	—
	= die Abschrift der Klage	—	2	—
	= zwei Behändigungs-Scheine	—	4	—
3)	= die Insinuation	—	2	6
	= das Aktenheften passirt nichts.			
4)	= die Instruktion	1	10	—
5)	= das Erkenntniß	1	—	—
6)	= die zweimalige Ausfertigung	—	20	—
	= Siegel	—	2	6
	= Reinschriften	—	5	—
7)	= Insinuation	—	2	6
8)	= die Behändigungsscheine	—	4	—
9)	= das Zahlungsmandat	—	2	6
		5	—	6
18)	Kassen-Quote	—	6	3
	Zusammen	5	6	9

mithin 18 Sgr. 3 ₰ weniger.

Nur nach der Gebührentaxe für sämmtliche Landes-Justiz-Kollegia kostet er 7 Sgr. 9 Pf. mehr, was jedoch wenig austrägt, da bei weitem die größere Zahl von Rechtshändeln in erster Instanz vor den Untergerichten abgemacht werden.

2) Das neue Verfahren ist bei einfachen und klaren Sachen auch sehr viel langwieriger als das nach der Allgemeinen Gerichtsordnung. Der Prozeß, welcher bei den vorstehenden Kostennoten gedacht worden, kann nach der Allgemeinen Gerichts-Ordnung in 15 Tagen nach der Präsentation der Klage, ohne besondere Beschleunigung, auf contradictorische Verhandlung entschieden sein, wobei drei Tage auf die Expedition und Insinuation der Vorladung gerechnet werden. Gesetzt, die Klage wird am 1. Mai Morgens präsentirt und geht am Nachmittage für die am folgenden Tage anstehende Session zum Vortrage, die Citation wird am 2. Mai verfügt und erst am 4. Mai insinuirt; dieß sind . . . . 3 Tage

Der Termin ist den 12. Mai angesetzt, . . . 8 „

Die Akten werden den 12. zum Spruch geschrieben, den 13. distribuirt, dann kann die Sache in der Session vom 16. Mai, also am . . . . . 5 „

ganz bequem vorgetragen werden und mihin in 15 Tagen entschieden sein.

Nach dem neuen summarischen Verfahren dagegen ist das unmöglich; für dieselbe Sache ist an Zeit erforderlich:

1) auf die Insinuation der Klage . . . . 3 Tage
2) Frist bis zum Klagebeantwortungstermin 14 „
3) für die Vorladung zur mündlichen Verhandlung . . . . 3 „

Latus 20 Tage

Transport 20 Tage

4) Frist bis zur Audienz in der nächsten Woche 10 „

Zusammen . . . . 30 Tage.

Besonders schleunige Sachen können nach der Allgemeinen Gerichtsordnung in drei Tagen entschieden sein, was mit dem neuen summarischen Prozeßverfahren unausführbar ist, wenn, wie jeder Theil verlangen kann, die Sache mündlich verhandelt werden soll.

3) Das neue summarische Verfahren vermehrt die Schreiberei bedeutend, ohne daß dadurch für die Sachen oder die Partheien der mindeste Vortheil erwächst. Die vorhin gedachte Sache z. B. erfordert, da beide Theile über die Thatsachen einig und nur in rechlicher Hinsicht verschiedener Meinung sind, ein Instruktionsprotokoll von der Länge einer oder zweier Seiten, womit die ganze Prozeßverhandlung beendigt ist. Das summarische Verfahren verlangt nun noch ein schriftliches Referat, welches Klage und Anwort enthalten muß, und ein Protokoll über die mündliche Verhandlung und getroffene Entscheidung. Die Akten vermehren sich dadurch wenigstens um das Doppelte, denn das Referat und das Audienzprotokoll enthalten gewiß so viel Schreibwerk als die Klage und das kurze Instruktionsprotokoll. Die Erkenntnisse sind in beiderlei Verfahren von dem nämlichen Inhalte.

4) Das neue summarische Verfahren konsumirt mehr Arbeitskraft und Zeit als der summarische Prozeß nach der Allgemeinen Gerichtsordnung. Der ernannte Referent muß nämlich ein schriftliches Referat ausarbeiten und der Dirigent muß dasselbe mit den Akten vergleichen. Beide Arbeiten fal-

len nach der Gerichtsordnung weg, denn wenn auch der Referent zu seinem Vortrage sein Votum vorher schriftlich aufsetzt, so dient dieses zugleich zum Erkenntniß, welches der Referent in dem neuen summarischen Verfahren noch besonders redigiren muß. Diese in dem neuen Verfahren hinzugekommene Arbeit zweier Mitglieder ist für den dadurch bezweckten Vortheil viel zu bedeutend, ja man kann sagen ein unnöthiger Aufwand; denn die dadurch bezweckte Sicherung der Partheien für den richtigen Vortrag finden sie schon darin, daß sie dabei zugegen sind und den Vortrag kontroliren können. Uebrigens ist bei so klaren und einfachen Sachen, wie sie bei dem summarischen Verfahren vorausgesetzt werden, die Gefahr eines unrichtigen mündlichen Vortrages eben so entfernt als sie bei verworrenen, nach der Gerichtsordnung instruirten ordinairen Prozessen nahe ist. Ferner findet sich ein unverhältnißmäßig großer Zeit- und Kraftaufwand bei der mündlichen Verhandlung darin, daß ein Audienzprotokoll geschrieben werden muß, unterdessen das ganze übrige Kollegium unthätig ist. Dadurch wird gar nichts gewirkt. Wäre die Verhandlung wirklich und wesentlich mündlich, wie nach der französischen Prozeßordnung; so könnte das Kollegium sogleich, nachdem die Partheien oder deren Stellvertreter ihren Vortrag beendigt hätten, zur Berathung schreiten und sein Urtheil fällen. In den Audienzen der rheinischen Gerichte führt zwar der Gerichtsschreiber auch ein Protokoll; dieses gehört aber nicht zu den Prozeßakten, und das Kollegium hält sich nicht darnach auf und kann auch kein Gewicht darauf legen, weil Es nur auf den mündlichen Vortrag und die schriftlichen Konklusionen (Anträge) sein Urtheil gründen darf.

5) Das neue summarische Verfahren wird zur zwecklosen theatralischen Handlung durch die s. g. mündliche Verhandlung, wenn die Partheien einfältige Landleute sind und keine rechtsverständige Stellvertreter haben. Das neue Prozeßgesetz hat nämlich, obwohl es eine Art von Nachahmung der französischen Prozeßordnung ist, den Satz derselben, daß nur geschäftskundige Partheien persönlich auftreten dürfen, nicht mit aufgenommen, und es erscheinen denn auch sehr viel Partheien persönlich. Ohne Zweifel muß die bürgerliche Freiheit soweit geachtet werden, daß es jeder selbstständigen Person unbenommen ist, ihre Rechte wahrzunehmen oder nicht wahrzunehmen; aber diese Freiheit geht nicht soweit, daß eine durch Leidenschaft oder Unverstand am Vortrage ihrer Sache verhinderte Parthei nicht bloß das Richterkollegium sondern auch den Gegner durch ungehörige, unpassende Redensarten belästige oder gar verletze. In den allermeisten Fällen, wo geschäftsunkundige Partheien in der Audienz persönlich erscheinen, reden dieselben, zumal wenn es gemeine Landleute sind, entweder gar kein Wort und sind befangen, oder sie sprechen von Dingen die nicht zur Sache gehören, wodurch die Audienz zu einer zweck- und nutzlosen Komödie wird.

Endlich ist

6) dadurch, daß die Verordnung vom 1. Juni 1833 nur eine Special-Prozeßordnung ist, doch aber willkührlich auch andere als die ausdrücklich genannten Sachen in dieses Verfahren gebracht werden können, eine Zwiespaltigkeit in der

Prozeßmaxime eingeführt und eine Irritirung des Publikums bewirkt. Das neue Prozeßgesetz stellt nämlich die strenge Eventualmaxime wieder her, wie es auch zu einem geregelten Prozeßverfahren nothwendig ist; die Allgemeine Gerichtsordnung hat bekanntlich die entgegengesetzte Maxime, nach welcher die Einwendungen nach und nach, ja noch im Schlußtermine oder endlich noch in der Deduktion, vorgebracht werden dürfen. Die Sache stehet jetzt nun so, daß es lediglich von der Zufälligkeit der Wahl in der Prozeßart abhängt: ob die Partheien der Eventualmaxime unterliegen sollen oder nicht, ein Umstand, der dem rechtsunkundigen Publikum nicht bekannt ist. Aus dieser Verschiedenartigkeit der Behandlung der Rechtssachen, je nachdem diese oder jene Prozeßart, meistentheils ohne Bewußsein der Partheien, angewendet wird, entsteht Verwirrung im Publikum; man weiß sich nicht hineinzufinden und kann sich nicht erklären: warum denn in ganz gleichen Sachen es einmal so und ein anderes Mal anders sein solle. Die Preußische Prozeßgesetzgebung mag wol einzig darin sein, daß zwei sich gerade entgegengesetzte Maximen gleichzeitig nebeneinander bestehen. Heilsamer würde es noch sein, das summarische Verfahren zum Ordinarium zu machen, und den Prozeß der Allgemeinen Gerichtsordnung ganz aufzuheben. Denn es lassen sich in diesem Verfahren, wie die rheinische Gerichtspraxis zeigt, alle Prozesse, mit seltenen Ausnahmen, mündlich verhandeln, und für die seltenen Ausnahmen, wozu z. B. Rechnungsprozesse gehören möchten, ließe sich, eben so in wie der rheinischen Prozeßordnung vorgeschrieben ist, ein schriftliches Verfahren anwenden, ohne dabei eine andere Prozeßmaxime zu befolgen.

Bei den Einzelrichtern ist keine Veränderung in dem hergebrachten Schlendrian wahrzunehmen, Viele sind sich des Unterschiedes zwischen dem Prozeß nach der Allgemeinen Gerichtsordnung und dem neuen summarischen Prozesse nicht bewußt, und sehen in der Verschiedenheit der lithographirten oder gedruckten Formulare zu den Vorladungen den ganzen Unterschied, der bei Manchen auch noch wegfällt.

Anerkannt werden muß, daß nach der neuen Prozeßordnung mit böswilligen oder saumseligen Partheien eher vorwärts zu kommen ist als nach der Allgemeinen Gerichtsordnung; dieses liegt jedoch nicht in dem Verfahren, sondern in den drei Prozeßrechtssätzen:

1) daß im Laufe des Verfahrens keine neuen Einreden und keine neuen Beweismittel mehr vorgebracht werden müssen, wenn sie sich nicht erst aus der Verhandlung selbst ergeben (Eventualmaxime);
2) daß die Termine präcise wahrgenommen werden, und die Richter und Gegner nicht mehr stundenlang warten müssen;
3) daß die Appellationen für zurückgenommen erachtet werden, wenn in den Anmeldungsschriften die Beschwerdepunkte nicht bestimmt angegeben sind, und der Appellant im Rechtfertigungstermine nicht erscheint.

Mit diesen Sätzen allein würde jedoch in Verbindung mit der Allgemeinen Gerichtsordnung mehr gewirkt werden, als mit dem angehängten neuen Verfahren, welches nicht wesentlich eingreift, vielmehr nur als ein lästiges Anhängsel erscheint und ohne Etwas zu wirken oder zu fördern nur die Zeit nimmt und nutzlose Schreiberei macht. Mit Recht fordert man dringend einen raschen Geschäftsgang und hat es ausdrücklich angeordnet, daß die Ausfertigungen der Erkenntnisse binnen acht Tagen nach der Verkündigung insinuirt werden sollen[108]). Aber mit der bloßen Anordnung ist es nicht gethan; die Erkenntnisse werden in vielen Sachen nach drei und vier Wochen erst redigirt und kommen dann erst zur Ausfertigung, über welche auch noch acht bis vierzehn Tage hingehen. Die Richter können mit dem ihnen obliegenden schweren Schreiberdienst nicht aufkommen.

3. Summarisches Untersuchungsverfahren.

Durch Kabinets-Ordre vom 31. August 1840 wurde für das Kriminalgericht zu Berlin bestimmt, daß Untersuchungen

1) welche polizeimäßig geführt werden, und

2) wegen solcher Vergehen,

a. die mit leichter körperlicher Züchtigung, höchstens vierwöchentlicher Gefängnißstrafe oder funfzig Thaler Geldbusse, oder

b. mit einer willkührlichen Strafe zu ahnden sind,

an ein für allemal bestimmte Kommissarien des Gerichts über-

108) §. 37 der gedachten Verordnung.

wiesen werden, und das Erkenntniß erster Instanz auf mündlichen Vortrag des Inquirenten von einer aus drei Mitgliedern bestehenden Abtheilung des Gerichts abgefaßt wird; auch ward eine besondere Dienst-Instruction für dasselbe Kriminalgericht, vom 20. Oktober 1839, gegeben, und in den §§. 3 und 4 derselben Anordnung zur Beschleunigung solcher Untersuchungen getroffen worden[109].

Diese Anordnung ist später, auf Antrag des Justiz-Ministers, mittelst Kabinets-Ordre vom 24. März 1841, bei allen kollegialisch formirten Gerichten in Anwendung zu bringen genehmigt worden, und darauf in Gemäßheit des Ministerial-Rescripts vom 29. März 1841[110] zur Ausführung gekommen.

Das Wesentliche dabei besteht in der Aufhebung einer Maaßregel, welche die Kriminal-Ordnung zum Schutz des Angeschuldigten sowohl als im öffentlichen Interesse angeordnet hat, nämlich der Vorschrift, daß nicht der Inquirent, sondern immer ein anderes Mitglied des Kollegiums den Inhalt der Untersuchungs-Akten vortragen soll[111]. Die Sache verhält sich nun gerade so, wie es nach der rheinischen Verfassung sein würde, wenn die aus drei Mitgliedern, den Untersuchungsrichter mit begriffen, bestehende s. g. Rathskammer auf den Vortrag des Untersuchungsrichters

109) Justiz-Ministerialblatt von 1840, S. 307.

110) Just.-Minist.-Bl. von 1841, S. 146.

111) §. 471 „Das Erkenntniß muß von einem andern Mitgliede des Kollegii als dem, welches die Untersuchung geführt hat, abgefaßt werden. Bei solchen Gerichten, welche nur aus einer Gerichtsperson bestehen, findet, wie sich von selbst verstehet, eine Ausnahme von dieser Regel statt."

das Strafurtel abzufassen hätte, nur hätte dieses Verfahren dann immer noch den Vorzug, daß vorher die Akten dem Staatsanwalt zur Beifügung seines schriftlichen Antrags vorgelegen haben müßten. Mir scheint es nicht, daß in der neuern Einrichtung ein Fortschritt läge. Die Geringfügigkeit der zu erkennenden Strafen können nicht als Grund gelten für die Aufhebung eines; dem Angeschuldigten gegen Ungenauigkeit oder Unrichtigkeit des Vortrags gewährten, Schutzmittels, und überdieß kommt es vor, daß auf polizeilich geführte Untersuchungen sehr bedeutende Zuchthausstrafen erkannt werden. Mir ist vorgekommen, daß Jemand, der eine sehr große Menge kleiner gemeiner Diebstähle verübt hatte, ohne vorher schon bestraft worden zu sein, und gegen den die Untersuchungen, wie wegen ersten kleinen gemeinen Diebstahls vorgeschrieben ist, polizeimäßig, d. h. nur von einer Gerichtsperson geführt worden waren, auf ein Jahr Zuchthaus verurtheilt wurde. In einer Kabinets-Ordre vom 7. März 1842 [112]) wird ausdrücklich gesagt, „daß die Bestimmungen über das summarische Untersuchungs-Verfahren bloß reglementarischer Natur, und als gesetzliche Vorschriften nicht publizirt sind; durch dieselben daher die bestehenden Gesetze über die Formen des Untersuchungs-Verfahrens, an sich, haben weder abgeändert werden können noch sollen; sondern nur eine Beschleunigung des Verfahrens innerhalb der Grenzen der bestehenden Gesetze bezweckt gewesen.“ Dazu scheint die eingetretene faktische

112) Justiz-Minist.-Bl. von 1842 S. 291.

Aufhebung der gedachten Vorschrift der Kriminal=Ordnung nicht zu stimmen. Das ganze, was durch diese faktische Abweichung von der Kriminal=Ordnung gewonnen wird, besteht

1) in der Zeit, welche auf die Vorlegung der Akten zur Vertheilung an einen Referenten aufgeht, die zwar auf etwa zwei Tage durchschnittlich angenommen werden kann, jedoch durch den Ausfall dieser Distribution auch nicht für durchaus erspart angesehen werden darf, weil nun der Inquirent die Akten mehrere Tage auf seiner Stube behält, da er auch nicht mehr thut als er thun kann;

2) in der Zeit, welche der der Sache fremde Referent gebraucht, um die Akten durchzulesen, wodurch zugleich Arbeitskraft gespart und eine Erleichterung des Gerichts erzielt wird;

3) darin, daß bei großen Kollegien nicht das ganze Kollegium versäumt wird.

Nach einem, in der gedachten Kabinets=Ordre (Note 112) erwähnten Immediat=Berichte soll das summarische Verfahren günstige Erfolge gehabt haben. Diese müssen sich auf die so eben angegebenen Zeit= und Krafterspartnisse zurückführen lassen.

Was die erste Ersparniß an Zeit betrifft, so kann dadurch nur bei sehr großen Gerichten mit einem langsamen Geschäftsgange eine des Redens werthe Zeit gewonnen werden, namentlich bei solchen Gerichten, wo die Zahl solcher Spruchsachen sehr groß ist und die Referenten die Akten mehrere Wochen bei sich liegen lassen, ehe sie zu deren Vortrag kommen können. Wo dieß nicht zutrifft, wo namentlich die spruchreif gewordenen Akten sogleich zugeschrieben und die Spruchsachen in der nächsten oder doch in der darauf folgenden Session vorgetragen werden, da wird nichts an Zeit gewonnen.

Die zweite und dritte Ersparniß an Arbeitskraft tritt auch nur da ein, wo wegen des sehr großen Umfangs des Gerichtssprengels die Zahl dieser Art von Sachen sehr bedeutend ist; außerdem ist die Ersparniß von keiner Erheblichkeit, buchstäblich ausgeführt, würde die Einrichtung sogar einen ganz nutzlosen Kraft- und Zeitaufwand erfordern. Bei dem Fürstenthumsgerichte in Neisse, z. B., welches die Strafgerichtsbarkeit über etwa 80000 Gerichtseinsassen hat, kommen im Durchschnitt noch nicht zwei Sachen dieser Art wöchentlich vor. Sollten nun dieserhalb drei Mitglieder des Kollegiums an bestimmten Tagen, außer den gewöhnlichen Sessionen, zusammen kommen, was öfter umsonst geschehen würde, so wäre das eine unverständige Vergeudung der Zeit und Arbeitskraft, der Kommissarius trägt deßhalb die etwa vorhandene Sache zu Anfang der ordentlichen Sessionen vor, in welchen dazu hinlänglich Zeit ist, und da nun einmal eine besondere Abtheilung des Kollegiums von drei Mitgliedern dafür hat bestimmt werden müssen, so besteht der Unterschied von jetzt gegen früher darin, daß nur drei dazu vorher bestimmte Mitglieder im versammelten Kollegium votiren, während früher alle anwesenden Mitglieder stimmten. In gleicher Art stellt sich die Sache bei allen Gerichten, mit Ausnahme von einigen wenigen, kaum von dreien oder vieren. Danach ist zu ermessen, ob sich eine faktische Aufhebung jener so wichtigen Bestimmung der Kriminal-Ordnung lohnt; die Erfolge können unmöglich in dem Grade günstig sein, daß sie einen Ersatz für die aus der Anordnung entstehenden Nachtheile gewährten.

Der Beobachter nimmt an diesen Versuchen wahr, daß sie hauptsächlich darauf abzielen, die alles überfluthende und verdämmende Schreiberei und Arbeitslast der Richter zu vermindern, dadurch einen desto rascheren und leichteren Geschäftsgang herbeizuführen, und die Richter in den Stand zu setzen, ihrem eigentlichen Berufe, der ihnen den Namen gibt, mehr Zeit zu widmen und sich auf ihre wichtigen Amtsverrichtungen gründlich vorzubereiten. Allein er findet bei genauer Betrachtung, daß die Versuche unzureichend sind und daß die Vortheile, welche sie auf der einen Seite gewähren, durch die Nachtheile derselben auf der andern Seite überwogen werden. Was Noth thut, ist nur durch eine gänzliche Entlastung der Gerichte von allen Geschäftsverwaltungen und Akten-Verfertigungen, durch einfache Zurückführung des Richteramts auf seine wesentliche Bestimmung: auf die Entscheidung der Rechtsstreitigkeiten, zu erreichen, und eine Folge davon würde sein, daß die Rechtswissenschaft wieder zur vollständigen Geltung käme, daß nicht mehr amtliches Ansehen, sondern die Gründe für eine geltend gemachte Rechtsmeinung in der Rechtsverwaltung entscheidend und bestimmend wären.

Fünfte Abtheilung.

Wie ist eine verbesserte Einrichtung auszuführen?

Bisher sind die vorhandenen Mißstände nachgewiesen und dabei ist im Allgemeinen angedeutet, in welcher Art die jetzigen Zustände verändert werden möchten; es ist noch übrig, anzudeuten, wie eine verbesserte Einrichtung bei der Rechtsverwaltung ins Werk zu richten. Dazu sind drei Hauptstücke nöthig: eine neue Civil-Prozeßordnung, eine neue Strafprozeß-Ordnung, und eine neue, dazu passende Gerichtsverfassung, und zwar alles nach den bereits angegebenen Grundzügen, oder, was dasselbe ist, mit unbedeutenden Abweichungen nach dem Muster der rheinischen Verfassung.

1. Civil-Prozeßordnung.

Die Prozeßordnung muß eine allgemeine, kurz und einfach sein; für die unbedeutenden und sehr schleunigen Rechtshändel, namentlich: Bagatell-, Mieths-, Bau- und Possessorien-Sachen müssen Einzelrichter eingesetzt, alle übrigen Rechtssachen aber vor ein Richterkollegium gebracht werden. Das Verfahren muß wirklich bloß mündlich sein, d. h. die

Partheien oder deren Vertreter müssen ihre Sache dem Audienz gebenden Richter vollständig mündlich vortragen, und der Richter muß bloß auf diesen Vortrag sein Urtheil gründen. Zur Basis dienen schriftliche Anträge (Conclusionen), welche von den Partheien zu übergeben sind; der Richter aber muß gar keine Akten schreiben. Die zum mündlichen Vortrage erforderliche Information (Instruction) über die wechselseitigen Behauptungen und Einwendungen ist vorher durch Schriften zwischen den Partheien und deren Anwälten mitzutheilen. Dieses Verfahren hat in der rheinischen Prozeßordnung eine beinah zweihundertjährige Erfahrung für sich und möchte dort, wo es einheimisch ist, um keinen Preis mit einem andern vertauscht werden.

2. Straf-Prozeßordnung.

Auch diese muß wesentlich nach dem Muster der rheinischen Kriminalordnung gegeben werden und folglich einführen:

1) einen öffentlichen Ankläger,

2) wirkliche, nicht bloß scheinbare Mündlichkeit des Verfahrens, d. h. der Angeschuldigte muß, wenn er nicht etwa ungehorsam ausbleibt, bei der Verhandlung vor den erkennenden Richtern in Person zugegen sein, die gegen ihn den Richtern vorgeführten Beweise unmittelbar sehen und anhören und zu

seinen Richtern sprechen können, und das Urtheil, aus derem eigenen Munde, unmittelbar hören;

3) Oeffentlichkeit; sie ist, wenn sie nach der bestehenden Staatsverfassung auch nicht wesentlich aus der Sache folgen sollte[113]), ein Schutz für den Angeschuldigten;

4) Geschworene. Ueber diese muß ich mich noch näher erklären. Darunter verstehe ich, wie ich schon gesagt habe[114]), Repräsentanten des Gesetzgebers, welche in jedem speziellen Falle als Gesetzgeber über die Rechtsfrage: ob der Angeschuldigte des angeklagten Verbrechens überwiesen sei oder nicht, Bestimmung treffen; weil sich im Voraus keine, auf alle Fälle genau passende Regeln geben lassen und die dabei in Betracht kommende Rechtsüberzeugung niemals in der Seele eines Andern, nämlich des eigentlichen Rechtsschöpfers oder Gesetzgebers, gewonnen werden kann, vielmehr rein subjectiv ist. Deßwegen müssen die Geschworenen die Person desselben durch sich selbst darstellen, nicht bloß dessen Beamtete sein, die eine schriftliche Instruktion genau und ängstlich zu befolgen hätten; sie müssen sich als unabhängige Rechtsfinder für diesen Spezialfall zu betrachten haben und lediglich ihrem eigenen Bewußtsein folgen. Daß nun diese Repräsen-

113) S. oben Seite 54, Nr. 4.

114) Oben S. 53 und S. 54, Nr. 3.

tanten nur alsdann für Geschworene anzusehen seien, wenn sie aus den ungelehrten Staatsbürgern jedesmal für den einzelnen Fall ausgewählt werden, behaupte ich nicht; angestellte Beamtete oder Richter, welche zu solchen Repräsentanten berufen wären, würden ebenfalls Geschworene sein, wenn sie nur Derjenige wählt, bei welchem die Gesetzgebung ist. Es thut auch nichts, daß Derselbe diese Wahl unter seinen eigenen Beamteten vornimmt; denn die Besorgniß, daß Diese nicht so selbstständig sein würden wie unabhängige Staatsbürger, kann nicht eintreten, weil der Gesetzgeber ja selbst das Verdikt würde geben können, mithin die von ihm abhängigen Beamteten doch höchstens nur das thun könnten, was er selbst zu thun Macht und Recht gehabt hätte. Nach unserer hergebrachten Verfassung ist unzweifelhaft der König der alleinige Gesetzgeber und höchste Richter[115]); ihm allein steht daher auch die Wahl zu[116]), und es hindert nichts, dieselbe

115) A. G.-O. Th. III., Tit. 1, §. 9. „Damit nun besagte Kollegien im Stande sein mögen, diesen Pflichten und Verrichtungen gehörig nachzukommen: so haben Se. Königl. Majestät ihnen das Recht beigelegt, die Justiz in Allerhöchst deroselben Namen zu administriren, und befehlen jedermänniglich, ohne Unterschied und Ausnahme, den Verordnungen und Verfügungen des ihm vorgesetzten Landesjustizkollegii — eben die willige, prompte und gehorsame Folge zu leisten, wozu er Seiner Königl. Majestät selbst, als höchstem Landesherrn und oberstem Richter verpflichtet ist.

116) In Frankreich entspricht es der Verfassung nicht, wenn die Regierung allein die Personen zu den Geschworenen auswählt.

auf die schon angestellten Richter fallen zu lassen, wenn es nicht zweckmäßig gefunden wird, andere Personen dazu zu nehmen. Danach sind denn alle Richter, welche angewiesen und berufen sind, über die Thatfrage lediglich nach ihrer inneren Ueberzeugung, nach bestem Wissen und Gewissen zu urtheilen, ohne in diesem Urtheil durch vorgeschriebene Regeln gebunden und beschränkt zu sein, wirkliche Geschworene [116 a]).

116a) Wenn es daher in den Gründen eines, in der Breslauer Zeitung vom 16. Dezbr. 1812, Nr. 291, Art. Darmstadt, mitgetheilten Erkenntnisses des Kreisgerichts zu Mainz heißt:

„Hieraus ergebe sich, daß die Beschuldigten zu verurtheilen wären, wenn ihnen nachgewiesen sei, daß ihnen die erforderlichen Bestandtheile eines dieser beiden Komplotte bekannt gewesen; allein hieran, also an dem subjektiven Thatbestande fehle es. Das Kreisgericht dürfe, in Gefolge des Art. 189 des Code d'instruction criminelle, nur nach erlangter juristischer Ueberzeugung von der Schuld entscheiden, und es sei kein vollständiger Beweis erbracht worden, daß die Beschuldigten eine genügende, sie in Gemäßheit des Art. 105 des Code pénal zur Anzeige verpflichtende Kenntniß von der einen oder der anderen der oben erwähnten, als Komplott zu betrachtenden Verbindungen gehabt hätten. Die Geständnisse seien widerrufen und diese Zurücknahme sei so motivirt worden, daß jene nunmehr nicht als offen und aufrichtig, im Bewußtsein der eigenen Schuld und derjenigen der bezüchtigten Personen abgelegt, in den Augen des Gerichts erscheinen könnten. Nicht minder hätten die unbeeidigt abgehörten Auskunfts-Zeugen ihre früheren belastenden Erklärungen größtentheils ebenfalls widerrufen, woraus sich also ergebe, daß wegen Mangels hinreichenden Beweises freizusprechen sei,"

so erscheint die Redaktion dieses Urtels durchaus nicht dem Beruf des Richterkollegiums zu entsprechen; der Code pénal gibt, außer einigen negativen Regeln, auch den Korrectionstribunalen keine Beweisvorschriften, und ohne eine Beweistheorie kann von „juristischer Ueberzeugung", d. h. von Uebereinstimmung

Die Geringfügigkeit vieler strafbaren Handlungen gestattet nicht bei Allen eine gleiche Weitläuftigkeit, Umständlichkeit und Feierlichkeit des Verfahrens; daraus folgt eine Verschiedenheit des Prozeßes je nach der Wichtigkeit der strafwürdigen That. Auch in dieser Beziehung ist die der rheinischen Strafrechtsgesetzgebung zum Grunde liegende Eintheilung der strafbaren Begehungen oder Unterlassungen in Polizei-Uebertretungen, in Vergehen, und in Verbrechen aus dem Leben entnommen; die neuere Preußische Gesetzgebung nähert sich derselben,, und es ist zu wünschen und zu hoffen, daß dieselbe wirklich ausgesprochen werde.

Die Polizeivergehen würden — wie nach rheinischem Rechte — von einem Einzelrichter, die Vergehen von einem kleinen Kollegium, und die schweren Verbrechen im förmlichen Kriminalverfahren von dem Kriminalgerichte zu bestrafen sein.

Was die Besetzung des Letztern betrifft, so möchte ein Kollegium von nur fünf Mitgliedern nicht zahlreich genug sein, ohne Appellation zu erkennen, wenn nicht damit noch eine besondere Jury verbunden ist; ich würde glauben, daß wenigstens Sieben beisitzen, und diese über das Schuldig einstimmig sein müßten.

3. Gerichts-Organisation.

Zu solchem Verfahren, wie wir es hier voraussetzen, passen nur große, die Aufhebung des jetzt nur noch als histo-

der Sache mit dem vorgeschriebenen Maßstabe, nicht Rede sein. Es kam bei der Sache bloß auf die subjective Meinung des Gerichts an.

rische Antiquität sich darstellenden eximirten Gerichtsstandes[117]) voraussetzende Gerichte, mit den erforderlichen Einzelrichtern für unbedeutende Sachen, nach der Art der rheinischen Gerichte, wenn auch nicht von so großem Umfange. Durch die Aufhebung der großen Landgerichte im Großherzogthum Posen und in Sachsen ist in dieser Hinsicht wieder ein Rückschritt gemacht, indeß ließen sich dieselben dort bald wieder retabliren. Ueberhaupt scheint die Ausführung einer gleichförmigen Einrichtung der Gerichte in dieser Art durch den ganzen Staat nicht so gar sehr viele Hindernisse zu finden, wie es auf den ersten Anschein zu haben scheint. Die Hauptschwierigkeit würde in der, in den mehrsten Provinzen noch bestehenden Patrimonialgerichts-Verfassung liegen; da aber die Patrimonialgerichtsbarkeit nicht absolut aufgehoben zu werden braucht, sondern nur zu modifiziren ist, so möchte sie kein Hinderniß sein. Sind die Privatgerichtssprengel so groß, daß in denselben ein eigenes verfassungsmäßiges Gericht bestehen kann, wie z. B. in dem Fürstenthum Oels möglich sein würde, so ist nicht einmal eine Modifikation der Gerichtsbarkeit erforderlich; kleinere Gerichtsbarkeiten mögen zur Bildung des kollegialisch formirten größern Untergerichts mit Andern vereinigt werden, oder die Gerichtsherren mögen sich Königlichen Gerichten anschließen und Gesammtgerichte bilden; die Einzelrichter hingegen können, wie bisher, von ihnen angestellt werden. Auf den Grund gesehen würde in der neuen Einrichtung nichts weiter liegen,

117) S. oben S. 137. u. flg.

als daß gewisse bedeutendere Sachen der Competenz der Justitiarien entzogen werden, wie das ja ohnehin schon mit andern Sachen, z. B. den Ehesachen geschehen ist, und noch geschehen soll. Für die den Einzelrichtern verbleibenden Rechtssachen könnten die Justitiarien ungestört beibehalten werden; nur würden dann diejenigen Sachen, wobei die Gerichtsherren interessirten, dem nächsten Königlichen Einzelrichter zuzuweisen sein. Dabei würden alle Vortheile, welche aus der Patrimonialgerichtsbarkeit den Gerichtseingesessenen entstehen sollen, und gegen die Angriffe auf dieselbe hervorgehoben zu werden pflegen, als nämlich Patriarchalität, vertrauliches Verhältniß zwischen Richter und Gerichtseingesessenen, gütliche Beilegung der Streitigkeiten, Kürze der Verhandlungen, Bequemlichkeit für die Gerichtseingesessenen und dergleichen gerettet, und die Gerichtsherren erlangten ihrerseits den Vortheil, der großen Last der Depositalverwaltung und der Verantwortlichkeit für Unterschlagungen überhobenz u werden.

In manchen Provinzen ist sogar die geschichtliche Eintheilung der Bildung solcher Gerichte sehr günstig, namentlich gilt dieß von Schlesien: hier bedürfte es bloß der Errichtung eines Fürstenthumsgerichts in jedem Fürstenthume, so daß, mit Heranziehung des Herzogthums Krossen mit der Herrschaft Züllichau, und der Oberlausitz, auf ganz Schlesien etwa 15 Fürstenthumsgerichte, jedes im Durchschnitt mit ungefähr 150 — 170 Tausend Gerichtseingesessenen, und dazu ein Appellationsgerichtshof kommen würden, nämlich:

1) das Fürstenthumsgericht zu Breslau, mit den Kreisen: Breslau, Neumarkt und Namslau;

2) das Fürstenthumsgericht zu Brieg, mit den Kreisen: Brieg, Ohlau, Strehlen, Nimptsch und Kreutzburg;

3) das Fürstenthumgericht zu Schweidnitz, mit den Kreisen: Schweidnitz, Reichenbach, Landeshut und Waldenburg.

4) das Fürstenthumsgericht zu Jauer, mit den Kreisen: Jauer, Schönau, Striegau, Bolkenhayn und Hirschberg;

5) das Fürstenthumsgericht zu Wohlau, als Gesammtgericht fur das Fürstenthum Wohlau und Trachenberg, die Standesherrschaften Militsch und die freien Minder-Standesherrschaften Neuschloß-Freihan und Sulau, mit den Kreisen: Wohlau, Steinau, Guhrau und Militsch;

6) das Fürstenthumsgericht zu Oels als Patrimonial-Gesammtgericht für das Fürstenthum Oels und die Standesherrschaft Wartenberg, mit den Kreisen: Oels, Trebnitz und Wartenberg;

7) das Fürstenthumsgericht zu Münsterberg oder Glatz, ein Königliches und adliges Gesammtgericht, mit den Kreisen: Münsterberg, Frankenstein, Glatz und Habelschwerdt;

8) das Fürstenthumsgericht zu Liegnitz, mit den Kreisen: Liegnitz, Goldberg, Löwenberg, Lüben und Bunzlau;

9) das Fürstenthumsgericht zu Glogau, ein Königliches und herrschaftliches Gesammtgericht für die Fürstenthümer Glogau, Sagan und Carolath, mit den Kreisen: Glogau, Sprottau, Freystadt und Sagan;

10) das Fürstenthumsgericht zu Crossen, mit den Kreisen Crossen, Züllichau und Grüneberg;

11) das Fürstenthums- oder Markgrafschafts-Gericht zu Görlitz, ein Königliches und herrschaftliches Gesammtgericht für die Oberlausitz und die Herrschaft Muskau, mit den Kreisen: Görlitz, Rothenburg und Lauban;

12) das Fürstenthumsgericht zu Neisse mit den Kreisen: Neisse, Grottkau, Falkenberg und Neustadt;

13) das Fürstenthumsgericht zu Oppeln, mit den Kreisen: Oppeln, Rosenberg, Groß-Strehlitz, Lublinitz und Tost;

14) das Fürstenthumsgericht zu Ratibor, ein Königliches und herrschaftliches Gesammtgericht für die Fürstenthümer Raribor und Leobschütz, mit den Kreisen Ratibor, Cosel und Leobschütz;

18) das Fürstenthumsgericht zu Pleß, ebenfalls ein solches Gesammtgericht, mit den Kreisen: Pleß Beuthen und Rybnick.

Bei den Patrimonial-Fürstenthumsgerichten, wie Oels, und in den Gesammtgerichten, bliebe die Patrimonialgerichtsbarkeit ganz unverändert, und in den Königlichen Fürstenthumsgerichten könnten die Gerichtsherren auch nach wie vor ihre Justitiarien anstellen; nur daß dieselben bloß die beschränkte Gerichtsbarkeit der Einzelrichter auszuüben hätten.

Das Appellationsgericht würde seinen Sitz am zweckmäßigsten in Breslau finden, und die Oberlandesgerichte würden ganz eingehen.

Würde diese Gerichtsverfassung eingeführt, so müßte die Zahl der Richter und Gerichtsbeamteten, und damit auch die Summe der Kosten sich außerordentlich vermindern. In den vier Kreisen Neisse, Grottkau, Falkenberg und Neustadt sind jetzt 25 Königliche Richter, und 70 Subalternen und Unterbeamte beschäftigt, zu welchen noch über 10 Justitiarien und etwa 30 Patrimonialgerichts-Beamtete hinzutreten, so daß beinah 40 Richter und 100 Beamtete in Thätigkeit sind. Die neue Einrichtung dagegen würde erfordern:

8 Mitglieder des Fürstenthumsgerichts,
2 Staatsanwälte
9 Einzelrichter

19 Richter zusammen; und an Beamteten:

a. bei dem Fürstenthumsgericht — 4 Gerichtsschreiber,
1 Dollmetscher und
5 Gerichtsvollzieher,

b. bei jedem Einzelrichter ein Gerichtsschreiber und ein Vollzieher, 18

Zusammen 28.

Von den in der ersten Abtheilung aufgezählten Gegenständen der Gerichtsverwaltun würden dann zufallen:

1) den Fürstenthumsgerichten:

a. die Entscheidungen in streitigen Civilrechtssachen in erster Instanz, soweit dieselben wegen ihrer Geringfügigkeit oder Schleunigkeit nicht den Einzelrichtern zugewiesen werden;

b. die Rekurse gegen die Entscheidungen der Einzelrichter;

c. die Strafsrechtssachen, mit Ausnahme der Polizeivergehen;

d. die Berufungen gegen die Strafresolute der Polizeirichter;

e. gewisse einzelne Akte der freiwilligen Gerichtsbarkeit, bei welchen eine besondere Cognition erforderlich ist, z. B. Prüfung und Bestätigung der Vergleiche über zukünftige Alimente; der Adoptionsverträge; der Veräußerungen von Mündelgütern u. dergl., wobei allemal der Staatsanwalt den Vortrag halten würde;

2) den Einzelrichtern:

a. die schiedsrichterlichen Vergleichssachen;

b. die Entscheidung der geringeren Civilrechtsstreitigkeiten;

c. die Polizei-Strafsachen;

d. die ihnen aufgetragenen informatorischen Untersuchungen;

e. die Führung der Hypothekenbücher nach der vorhin angedeuteten Aenderung des Instituts, hinsichtlich des Gesetzlichkeits-Prinzips, der eigenen Wirksamkeit der Interessenten u. dergl.;

3. den Gerichtsvollziehern
das Executions- und Insinuations-Wesen.

Die Vormundschäften hatten die Familien und Kommunen zu führen, unter Mitwirkung der Gerichte bei gewissen wichtigen Angelegenheiten.

Das Depositalwesen würde sich auf die nothwendigen Depositionen einschränken, wofür das Depositorium bei den Kreis-Steuer-Kassen einzurichten sein möchte.

Das Sportelwesen wäre durch die Einrichtung von selbst sehr vereinfacht, indem nur für die Audienzen, Entscheidungen und Kommissionstermine Taxen und Stempel zum Ansatz kommen könnten, mit deren Erhebung die Kreissteuer-Kassen zu beauftrageu sein möchten.

Die Notariatsgeschäfte endlich, sammt den noch übrigen Handlungen der freiwilligen Gerichtsbarkeit würden ganz den Notarien zu übertragen sein, wollte man aber dafür eine Kreisbehörde einrichten, so könnte Dieser zugleich auch die Führung der Hypothekenbücher und die Depositalund Sportel-Verwaltung übertragen werden.

Diese Andeutungen schließe ich mit dem innigen Wunsche, daß sie eine gute Stelle finden und zur Förderung des allgemeinen Besten beitragen möchten. Nicht die bestehenden Einrichtungen zu tadeln, habe ich geschrieben, sondern um die wahren Ursachen des sich allgemein aussprechenden Mißvergnügens über die Rechtsverfassung, zugleich aber auch die Mittel und Wege, den Mißständen vielleicht nachhaltig abzuhelfen, anzudeuten.

Eine genauere Schilderung des unerträglichen, Kraft und Zeit verschlingenden leeren Schematismus und Formalismus, der sich jetzt zu überschlagen droht, lasse ich vielleicht noch nachfolgen.

Neisse,
Müllersche Buchdruckerei.

Subscri

In meinem Verlage erscheint:

Ergänzunge

Preußische

durch Gesetzg

Unter Benutzung der Justiz-Minist

Zweite um

H. Gräff, Justiz-Rathe. **L. v. Rönne**, O

10 Bände. Lexikon-Format. Maschinenpapier.

Die große Theilnahme, welche dies Werk gefunden, hat scho
der Anschaffung den Weg der Subscription einschlagen will. Wiewohl die
sondern auch die seit dem Erscheinen der Letztern hinzugetretenen neuen G
der resp. Subscribenten der Preis des ganzen Werks (in der erste

Die zwar nach dem, im Vorworte der ersten Ausgabe entwickelten,
mit Berücksichtigung der bei dem Gebrauche des Werkes gemachten Erfa
besserte und umgestaltete zweite Ausgabe erscheint in zehn

1ster bis 6ter Band: Ergänzungen und Erläuterungen zu der
Rath Koch, Regierungs-Rath Villaume und Ober-
Steuergesetze und des Bergwerks-Rechtes.

7ter Band: Ergänzungen und Erläuterungen zu dem **Crimina**

8ter und 9ter Band: Ergänzungen und Erläuterungen zu der

10ter Band: Ergänzungen und Erläuterungen zu der **Hypoth**

Jedem der Haupttheile werden besondere chronologische und

Die Lieferung des Werkes beginnt mit dem 7ten Bde. Crimi
Ansicht vorliegt, damit sich Jeder von der Zweckmäßigkeit und dem Wer
8 zu 8 Wochen. Die resp. Herrn Subscribenten machen sich zur Abnal
daß bei Lieferung des bereits erschienenen Criminalrechts für diesen u
tet werden, wornach dann der letzte 10te Bd. gratis verabfolgt wird.

Sobald der letzte Band erschienen ist, tritt unwiderruflich der La

Alle Buchhandlungen nehmen Bestellungen an. Breslau

☞ In meinem Verlage sind auch nachstehe
lungen zu beziehen:

Amts-Blatt-Extract,
oder chronologische Sammlung der in dem Amtsblatt der Königl. Regierung zu Breslau, von Gründung desselben im Jahr 1811 an, bis einschließlich 1840 enthaltenen, noch in Kraft befindlichen Bestimmungen und sonst interessanten Nachrichten.
Herausgegeben von **Th. Brand.**
5 Bde. 360 Bogen, $7\frac{1}{2}$ Rl.

Schlesisches Archiv
für praktische Rechtswissenschaft.
Herausgegeben
von C. F. Koch und Baumeister.
4 Bände. 155 Bogen, 10 Rth. $2\frac{1}{2}$ Sgr.

System
des preußischen Erbrechts,
mit vergleichender Hinweisung
auf das römische u. gemeine Erbrecht;
nebst einem Anhange
den Erbschaftsstempel betreffend,
von
L. Crelinger,
Ober-Landes-Gerichts-Rathe.
gr. 8 Velin-Druckpapier. Preis 1 Rl. 20 Sgr.

Entwurf ein
für J
in dem Mandate
Zum Gebrauche d
führenden Pa

Das F
v

Commentar,

Forstrichter, F

Von **C. W.**
Zweite verbess

Das pr
aus dem allgem
Ordnungen der Pr
Verordnungen syst
Provinzial-Jagdge
Von **C. W.**
1836.

Anzeige.

läuterungen

chtsbücher

Wissenschaft.

und der Gesetz-Revisions-Arbeiten.

Ausgabe.

e. H. Simon, Oberlandes-Gerichts-Assessor.

30 Rth. Laden-Preis nach Vollendung 38 Rth.

be nothwendig gemacht, für deren nächsten Debit ich zur Erleichterung
nnte Material der ersten Auflage u. deren Supplementbände,
gen der Rechtswissenschaft enthält, so soll doch zum Vortheile
umfassend) nur auf Dreißig Thaler Pr. Cour. gestellt werden.
lein in den einzelnen Materien auf das Genaueste revidirte, und
ndet befundenen Ausstellungen mit größter Sorgsamkeit ver-
n Inhaltes:
andrechte, einschließlich der von den Herren Geheimen Regierungs-
eck bearbeiteten Materien der Agrarischen Gesetzgebung, der

l-Ordnung und Thl. II. Tit. 20. A. L. R.)
richts-Ordnung.
tal-Ordnung.
gefügt.
enggedruckte Bogen umfaßt und bereits in allen Buchhandlungen zur
be überzeugen kann. Die übrigen Bände erscheinen in Zeiträumen von
Werkes verbindlich, und entrichten den Subscriptionspreis dergestalt,
nden 6 Rth., bei Ablieferung jedes der übrigen acht Bände 3 Rth. entrich-

ein.
42.

Buchhandlung von Georg Philipp Aderholz.

---

ristische Werke erschienen und durch alle Buchhand-

bühren-Taxe
rien
agatell-Prozeß.
er und der prozeß-
geh. 8 Sgr.

Gesetz
l,

u. Beilagen.

-Eigenthümer

Gerichts Rath.
. geheftet. 20 Sgr.

agdrecht
den Forst- u. Jagd-
al- und Regierungs-
mit Abdrücken der

-Gerichts-Rath.
15 Sgr.

Sammlung
sämmtlicher Verordnungen,
welche in den
von Kamptz'schen Jahrbüchern
für preußische Gesetzgebung
enthalten sind;
nach den Materien zusammengestellt.
Herausgeg. v. H. Gräff.
13 Bände und Register-Band.
Zweite durchgesehene und verbesserte Auflage. gr. 8. Preis
19 Rth. 15 Sgr.

Crelinger, C. Die Verordnung über die Execution in Civilsachen und Kaufgelder-Liquidations-Prozeß vom 4ten März 1834. In ihrem Zusammenhange mit den Vorschriften der Gerichtsordnung dargestellt und mit erklärenden Anmerkungen begleitet. 3 Hefte. 1836. geheftet. 1 Rth. 15 Sgr.

— — Die Verordnung über das Rechtsmittel der Revision und der Nichtigkeitsbeschwerde vom 14. Decbr. 1833. In ihrem Zusammenhange mit den Vorschriften der Gerichtsordnung dargestellt, und mit erläuternden Anmerkungen begleitet. 2 Hefte. 1836. geh. $22\frac{1}{2}$ Sgr.

Vollständiges Repertorium

über die in den

von Kamptz'schen Jahrbüchern für die Preußische Gesetzgebung, Rechtswissenschaft und Rechtsverwaltung enthaltenen Verordnungen, Rescripte, Publicanda und Abhandlungen mit gleichzeitiger Hinweisung auf die **Gräff'sche Sammlung** der Verordnungen. Umfassend:

1) ein alphabetisches Sachregister,
2) ein chronologisches Register,
3) eine Zusammenstellung nach der Folgeordnung der Gesetzbücher.

Herausgegeben von **H. Gräff**, Justizrath. gr. 8. geh. 1 Rthl. 25 Sgr.

Neueste Sammlung

der

die religiöse und bürgerliche Verfassung der Juden in dem Preuß. Staate betreffenden Gesetze, Verordnungen, Gutachten, Berichte und Erkenntnisse. Mit einem Anhange, welcher Gesetze fremder Staaten enthält.

Zweiter Nachtrag, enthaltend die Jahre 1833—1838.

Herausgegeben von

Dr. J. Heinemann.

gr. 8. geh. 1839. 1 Rthl. 7½ Sgr.

Die Lehre von dem Uebergange

der

Forderungsrechte

durch Universal- und Singular-Succession, oder von der Vererbung der Forderungen, von der Cession, Assignation und Novation, (Delegation und Expromission.)

Nach den Grundsätzen des Preußischen Rechts, in genauer Vergleichung mit dem Gemeinen Rechte, und mit Berücksichtigung des Oesterreichischen und Französischen Rechts, dargestellt

von

C. F. Koch,

Königl. Preuß. Ob.-Landes-Gerichts-Rathe.

gr. 8. 24½ Bogen. Velin-Druckpapier. 1 Rthl. 20 Sgr.

Das Recht und Hypothekenwesen der preußischen Domainen

mit

Berücksichtigung der Dogmen- und Domainen-Verwaltungs-Geschichte

dargestellt.

Nebst einer Sammlung der in Beziehung auf das Domainen-Wesen ergangenen, zum Theil noch nicht gedruckten Verordnungen, Rescripte, Verfügungen und Erlasse.

Von **C. F. Koch,** Ober-Landes-Ger.-Rathe.

gr. 8 1838. 2 Rthl.

Das Recht der Forderungen

nach Gemeinem u. nach Preußischem Rechte,

mit Berücksichtigung auf neuere Gesetzgebungen, historisch-dogmatisch dargestellt

von **C. F. Koch,**

Königlichem Ober-Landes-Gerichts-Rathe.

1ster Band, enthaltend die Lehren von der Natur und dem Inhalte der Obligationen (Arten der Obligationen, Geldobligationen, Zinsen, Schadenersatz und Interessen, Casus, Dolus, Culpa, Mora, Beschränkung des Objectes (Moratorium, Cessio bonorum. Beneficium competentiae). Zeit und Ort und vom Concurse. gr. 8. 1836. 40 Bogen. 2 Rthl.

2ter Band, enthaltend die Lehren von den Personen in einer Obligation, von den Entstehungsgründen und von der Aufhebung der Obligationen (Correal-Obligationen, Verträgen (dabei von der Gewährsleistung), einseitigen, erlaubten und unerlaubten Handlungen, Zahlung, Deposition, Compensation, Erlaß, Verjährung, Unmöglichkeit der Erfüllung, Wiedereinsetzung in den vorigen Stand (actio Pauliana). gr. 8. 50 Bogen. 3½ Rthl.

(Der dritte und letze Band ist unter der Presse.)

Die Lehre vom Besitz

nach Preußischem Rechte, mit Rücksicht auf das gemeine Recht und die Materialien des allgemeinen Landrechts.

Von **C. F. Koch,**

Ober-Landes-Gerichts-Rathe.

Zweite, ganz umgearbeitete und sehr vermehrte Ausgabe.

gr. 8. 1839. 1 Rthl. 12½ Sgr.

Di…
des P…

Ergänzu…

F. Koch, …
Zweite, mit de…

Gr. …

Die …
für die …
vo…
in ihrem organ…
Gemeinde-…

Ein Handbuch f…
besondere aber …
rufene…

Die Patr…
als Grun…

gr. …

Hist…

Steuerve…
unter Thei…

Ein Beitrag…

Privat-Do…
1…

Das Sch…
von …
Königl. Pre…
Nebst einem An…
schen …

Prov…
d…
Ob…
In genauen Abdr…
nen noch gültig…
gr. …

Betrachtu…

Königl. …
mi…
sich hierauf …
ein B…

Regierungs-R…
18…

Preuß. …

19. Novem…
mit ihren Ergä…
Gesetz…

L. v. Rö…
1840. gr. 8…

setze
Staats,

terungen.

egierungsrathe.
de des J. 1840

Sgr.

dnung
stphalen
41,
mit der frühern
mmten Preu-

gs-Beamte, ins-
Verwaltung Be-
25 Sgr.

chtsbarkeit
ndes-Com-

5 Sgr.

lung

Schlesien
n Landtags-

ischen Stände.

es,
zu Breslau.
thl.

zial-Recht
chaly,
von Schlesien.
ngen des statutari-
slau.
l.

Recht
n
sitz.
ns-Werke enthalte-
it Bemerkungen.
Sgr.

wichtigsten

pel-Gesetze,
der
tion der Pro-
enschaft

tempel-Fiskal.
Sgr.

rdnungen

März 1831
äuterungen durch
nschaft.
erichts-Rath.
1 Rt. 20 Sgr.

Die Verfassung und Verwaltung des Preußischen Staates; eine systematisch geordnete Sammlung aller auf dieselben Bezug habenden gesetzlichen Bestimmungen, insbesondere der in der Gesetz-Sammlung für die Preußischen Staaten und in den von Kamptz'schen Annalen für die innere Staatsverwaltung enthaltenen Verordnungen und Rescripte, in ihrem organischen Zusammenhange mit der früheren Gesetzgebung dargestellt **unter Benutzung der Archive der Ministerien des Innern und der Polizei, der Justiz, der Geistlichen, Unterrichts- und Medicinal-Angelegenheiten und der Hauptverwaltung der Staats-Schulden,** von **Ludwig von Rönne,** Ober-Landes-Gerichts-Rathe, und **Heinrich Simon,** Ob.-Lands-Ger.-Assessor. 1ste — 4te Lieferung. Das Polizeiwesen. Gr. 8. geh. 4 Rt. 20 Sgr.

Das Polizeiwesen des Preußischen Staates eine systematisch geordnete Sammlung aller auf dasselbe Bezug habenden gesetzlichen Bestimmungen, insbesondere der in der Gesetzsammlung für die Preußischen Staaten und in den von Kamptz'schen Annalen für die innere Staatsverwaltung enthaltenen Verordnungen und Rescripte, in ihrem organischen Zusammenhange mit der früheren Gesetzgebung dargestellt **unter Benutzung des Archives des Ministeriums des Innern und der Polizei** herausgegeben von Ludwig v. Rönne, Ober-Landes-Ger.-Rathe, und Heinrich Simon, Ober-Landes-Ger.-Assessor. 2 Bde. gr. 8. geh. 110 enggedruckte Bogen nebst chronologischen und alphabetischen Sach-Registern. Preis 5 Rt. 20 Sgr.

Grundsätze des gemeinen und Preuß. Pfandrechts. Von **L. C. W. Schmidt,** Ober-L.-Ger.-Assessor. 1840. gr. 8. 3 Rt. 10 Sgr.

Das Eigenthum im Allgemeinen und das geistige Eigenthum insbesondere für Gelehrte und Laien natur- und rechtsgeschichtlich dargestellt. Von **L. Schröter.** 1840. gr. 8. geh. 10 Sgr.

Statuten der Stadt Breslau, mit beigefügtem Commentar, nach der Bearbeitung des verstorbenen Notariats-Direktor Uber. 8. 1832. 20 Sgr.

Ergänzungen und Erläuterungen des Preußischen Bergwerks-Rechts durch Gesetzgebung und Wissenschaft. Gesammelt und herausgegeben von A. Steinbeck, Königl. Ober-Berg-Rathe. Mit Supplementheft. gr. 8. geh. 25 Sgr.
Das Supplementheft einzeln. gr. 8. geh. 5 Sgr.

Die Steuer-Gesetzgebung des preußischen Staats, nebst Ergänzungen und Erläuterungen. Für den richterlichen Gebrauch zusammengest. v. A. Villaume. Mit Supplementheft gr. 8. geh. 1 Rthl. 15 Sgr.
Das Supplementheft einzeln. gr. 8. geh. 10 Sgr.

Die Verordnung uber das Rechtsmittel der Revision und der Nichtigkeitsbeschwerde vom 14. Decbr. 1833, mit ihren gesetzlichen und doctrinellen Ergänzungen und Erläuterungen, insbesondere nach ihrem organischen Zusammenhange mit dem Gesetze vom 6. und der Instruction vom 7. April 1839, bearbeitet von zwei praktischen Juristen. 1839. gr. 8. geh. 1 Rt. 5 Sgr.

Verordnung über die Einrichtung des Königl. Credit-Instituts für Schlesien. Mit erläuternden Anmerkungen von einem praktischen Juristen. gr. 8. geh. 1836. 10 Sgr.

Systematisch-alphabetische Zusammenstellung der Verordnungen, welche sich auf die Liquidation, Festsetzung und Anweisung von Diäten, Kommissionsgebühren und Reisekosten gerichtlicher Beamten beziehen. gr. 8. geh. 15 Sgr. Als Anhang dazu:

Die Diäten, Commissionsgebühren und Reisekosten der Justiz-Commissarien und Notarien. Von **E. Villaume,** Kammergerichts-Assessor. 1840. gr. 8. geh. $7^1/_2$ Sgr.

sion, Assignation und Novation (Delegation und Expromission).

Nach den Grundsätzen des Preuß. Rechts, in genauer Vergleichung mit dem Gemeinen Rechte, und mit Berücksichtigung des Oesterreichischen und Französischen Rechts, darstellt von

C. F. Koch,

Königl. Preuß. Ob.-Landes-Gerichts-Rathe.

Gr. 8. 24½ Bogen. Velin-Druckpapier. 1 Rthlr. 20 Sgr.

Hier übergibt der Verfasser dem Publikum eine besondere Darstellung der Lehre von dem Uebergange der Forderungs-Rechte auf Andere. Diese Lehre ist so praktisch, und zugleich sind zum Theil die Vorstellungen darüber so verworren, daß sie eine ausführliche Behandlung zu erfordern schien, als ihr in einem allgemeinen Werke hätte zu Theil werden können.

Das Recht und Hypotheken-Wesen

der preußischen Domainen

mit Berücksichtigung der Dogmen- und Domainenverwaltungs-Geschichte,

dargestellt von

C. F. Koch,

Königl. Oberlandes-Gerichts-Rathe.

Nebst einer Sammlung der, in Beziehung auf das Domainen-Wesen ergangenen, zum Theil bisher nicht gedruckten, Verordnungen, Rescripte, Verfügungen und Erlasse.

Gr. 8. 28 Bogen 2 Rthlr.

Die durch den gänzlichen Mangel einer wissenschaftlichen Bearbeitung des Preußischen Domanial-Rechts bisher bestandene Lücke in der juristischen Literatur war um so fühlbarer, als der lebhafte Verkehr mit Domainen-Grundstücken in der neuern Zeit nicht bloß alle Ober- und Untergerichte sowie die Rechtsconsulenten und Notare, sondern auch sämmtliche Domainen-Beamte beschäftigt, und schon lange das Bedürfniß einer übersichtlichen Darstellung der diese Materie betreffenden Rechtsverhältnisse erzeugt hat. Nicht allein dieses praktische Bedürfniß ist durch das vorliegende Werk befriedigt, indem der Praktiker neben der Darstellung selbst zugleich auch die Verordnungen und Erlasse, welche theils sehr zerstreut, theils gar nicht gedruckt sind, in einer angehängten Sammlung beisammen findet, sondern es ist auch dem studierenden Theile des juristischen und cameralistischen Publikums ein für das gründliche Studium des Domanial-Rechts und der damit zusammenhängenden älteren und neueren Verfassung der

Domainen-Verwaltungs-Behörden unentbehrliches Handbuch gegeben, welches auch dem Gelehrten vom Fache ein nicht unwillkommener Beitrag zur Literatur dieses Theils des Staatsrechts sein wird. —

Koch, C. F., Oberlandesgerichts-Rath und Fürstenthumsgerichts-Direktor,

Das Recht der Forderungen

nach Gemeinem und nach Preußischem Rechte,

mit Rücksicht auf neuere Gesetzgebungen historisch-dogmatisch dargestellt.

Dritter und letzter Band: Die einzelnen Obligationen.
66 Bogen. Gr. 8. 4 Rthlr. 25 Sgr.

Dieser Band vollendet ein Werk, auf welches der Herr Verfasser zehn Jahre seines Fleisses verwandt hat, das in der Preußischen Rechtsliteratur in seiner Art originell ist und in der Literatur des Preußischen Rechts sowol als in der practischen Rechtsanwendung eine neue Bahn bricht, wie es denn auch seit seinem theilweisen Erscheinen sichtlichen Einfluß auf die wissenschaftliche Behandlung des Preußischen Rechts ausgeübt hat. Aber nicht bloß für das Preußische Recht ist das Werk wichtig, es ist zugleich die neueste ausführliche Bearbeitung des römischen und gemeinrechtlichen Obligationenrechts, und gehort daher ebenso der Literatur des Römischen und Gemeinen Rechts, wie der des Preußischen Rechts an. Von den ephemeren Veränderungen in der Gesetzgebung unabhängig, ist das Buch nicht allein dem gemeinrechtlichen und Preußischen Rechtspraktiker, welcher sich über das bloß Handwerksmäßige seines Berufs erhebt, nothwendig und unentbehrlich, sondern es wird auch dem Gelehrten von Beruf durch die reichhaltigen Nachweisungen nützlich sein und durch manche eigenthümliche Ansichten und Erklärungen zu Prüfungen und weitern Untersuchungen Veranlassung geben; dem Rechtsbeflissenen aber eine klare Anleitung zum gründlichen Studium dieses wichtigsten Theils des Rechtsgebiets sein.

(Der erste Band, 1836, 40 Bogen, kostet 2 Thlr., der zweite Band, 1840, 50 Bogen, kostet 3 Thlr. 15 Sgr.

FSC
www.fsc.org
MIX
Papier | Fördert
gute Waldnutzung
FSC® C083411

Kolibri 360 GmbH
Ferdinand-Jühlke-Straße 7
99095 Erfurt, Deutschland
produktsicherheit@kolibri360.de